감사의 재발견

뇌과학이 들려주는 놀라운 감사의 쓸모

감사의 재발견

뇌과학이 들려주는 놀라운 감사의 쓸모

THE GRATITUDE PROJECT

제러미 애덤 스미스, 키라 뉴먼, 제이슨 마시, 대처 켈트너 편저 | 손현선 옮김

현대
지성

목차

그레이터 굿 사이언스 센터®는 2014년에 존 템플턴 재단의 지원으로 '감사 과학과 실천의 확장'이라는 프로젝트를 시작했다. 그 후 수년에 걸쳐 거의 4백만 달러의 연구 지원금을 대학 교수, 박사 후 연구원, 대학원생 등 미국 전역에 있는 연구자들에게 배분했다. 이들 연구는 감사가 심혈관계 건강에 미치는 유익, 감사가 연인 관계에서 차지하는 역할, 감사의 신경 과학 등 분야를 넘나드는 기념비적 발견으로 이어졌다.

이런 노력으로 감사가 개인과 가족, 이웃, 학교, 직장, 어쩌면 나라까지 뒤바꿀 가능성을 발견했다. 여러 조사에서 감사 일기를 쓰는 등 감사 실천을 생활화할 때 부정적인 정서가 줄어들고 타인과의 연결감, 낙관과 행복감 같은 긍정적 정서가 증가했다. 또한 이런 사람들은 타인에게 베풂을 실천하고 그 실천에서 행복을 느낄 가능성도 높게 나타났다. 처음에는 자신을 도와준 상대방에게만 베풂을 실천하다가 이후에는 전혀 모르는 타인에게까지 베풂이 확장되었다는 조사 결과도 있다. 이런 결과는 감사가 개인과 조직, 사회를 뒤바꿀 강력한 무기임을 보여준다.

감사의 유익은 성별이나 문화에 따라 다르게 나타났다. 평균적으로 여성은 남성보다 더 감사를 많이 느끼고 표현했다. 문화권별로 감사를 표현하는 방식도 달랐다. 미국 아이들은 주로 언어로 감사를 표현한 반면, 한국과 중국 아이들은 받는 사람이 좋아할 만한 일로 되갚았다.

이는 우리가 감사에 관해 연구할 때 성별이나 문화를 고려하여 더욱 세심하게 접근해야 함을 보여준다. 예를 들어, 이미 감사 수준이 높은 여성보다 남성들에게서 감사 일기 쓰기 등 감사 실천의 유익이 더 크게 나타났다.

이 책은 이런 유익을 독자가 실생활에서 바로 꺼내 쓸 수 있게 하기 위해 만들었다. 독자들은 이 책을 사용하여 자신과 주변 사람, 세상에 대한 감사를 키울 수 있을 것이다. 책은 감사에 관한 에세이와 특별히 주목할 만한 과학적 발견을 드러내는 짧은 글로 구성되어 있다. 아울러 독자들은 그리 평범하지 않은 사상가들의 대담도 접할 수 있다.

모든 글에는 감사에 관해 귀담아 들을 만한 이야기가 담겨 있다. 우리 목표는 개인의 삶과 세계 여러 조직 등 다양한 맥락에서 감사를 효율적으로 활용하는 법을 발견하는 것이다. 이 책을 선택해준 독자들에게 큰 감사를 전하며 행운을 빈다.

● 그레이터 굿 사이언스 센터The Greater Good Science Center: 캘리포니아대학교 버클리 캠퍼스에 본부를 두고 2001년부터 개인의 행복감과 공감력, 사회적 유대, 이타성 등 삶의 의미의 뿌리를 탐구해왔다. 특히, 사회적, 정서적 안녕에 대한 연구를 지원하며 그 결과를 개인의 삶과 직업 현장에 도입하는 과정을 돕는다.

1부

왜 다시 감사인가?

1부에서는 감사의 정의를 살펴본 후 인간 행동, 생물학, 뇌과학 등 여러 분야의 연구를 검토해 감사의 뿌리를 찾는다. 여기서 정리한 정보는 이후 소개할 모든 내용의 초석이 된다.

연구자들은 삶의 좋은 것을 수긍하는 행위, 즉 사건이나 경험, 직장 동료 등 외부로부터 '긍정성'을 발견하는 것을 인정appreciation으로 정의한다. 그런데 여기서 한 발짝 더 나아간 것이 감사gratitude다. 감사는 직업적 성공 같은 긍정적 경험이 우리 자신이 아닌 외부 요인, 구체적으로 타인의 수고 '덕분'임을 인정하는 것이다.

감사는 우리가 받은 선물에 고마워하는 데 그치지 않고 보답하도록(또는 사회에 환원하도록) 이끈다. 사회학자 조지 시멜은 감사를 일컬어 "인류의 도덕적 기억력"이라고 했다. 말리니 수차크를 비롯한 여러 기고자는 감사가 구성원들 간의 부조를 통해 상호유대를 강화하는 메커니즘으로 진화해왔다고 추정한다.

1장

감사의 새로운 정의

로버트 에먼스, 제러미 애덤 스미스

"고마워요"처럼 간단하고 점잖고 뒤탈 없는 말도 드물다. 그런데 모두가 이렇게 생각할까? 2015년『뉴욕타임스』오피니언 칼럼에서 베스트셀러 작가 바버라 에런라이크는 감사가 불공정한 사회 질서 유지를 위한 공모에 지나지 않는다고 주장했다.

당신이 시급 8달러를 받는 월마트 직원이라고 하자. 회사 정책으로 올해 시급이 9달러로 인상되었다. 이것이 미국 최고 부호인 월튼가에 감사해야 할 일일까? 아니면 연봉 10억 달러를 받으며 아칸소주 벤턴빌에서 100에이커나 되는 땅에 저택을 짓고 사는 월마트 CEO에게 감사해야 할 일일까? 감사하는 사람은 습관적으로 '모지리' 취급을 받는다. 이 가설 속 인물도 마찬가지다.

이는 비단 에런라이크만의 생각이 아니다. 감사해야 한다는 단순하기 그지없는 발상이 사회 일각에서는 놀랄 만큼 큰 적개심을 불러일으킨다. 감사에는 다양한 차원이 있다. 고로 우리는 감사를 그저 이론이 아니라 현실적 문제로 이해해야 한다. 즉, 현실을 사는 사람들이 의미와 목적이 있는 삶을 일구는 과정에서 어떻게 감사를 경험하는지를 이해해야 한다. 감사를 이해하지 못하면 우리 자신이나 삶 자체도 이해할 수 없다. 그만큼 감사는 근원적이고 기초적이다.

가진 것에 감사하는 법을 배우면 더 많은 것을 성취하기 어렵다거나 누구의 도움도 없이 홀로 서야 한다는 신화를 믿는 사람은 감사를 '위협'으로 느낀다. 이런 관점에서 감사는 약점으로 여겨진다.

감사를 단지 사회적 의무라고 느끼는 사람도 있다. 별로 마음에 들지 않는 선물을 준 할머니에게 억지로 감사했던 때를 기억해보라. 또 감사가 심각한 문제를 가리는 데 악용될 수 있다고 우려하는 사람도 있다. 이런 사회적 불평등 때문에 에런라이크는 사회적 약자에게는 감사가 부적절할 뿐 아니라 권력을 빼앗기는 정서이자 행동이라고 말했다.

감사가 단순하고 뻔하다고?

그러나 감사에 대해 더 심층적으로 파고들면 이 모든 관점이 진실이 아님이 드러난다. 감사는 우리 모두 자급자족할 수 없으며, 서로를 필요로 하는 존재임을 깨닫게 한다. 감사는 각자도생하려는 사람들의 유대를 강화하고 우리 모두 주변에 빚진 존재임을 일깨워 오히려 불공정을 해소한다.

감사는 인간 내면에 깊이 뿌리내린 여러 심리적 성향을 정면으로 거스른다. 그중 하나가 '자기중심적 편향'이다. 잘되면 내 탓, 안되면 남 탓 또는 상황 탓하는 그 성향 말이다. 또한 감사는 환경을 통제하고픈 욕구와도 충돌한다. 마지막으로 감사는 콩 심은 데 콩 난다는 '공평한 세상' 가설과도 모순을 빚는다. 선한 사람은 흥하고 나쁜 사람은 망한다지만, 어디 인생이 늘 그렇게 흘러가던가? 때로는 선한 사람이 망하고 나쁜 사람이 흥하기도 한다.

우리는 스스로 창조자라고 여기며 마음대로 살고 싶어 한다. 우리는 받는 걸 당연시한다. 온갖 좋은 일이 다 내가 잘해서 일어났다는 착각에 곧잘 빠진다. 사실 죄다 우리가 피땀 흘려 획득한 것 아닌가? 우리는 그럴 자격이 있지 않은가?

만화 심슨 가족의 한 장면이 이를 잘 보여준다. 저녁 식사 자리에서 바트 심슨은 이렇게 기도한다. "하나님, 이 모든 건 우리 돈으로 산 거예요. 그러니 아무것도 감사할 게 없습니다." 물론 열심히 일해서 번 돈이니 이 말도 일리가 있다. 그러나 바트가 놓치고 있는 큰 그림이 있다. 감사하는 사람은 자신의 행동과 무관하게, 때로는 자신의 모자람에도 불구하고 삶 가운데 좋은 일이 일어남을 안다. 감사의 속뜻은 겸손이다. 타인의 기여 없이는 오늘의 성취도, 나도 없다. 가족과 친구, 일면식도 없는 타인, 선조들의 수고로 우리 삶은 얼마나 더 수월해졌는가? 더 자유로워지고 편해졌는가? 일일이 꼽기 어려울 정도다.

얼핏 보면 감사는 흥미진진한 면이 없는 단순하고 뻔한 정서로 보인다. 그래서 우리는 수십 년간 감사를 외면했고, 그 결과 오히려 감사가 건강, 행복, 사회적 관계에 얼마나 강력하게 기여하는지를 뼈저리게 실감하고 있다. 감사의 사회적 유익(뒷부분에서 다룰 것이다)이 중요한 이유는 감사가 사회적 정서이기 때문이다. 감사하려면 우리가 어떻게 타인의 지지와 인정을 받았는지 깨달아야 하기 때문에 감사는 사회적 관계를 강화한다.

감사의 두 가지 축

심리학자이자 감사 전문가인 로버트 에먼스가 개발한 감사 개념의 정의에 따르면 감사는 두 가지 요소로 이루어져 있다. 하나는 우리에게 유익을 준 좋은 것이 세상에 존재한다는 긍정이다. 두 번째는 그 좋은 것을 우리에게 주기 위해 공모한 타자가 있다는 것이다.

우리는 감사할 때 선물과 유익 등 세상에 좋은 것이 있음을 긍정한다. 그렇다고 삶이 완벽하다는 얘기는 아니다. 불평과 부담, 갈등을 못본 척하자는 얘기도 아니다. 삶을 큰 시야에서 바라볼 때 그 속에 좋은 것이 있음을 발견하는 것이 감사다.

좋은 것을 간과하기 쉬운 이유는 간단하다. 익숙해지기 때문이다. 우리의 정서 체계는 새로움을 선호한다. 참신함과 변화를 좋아하고, 긍정적 정서는 금세 시들해진다. 새 차, 새 배우자, 새 집도 얼마 못 가 더이상 참신하고 흥미진진하게 느껴지지 않는다. 그러나 감사로 가진 것의 가치를 표현할 때 우리가 얻는 유익이 배가된다. 그만큼 덜 당연시하기 때문이다. 감사함으로써 인생에 더 적극적으로 참여하면, 좋은 것에익숙해지지 않고 그것을 축하할 수 있다.

감사의 두 번째 축은 삶의 좋은 것이 어디로부터 왔는지 파악하는것이다. 우리는 좋은 것이 외부로부터 왔음을 안다. 우리가 자긍심을 가질 만한 무언가가 우리 행위에서 비롯되지 않았다는 얘기다. 물론 내면의 긍정적 특성을 주목할 수도 있다. 하지만 참 감사는 타인에 대한 겸허한 의존이다. 감사란 우리가 좋은 것을 성취하는 과정에서 타인(또는 더 높은 존재)으로부터 온갖 좋은 선물을 받았음을 수긍하는 행위다.

감사하는 사람은 다른 누군가가 날 보살피고 있음을 의식한다. 사실 당신은 지금까지 당신을 도운 촘촘한 인간 그물망 덕분에 지금 위치에 도달할 수 있었다. 타인이 당신 삶에 기여한 바가 눈에 들어오기 시작하면 자아상에 지각 변동이 일어난다. 자기 가치에 대한 이 새로운 인식이야말로 세상을 바꿀 열쇠다.

감사하는 사람에게 성공 기회가 더 많은 이유

감사에 관한 잘못된 신화 중 하나는 감사가 성공의 발목을 잡는다는 주장이다. 감사로 충만한 사람은 나른한 포만감에 젖어 게으름의 나락으로 떨어진다든지, 불의나 부정 앞에서 수동적 체념으로 일관한다든지, 무언가 바꾸려는 시도를 아예 포기한다는 견해다. 하지만 전혀 그렇지 않다. 감사하는 사람이 오히려 목적의식과 성취동기도 강하다.

의식적으로 감사를 실천하는 사람이 더 성공적으로 목표를 달성한다는 조사 결과가 있다. 우리 연구진은 참가자들에게 10주간 달성하고 싶은 여섯 가지 개인적인 목표(학업, 영성, 사회성, 건강[체중감량]에 관련된 목표 등)를 설정하게 했다. 참가자들은 임의의 두 집단으로 나뉘어 한 집단은 주1회 감사 일기를 쓰며 감사거리를 다섯 개씩 열거했다. 조사 결과 이들은 감사 과제를 받지 않은 참가자보다 목표 달성을 위해 더 많이 노력했다. 감사 일기 작성 집단의 목표 달성률은 그렇지 않은 집단보다

20퍼센트나 높았다. 그게 다가 아니다. 그들은 실험 후에도 목표를 향해 지속적으로 노력한다고 보고했다.

조사 내내 감사 일기 기록자들은 한결같이 더 높은 수준의 활력과 생기, 각성 상태를 보였다. 이 연구는 감사가 (수동적 체념과는 거리가 먼) 베풂, 연민, 자선 등 '친사회적' 행동을 증진한다는 결과와도 일치한다. 이 연구에 따르면 감사는 사람들이 이타적 행위, 즉 그들이 받은 좋은 것을 사회에 환원하게 만들었다. 개인이나 가족이 병원에 금전적 기부 (약 연 80억 달러)를 하는 가장 큰 원인은 의료 서비스에 대한 감사였다. 베풂이야말로 수동성과는 거리가 먼 행동이다.

에먼스와 동료 연구진은 수년전 발표한 「동기 부여와 정서」라는 조사에서 또래보다 감사 지수가 높은 10세 아동이 14세가 되면 자원봉사 등 친사회적 활동을 더 많이 수행함을 발견했다. 사회 결속감도 더 높았다. 즉, 가족과 공동체에 더 큰 소속감을 느끼며 보답하고픈 욕구를 더 많이 드러냈다. 그들은 바깥세상으로 나가 타인의 삶을 더 낫게 만들고자 분주히 일하고 있었다. 6장에서 이런 감사의 유익을 심층적으로 파고들 것이다.

감사란 무엇인가 그리고 감사가 왜 중요한가. 이 주제를 고민하는 과정에서 무엇이 감사가 '아닌지'를 파악하는 것도 중요하다. 감사에 대한 이해를 가로막는 고정관념과 신화 이면의 진실을 알아보자.

감사는 큰 그림을 보게 한다

혹자는 삶의 진실 앞에서 그저 좋은 생각을 하고 좋은 것을 기대하며 무작정 감사부터 떠올리면 삶의 부정적인 면과 고통, 역경은 외면하게 된다고 주장한다. 틀렸다. 우리가 정의한 감사 개념을 다시 떠올려보자. 감사는 받은 유익을 생각하고 그것을 자신이 아닌 타인의 공으로 돌리는 행동이다.

사실 쉬운 일은 아니다. 감사하려면 일단 타인에 대한 의존성을 인정해야 한다. 그런데 그게 늘 유쾌한 경험만은 아니다. 타인의 지원과 베풂을 잘 받으려면 겸손해야 하기 때문이다.

때로는 감사하다는 정서가 긍정적 사고와는 거리가 먼 부채 의식과 의무감을 불러일으킨다. 내가 당신으로부터 받은 무언가에 감사를 느꼈다면 적절한 때 보답해야 하는 것 아닌가? 이런 부채 의식이나 의무감을 아주 부정적으로 받아들이는 사람도 있다. 질 서티의 에세이 「감사의 적, 부채 의식」을 통해 살펴보겠지만, 때로는 감사가 불편한 마음을 초래하기도 한다.

이는 데이터로도 입증되었다. 사람들이 감사를 느낄 때 부정적 정서에서 완전히 자유로운 것은 아니었다(불안이나 긴장, 불행감이 줄어들지 않았다). 감사가 현실을 부정하는 긍정적 사고에 불과하다면, 감사 일기를 쓰는 동안에는 부정적 생각이나 정서를 경험하지 않아야 하지만 실상은 그렇지 않았다. 감사 실천은 이러한 부정적 정서를 감소시키기보다는 긍정적 정서를 증가시킨다.

우리가 부정적 생각과 정서를 경험할 때 감사는 그 맥락에 극적 변화를 가져온다. 역경의 순간에 감사하면 큰 그림이 눈에 들어오면서 지금 부닥친 난관이 덜 무겁게 느껴진다.

『긍정 심리학 저널』에 실린 필립 왓킨스 교수팀의 조사 결과를 보자. 연구진은 참가자들에게 여전히 해소되지 않은 불쾌한 기억(피해를 입거나 배반당하거나 상처를 받아 생각만 해도 화가 치밀어 오르는 기억)을 떠올려달라고 요청했다. 그다음 참가자들을 임의의 세 집단으로 나누어 각각 다른 글쓰기 과제를 부여하였다. 연구진은 한 집단에게 화나는 경험의 긍정적 측면에 초점을 맞추어 지금 어떤 감사를 느끼는지 성찰하는 글쓰기를 했다. 그 결과, 부정적 기억에 마침표를 찍고 불쾌감을 해소한 비율이 다른 집단보다 높았다. 연구진은 이들에게 기억의 부정적 측면을 부정하거나 외면하라고 주문하지 않았다. 그런데도 그들은 시련을 직면하며 더 큰 회복탄력성을 획득했다.

이와 비슷한 방식으로 우리는 심각한 신경근육 장애 환자들에게 2주간 감사 일기를 쓰게 했다. 그들은 신경근육 장애로 큰 불편을 겪으며 통증클리닉을 들락거리는 고달픈 삶을 살고 있었다. 우리는 참가자들이 그런 삶 가운데에서도 감사할 이유를 발견할 수 있을지 궁금했다. 그런데 그들은 감사할 이유를 발견했을 뿐 아니라 감사 일기를 기록하지 않은 집단보다 긍정적 정서를 훨씬 많이 경험했다. 감사 집단은 다가올 한 주를 더 낙관적으로 전망했고 타인에 대해 (대다수가 혼자 살고 있음에도) 더 큰 연결감을 느꼈으며 수면 시간도 더 길었다.

감사는 제로섬 게임이 아니다

혹자는 감사가 자신의 성공을 타인의 공으로 돌리는 것이라고 생각한다. 즉, 남의 도움을 인정하면 자신의 노력이나 재능이 도외시된다고 여긴다.

하지만 이것은 괜한 기우다. 한 조사에서 연구자들은 난이도가 높은 시험을 출제한 뒤 우수한 성적을 거둔 참가자에게 상금을 수여하겠다고 안내했다. 그다음, 참가자들에게 점수를 따는 데 도움이 될 만한 힌트를 제시했다. 참가자 모두 그 힌트가 유익하다고 느꼈지만, 힌트를 받은 것에 감사한 사람은 그 점수가 자신의 노력을 드러내주는 지표라고 생각한 사람들뿐이었다. 감사와 성공에 대한 개인적 책임 의식 간에는 연관성이 있다.

이 점은 다른 조사로 확증되었다. 감사하는 사람은 타인의 공을 인정하면서도 성공에 대한 책임을 마다하지 않았다. 자신의 공도 포기하지 않았다. 나 혼자 다 했다거나, 누군가 날 위해 다 해주었다는 양자택일의 상황이 아니었다. 감사하는 사람은 자신의 업적과 능력을 인식하면서도 도움을 제공한 부모나 스승에게 감사를 느꼈다.

이외에도 감사를 둘러싼 신화가 많다. 감사는 그저 긍정적 사고와 인사치레에 불과하다, 감사는 절대 스스로 공을 취하지 않고 모든 공을 남에게 돌린다, 감사는 너무 일찍 축배를 들어 현실에 안주하게 만든다, 감사는 오직 특권층에만 적절하다 등등. 이 모든 신화는 감사가 단순무식한 정서라는 뿌리깊은 오해에서 비롯된다. 연구자들이 수십 년도 넘게 감사에 관심을 가진 이유는 감사의 세계가 생각보다 복잡하기 때문이다. 연구자들은 매년 감사에 또 다른 뉘앙스나 새로운 층이 생겨나고 있음을 발견한다. 다년간의 과학적 연구를 통해 정리된 감사의 복합성을 인식한다면, 감사의 장점과 유익을 더 잘 누릴 수 있을 것이다.

핵심 정리

1. 감사는 좋은 것을 긍정하게 하고, 그 좋은 것이 어디로부터 왔는지 출처를 파악하게 한다. 감사란 우리가 좋은 것을 성취하는 과정에서 타인으로부터 온갖 크고 작은 선물을 받았음을 수긍하는 것이다.
2. 의식적으로 감사를 실천하는 사람이 더 성공적으로 목표를 달성한다.
3. 감사한다고 부정적 생각이나 정서가 사라지지는 않는다. 하지만 부정적 생각과 정서를 경험할 때 감사하면 감사는 그 맥락에 극적 변화를 가져온다.
4. 자신의 성공을 타인의 공으로 돌릴 때 우리는 더 큰 책임 의식을 가질 수 있다.

감사의 세 가지 차원

서머 앨런

로버트 에먼스는 감사를 좋은 것과 좋은 것을 준 관계에 대한 수긍이라고 정의한다. 그렇다면 우리는 머릿속으로 어떤 경로를 거쳐 좋은 것을 경험할까? 감사는 정서적 특징affective traits, 기분mood, 감정emotion이라는 세 가지 차원에서 경험하는 생각이다. 심리학자 에리카 로젠버그는 정서적 특징을 "특정한 정서적 반응을 보이는 경향"이라고 정의한다. 즉, 상대적으로 감사 기질을 타고난 사람도 있다. 그리고 기분은 "오르락 내리락하며 종일 그리고 날마다 변화를 거듭"하고, 감정은 특정 사건에 대한 비교적 단기적 반응이다(예를 들어 선물을 받았을 때 느끼는 고마움).

이 세 가지 차원은 서로 영향을 주고받는다. 감사의 위계 모형에 관한 2004년 연구는 "감사하는 기분은 성격과 정서적 특징의 하향top-down 효과와 개별적 경험의 상향bottom-up 효과 그리고 두 효과의 상호작용을 통해 생성된다"라고 결론지었다. 즉, 당신의 됨됨이와 경험 그리고 둘의 상호작용이 감사를 낳는다.

　이 조사는 감사하는 기분을 자주 느낄수록 감사 정서의 빈도와 강도도 늘어남을 밝혔다. 감사 체질로 타고난 사람(기질적 감사가 더 큰 사람)은 회복탄력성도 더 큰 것으로 나타났다. 그들이 느끼는 감사는 특정 사건의 영향을 덜 받았다.

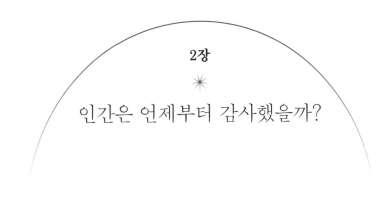

2장

인간은 언제부터 감사했을까?

말리니 수차크

"고마워요." 일상에서 입버릇처럼 쓰는 표현이다. 해외여행을 가면 "안녕" 다음으로 가장 먼저 배우는 말이 감사 인사다. 자녀들이 말로 이 것저것 요구하기 시작하면 부모는 "주세요"와 "고마워요"부터 가르친다.

최근 신경과학 연구로 감사를 경험하고 표현하는 데 관여할 가능성이 높은 뇌 영역이 밝혀졌다. 이는 감사가 인간 경험의 근본 요소임을 방증한다. 몇몇 연구는 감사를 표현하는 능력 기저에 특정 유전자가 연관되었을 수도 있음을 밝혔다. 감사는 대체 어디에서 시작한 걸까? 어떤 경로로 감사는 사회적 관계에서 험담만큼이나 큰 비중을 차지하게 된 걸까?

정서의 기원에 관한 질문은 수세기 전부터 제기되었다. 다윈은 인간과 여타 동물이 "동일한 정서"를 공유하며 "비교적 복잡한 정서인 질투, 의심, 모방, 감사, 관대함도 포함한다"라고 말했다. 최소한 감사에 한해서는 다윈이 옳았음을 시사하는 초기 단계의 연구들이 있다.

원숭이도 감사할 줄 안다

"감사합니다"라고 말로 표현할 수 없는 종들도 감사를 느낀다는 증거를 찾을 수 있을까? 어떻게 느끼냐고 물어볼 수도 없는 노릇이니 그러려면 행동을 관찰하는 수밖에 없다. 우리 연구자들은 '상호성'reciprocity이 감사를 반영하는 행동이라고 본다. 상호성은 일정 시간에 걸쳐 두 개인이 재화와 서비스를 주고받는 것이다. 가까운 예가 "내 등을 긁어주면 네 등도 긁어줄게"다. 이런 상호성은 쌍방의 생존 가능성을 높여 관련 당사자 모두에게 유익하다.

물고기, 새, 흡혈 박쥐와 같은 다양한 동물이 '상호 이타주의' 활동에 관여한다. 동물은 비록 자신에게 대가가 따를지라도 같은 종에 속한 다른 구성원을 돕는다. 동물이 이런 행동을 하는 이유는 후일 상대가 자신의 호의에 보답할 수 있음을 본능적으로 알기 때문이다. 그런데 베풂에 보답하려는 이런 동물의 욕구를 계산속이 아닌 감사의 발로라고 보는 과학자들이 많다.

일부 과학자에 따르면 감사는 생면부지의 존재들이 친구와 동맹 관계가 되는 데 필요한 상호 이타주의를 추동하는 일종의 진화 메커니즘이다. 감사의 진화에 상호성이 토대 역할을 했다는 얘기다. 정서를 언어로 표현하는 인간에게는 상호성과 감사 표현이 한 쌍처럼 붙어다닌다. 저명한 진화생물학자 로버트 트라이버스는 감사가 타인의 호의에 상응하는 반응을 하도록 동기 부여하는 정서라고 제언했다. 연구자 마이클 맥컬로우가 설명하듯 감사는 타인으로부터 받은 유익을 주시하고 인정하게 만드는 긍정적 감정이다(이는 다시, 미래에 타인이 우리를 도울 확률을 높인다). 이렇게 감사는 개인 간 사회적 유대와 우정을 구축하는 데 도움이 된다.

연구자들은 실험 환경을 조성해 참가자 절반은 파트너로부터 돈을 받았다고 생각하고 나머지 절반은 우연히 공돈이 생겼다고 믿게 만들었다. 연구진은 후속 실험에서 참가자 각각에게 10달러씩 주고 돈을 파트너와 배분하게 했다. 예상대로 1차 실험에서 파트너가 자신에게 돈을 줬다고 생각한 개인들은 우연히 공돈을 얻었다고 생각한 개인들보다 파트너에게 돈을 나눠 줄 확률이 높았다. 왜 돈을 주었느냐는 질문에 대부분은 "감사를 표하기 위해서"라고 답했다. 실험 참가자들은 파트너와 대면하거나 상호작용할 수 없었기에 호의에 보답하는 것 말고는 달리 감사를 표할 방법이 없었다. 우리가 인간과 가장 가까운 영장류에게서 발견한 현상도 이와 흡사하다. 영장류는 말로 감사를 표할 수 없기에 호의에 보답함으로써 감사를 표한다.

영장류가 음식을 공유하는 등 여러 영역에서 상호성을 실천한다는 상당한 증거가 있다. 예를 들어 침팬지를 대상으로 한 어느 조사에서 두 침팬지에게 양식을 실은 수레를 함께 끌게 했다. 이때 한 마리가 다른 침팬지를 기다리는 상황이 종종 연출되었다. 우리는 수레 곁을 지나치는 침팬지 중 수레를 지키는 침팬지와 친분이 있거나 본래 문제해결 역량이 탁월한 침팬지만 행동에 나서리라 예상했다. 그런데 과거 자신을 도운 침팬지가 수레를 지킬 때 지나가는 침팬지가 도울 확률이 가장 높게 나타났다. 친분과 역량보다 상호성이 침팬지의 선택에 더 중요하게 작용했다.

우리와 가까운 친척인 침팬지와 달리 카푸친 원숭이가 인간과 마지막으로 조상을 공유한 때는 대략 3천5백만 년 전이다. 카푸친 역시 협동성이 매우 높은 종이다. 그래서 우리는 카푸친 원숭이야말로 인간의 상호성 실천 경향이 얼마나 먼 과거까지 거슬러 올라가는지 추적하기에 안성맞춤이라고 판단했다. 연구진은 카푸친 원숭이에게 간식이 자신과 파트너 모두에게 주어지는 친사회적 선택지와 오직 자신에게만 주어지는 이기적 선택지를 부여했다. 이 맥락에서 친사회적 선택을 한 원숭이는 대략 60퍼센트였다.

그런데 원숭이에게 선택자와 파트너 역할을 한 번씩 번갈아 하게 하자(즉, 파트너 원숭이가 다음 번에는 선택자가 되어 이전 선택자에게 친사회적 선택에 보상할 기회를 주었다) 친사회적 선택이 75퍼센트로 급등했다. 상호성을 발휘할 수 있는(그리고 잠재적으로 감사를 표현할 수 있는) 환경이 상호적, 친사회적 행동의 확률을 높였다고 볼 수 있다.

더 의미심장한 발견은 카푸친 원숭이가 어떤 상황이 상호적인지 아닌지에 촉각을 곤두세웠다는 점이다. 한 실험에서 우리는 두 번째 원숭이들에게 선택권을 주는 대신 두 번째 원숭이들이 과거에 한 선택을 우리가 그대로 따라했다. 그러자 첫 번째 원숭이는 자신들이 유일한 선택자일 때와 비슷한 수준의 친사회성으로 돌아갔다. 이는 첫 번째 원숭이들이 상대방 원숭이가 자신을 도왔는지 여부를 파악하고 그에 따라 보상할 줄 안다는 점을 명확하게 보여준다.

마지막으로 최근 연구는 카푸친 원숭이와 4세 아동이 놀랄 만치 흡사한 방식으로 상류 상호성upstream reciprocity, 또는 '사회 환원'을 실천함을 보여준다. 상류 상호성이란 호의를 경험한 개인이 향후 제3자에게 호의를 베풀 확률이 더 높다는 개념이다. 원숭이와 아동을 대상으로 한 실험에서 개인이 누군가에게 호의를 베푼 후 실험 장소에 제3의 파트너를 투입하였다. 놀랍게도 카푸친 원숭이와 아이들 모두 최근에 보상을 받앞을 경우 처음 본 파트너에게 보상을 베풀 확률이 높았다. 그들은 자신에게 도움을 준 개인에게 보답할 기회가 없어지자 사회적 환원으로 보답하기를 선택했다. 일부 연구자는 감사가 사회 환원을 유발하며 카푸친 원숭이도 마찬가지라고 제언한다.

감사는 우리 됨됨이의 일부다

비록 상호성이 고도의 친사회적 행동 특성을 수반한다고 해도 상호성 자체가 감사를 수반하지는 않는다. 상호성은 서로 주고받은 유익을 추적하여 일어나는 거래다. 즉, 상호성은 의무감이나 부채 의식으로도 귀결될 수 있다. 그런데 영장류 안에서 상호성과는 차원이 다른 일이 진행되고 있다고 볼 충분한 근거가 있다.

첫째, 상호성이 감사가 아닌 부채 의식으로 이어진다면, 시간이 흐를수록 비용과 이익을 계속 기억하고 계산해야 할 부담이 커진다. 하지만 많은 연구에서 인간이나 영장류 모두 이런 수준의 계산력과 기억력을 가지지 못했음이 밝혀졌다. 현실에서 상호적 거래는 정서적 반응으로 이어질 가능성이 크다. 정서적 반응이 더 기억하기 쉽기 때문이다. 감사 정서는 두 개인 간 관계를 돈독하게 만든다. 그리고 그 개인들이 향후 서로 호의를 제공할 확률이 높다.

왜 도움을 주었는지 묻고 답할 수 있다는 점을 제외하면, 인간을 대상으로 한 감사 실험은 다른 종의 상호성 실험과 매우 흡사한 결과를 보인다. 연구진은 감사가 보답 행동을 불러일으킨다는 전제로 호의에 보답하는 빈도를 측정했다. 그 결과, 비인간 영장류에게서 나타난 결과와 매우 유사했다. 영장류를 대상으로 설문조사를 할 순 없지만, 인간과 영장류 간 행동 패턴의 유사성은 그 자체로 강력한 메시지를 담고 있다.

이제껏 모든 연구는 보답이 과거에 베푼 호의를 수긍하는 방법이라고 추정하였다. 비록 보답이 관측 가능한 척도 중 최상이긴 하지만 언어적 감사와는 상당한 차이가 있다. 혹시 다른 종에게도 받은 친절을 인정하는 미묘한 표현이나 몸짓 등 기타 소통 방식이 있지 않을까? 이를 발견하려면 다른 종의 소통 체계에 대한 심층적 이해를 길러야 한다.

다윈이 최초로 감사가 여러 종이 보편적으로 경험하는 정서일 수 있다는 제안을 한 후 우리는 많은 진척을 이루었다. 비록 우리가 침팬지의 감사 표현을 이해할 정도로 '침팬지 언어'를 구사하는 수준에 도달하지는 못했지만, 우리와 가장 가까운 그들의 행동을 관찰해보면 감사를 중요시하는 종이 인간 외에도 있음을 알 수 있다.

우리는 종종 공격성과 경쟁심 등 인간이 가진 가장 나쁜 성향을 진화 탓으로 돌린다. 그런데 연민과 감사 같은 가장 긍정적인 자질 역시 진화의 일부분임을 기억하는 게 중요하다. 우리와 가장 가까운 친척 종에게서 이런 특질이 발견된다는 것은 인간 본성 속 '선'의 뿌리 역시 깊음을 강력하게 상기하게 한다. 그 뿌리가 얼마나 깊은지 발견하는 것은 우리에게 달려 있다.

핵심 정리

1. 상호성은 일정 시간에 걸쳐 두 개인 간에 재화와 서비스를 주고받는 행위다. 영장류가 여러 영역에서 상호성을 실천한다는 증거들이 존재하며, 일부 과학자는 상호성이 감사의 진화에 토대 역할을 했을 가능성이 있다고 추정한다.
2. 카푸친 원숭이는 4세 아동과 흡사한 방식으로 상류 상호성 또는 사회 환원을 실천할 줄 알았다.

감사하는 DNA가 따로 있을까?

서머 앨런

감사의 기원을 모색하는 연구자들은 역사 속 인간의 유전적 대물림뿐 아니라 현재 우리가 가진 유전자도 탐구한다. 마이클 스티거와 동료 연구진은 (본질적으로 DNA 구성이 동일한) 일란성 쌍둥이가 (DNA의 50퍼센트만 공유하는) 이란성 쌍둥이보다 비슷한 감사 수준을 보였음을 발견했다. 이는 감사에 유전적 요인이 작용할 수도 있음을 보여준다.

특정 유전자가 개인의 풍성한(인색한) 감사 성향에 영향을 미치는지 탐구한 조사도 있다. 유력한 감사 유전자 후보는 뉴로펩타이드 옥시토신 분비를 담당하는 CD38 유전자다. 신경과학자이자 심리학자인 사라 앨고우와 동료 연구진은 실험이나 일상에서 연인을 향한 감사 표현의 질, 빈도가 이 유전자와 유의미하게 연관되어 있음을 발견했다.

이 조사에 참여한 커플들은 2주에 걸쳐 매일 밤 "자신이 좋아하는 일을 해준 연인에게 감사했는지" 여부를 기록했다. 특정 변형의 CD38 유전자 보유자는 약 45퍼센트의 감사 확률을 보고한 반면 다른 변형의 CD38 유전자 보유자는 70퍼센트가 넘는 감사 확률을 보고했다. 이는 대략 3.5일의 차이다.

감사에 영향을 미치는 것으로 보이는 또 다른 유전자는 뇌 속에서 도파민 신경 전달물질의 순환을 담당하는 COMT 유전자다. 심리학자 진팅리우와 동료 연구진의 최근 조사를 통해 특정 유형의 COMT 유전자 보유자가 다른 유형의 COMT 유전자 보유자보다 더 감사를 많이 느끼는 것으로 밝혀졌다. 이 연구 결과는 감사를 적게 하는 유전자를 보유한 사람의 뇌가 '부정성 편향'(중립적 얼굴보다 무서운 얼굴에 더 반응도가 높고 행복한 얼굴에는 반응도가 낮다)이 더 높은 것으로 나타난 이전 연구 결과와 일관성을 보인다.

이런 유형의 COMT 유전자가 죄다 나쁘기만 한 건 아니다(기억력과 집중력 면에서 우위를 보인다는 증거가 있다). 하지만 리우와 동료들이 보고한 결과는 이 특정 유형의 유전자가 삶의 긍정적 사건에 둔하게 반응하고 부정적 사건에는 민감하게 반응하는 경향성을 보인다고 밝힌다. 연구진은 "이런 사람은 인생의 긍정적 측면은 외면하고 불행을 주목하며 불평하는 습관을 들여 감사와 용서 같은 긍정적 성격 특질이 위축될 수 있다"라고 썼다.

여기서 눈여겨볼 만한 두 가지 중요한 점이 있다. 첫째, 이 조사들은 특정 유형의 유전자를 가진 사람이 그날그날 어떤 행위나 행동을 보일지는 알려주지 못한다. 한 유형은 온종일 기분이 좋다고 둥둥 떠다니고 다른 유형은 철저하게 배은망덕 얘기가 아니란 말이다. 둘째, 위에서 논한 유전자는 감사와 같은 복합적 정서를 경험하는 방식에 관여할 가능성이 있는 수천 수백 개의 유전자 중 단 두개에 불과하다. 또 유전자 외에도 종교, 문화 등 사회적 변수도 정서적 반응에 관여한다. 정서는 실로 복잡하다. 다만 일련의 연구 결과는 감사라는 렌즈를 끼고 세상을 보는 개인의 성향에 이 유전자들이 한몫할 수 있음을 시사한다.

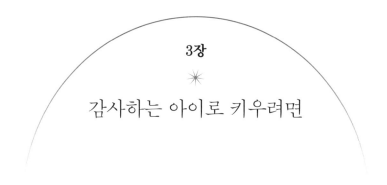

3장

감사하는 아이로 키우려면

마리암 압둘라, 자코모 보노, 제프리 프로, 안드레아 후송, 키라 뉴먼

앞 장에서 보았듯이 감사는 진화와 생물학에서도 그 뿌리를 찾을 수 있다. 하지만 사회적으로 전수해야 할 하나의 기술이기도 하다. 감사는 단순한 제스처가 아니다. 사고와 정서, 행동을 수반하면서 유의미한 결과를 내는 풍성하고도 다면적인 경험이다. 감사는 하루아침에 습득할 수 없다. 어린 시절과 청년기를 통과하며 부단한 과정을 통해 학습해야 하는 품성이다. 시간이 흐르며 우리 뇌가 정교하게 성장할수록 감사도 정교해진다. 아이들은 성장하면서 인지, 사회성, 정서가 한데 섞인 정신 세계의 발달을 경험한다. 그리고 종국에는 온전한 감사를 경험할 것이다. 연구자들은 우리가 성장하는 과정에서 감사가 어떻게 발달해가는지 추적했다. 어린 시절부터 청년기까지 감사의 발달 방식을 보면 어떻게 감사가 상호성의 한 형태로부터 깊은 도덕적 가치로 인정받는 데까지 진화했는지를 알 수 있다.

감사 발달의 초석: 감정을 이해하는 능력

현재 연구로는 만 세 살이 되면 이미 감사의 토대가 형성되기 시작한다. 3세 어린이의 정서적 이해력을 테스트한 실험에서 연구진은 아이들에게 여러 표정을 지은 인형을 보여주고 그 캐릭터가 행복한지, 슬픈지, 화났는지, 두려워하는지를 알려달라고 했다. 그런 정서를 느끼는 원인도 질문했다. "인형이 슬퍼하네. 왜 슬퍼할까요?"

이뿐 아니라 3세 어린이가 타인의 정신적 상태를 얼마나 이해하는지, 또 타인의 행동이나 생각을 얼마나 예측할 수 있는지도 실험했다. 실험에서 연구진은 연필이 들어 있는 박스를 보여주며 옆 친구가 상자 속에 무엇이 들었다고 생각할지 물었다. 1년 후 재방문하여 동일한 테스트를 하고, 아이들이 다섯 살이 되었을 때는 감사 이해도를 테스트했다. 연구진은 아이들에게 (고모가 조카의 잃어버린 고양이를 찾아준다거나 한 아이가 옆 친구에게 스웨터를 빌려준다는) 구체적인 도움 제공 사례를 제시했다. 도움받은 아이가 도움 제공자에게 좋은 감정을 갖고 보답해야 한다고 생각한다면, 감사 이해도가 향상된 것으로 보았다.

결과적으로 세 살 때 정서 이해도가 높았던 아이들이 네 살이 되어서도 타인의 생각에 대한 이해도가 높았고, 다섯 살이 되었을 때 감사 이해도도 높았다. 이는 우리가 유아기에 습득한 정서적, 인지적 기술(주로 자신과 타인의 감정을 이해하는 능력)이 감사 발달의 초석이 될 수 있음을 의미한다. 아이들은 이런 기술이 발달하는 과정에서 "고마워요"라는 단순한 인사를 넘어 진정한 감사의 구성 요소인 긍정적 사고와 행동으로 나아갈 능력을 갖춘다. 경험과 교육 역시 발달 과정에 영향을 미친다.

노스캐롤라이나대학교 채플힐 캠퍼스의 심리학과 교수 안드레아 후송이 이끄는 연구팀은 6-9세 아이들을 조사한 결과, 부모가 감사를 장려하는 환경에 자녀를 자주 노출할수록 아이가 감사를 잘 느낀다는 사실을 발견하였다.

후송 팀은 100명의 부모에게 자녀가 감사 역량을 계발하고 표현하도록 어떤 활동을 의도적으로 선택한 경험이 있는지를 물었다. 예를 들어 감사 교육이 반영된 학교를 선택한다든지, 감사를 표현하는 아이나 가족과 더 많은 시간을 보낸다든지, 감사거리를 일깨워주는 사회봉사 활동에 아이를 참여하게 하는 것이다.

어린아이에게, 연령대에 걸맞는 감사 교육을 제공하고 자율성을 지지하는 학교와 클럽을 다니게 하면 자녀의 관심사와 취향에 따라 능숙하게 교감하는 교사를 만날 수 있다. 이는 자녀의 건강한 애착관계 형성에 도움을 준다. 미취학 아동에게는 친구를 사귈 수 있는 놀이를 짜 주는 것이 도움이 된다.

부모가 자녀의 감사 역량을 키워주기 위해 구조적으로 환경을 조성하면 어떤 일이 벌어질까? 후송 팀은 어린 아이들이 어떤 식으로 감사를 표현하는지 살펴보았다. 부모가 가장 빈번하게 독려하는 감사는 '행동으로 이어지는 감사'였다(아이들 역시 행동을 통해 가장 빈번하게 감사를 표현했다). 부모들은 "고마워"라고 말하며 포옹하면서 악수를 청하라고 자녀를 독려했고, 자녀들은 그렇게 했다.

아이들이 커갈수록 감사도 정교한 형태로 발전했다. 2018년 심리학자 조너선 터지와 동료 연구진은 미국, 브라질, 과테말라, 터키, 러시아, 중국, 한국 어린이의 감사 발달 과정을 조사한 결과를 발표했다. 연구자들은 7-14세의 어린이 집단에게 "가장 큰 소원은 무엇인가요?"라고 물은 다음 "그 소원을 들어준 사람에게 무엇을 해주고 싶은가요?"라고 물었다. 조사자들은 답변을 세 가지로 분류하였다.

- 언어적verbal 감사: 어떤 방식으로든 "감사합니다"라고 말하기
- 구체적concrete 감사: 7-14세 어린이가 좋아하는 일로 보답하기 (사탕을 건네는 등)
  연결적connective 감사: 소원을 들어준 사람이 좋아할 만한 일로 보답하기(친구 관계 맺기나 도움 제공 등)

아이들이 클수록 구체적 감사는 줄었고, 언어적 감사는 연령대와 관계 없이 비슷한 비중으로 나타났다. 예외도 존재한다. 브라질 어린이는 나이가 들수록 언어적 감사 표현을 많이 했고, 과테말라와 중국 어린이는 애당초 구체적 감사 표현을 별로 하지 않았으며, 나이가 들어도 그 비중이 줄지 않았다. 미국, 중국, 브라질 어린이는 나이가 들수록 연결적 감사 표현을 많이 했다. 연결적 감사야말로 관계를 형성하고 상대방의 사고와 감정을 온전히 배려하는 감사 표현이다.

/
감사는 4가지로 이루어진다

아이들의 초기 감사 경험은 구체적 행동에 초점이 맞춰진다. 부모가 강조하는 것이 (그리고 부모 스스로 모범을 보이는 것이) 주로 눈에 보이는 구체적 행동이기 때문이다. 그러나 행동으로 표현되기 전, 머릿속에서 일어나는 세 가지 감사의 단계가 있다.

후송 팀은 "감사하는 자녀로 키우기" 프로젝트의 일환으로 유치원생부터 중학생까지의 자녀를 둔 가족의 경험을 조사했다. 이 팀은 과학 문헌과 부모와의 대화를 토대로 감사가 네 가지 요소로 이루어진 경험이라는 결론에 도달했다.

- 감사는 감사거리를 '알아채는' 경험이다. 감사란 무언가 주어졌을 때 가던 길을 멈추고 그것에 주목하는 것이다. 그리하여 우리 삶 가운데 이미 존재하는 좋은 것을 재발견하고, 받은 선물 이면에 있는 배려와 돌봄에 눈 뜨는 것이다.
- 감사는 왜 우리에게 그것이 주어졌는지를 '생각하는' 경험이다. 우리는 어떤 선물이 대가성으로 또는 의무감으로 주어진 게 아니라고 생각할 때 더 큰 고마움을 느낀다. 왜 상대가 우리에게 이 선물을 주었는지 생각해보는 과정에서 감사가 깊어질 수 있다.
- 감사는 주어진 것에 대해 '느끼는' 경험이다. 무언가를 받을 때 경험하는 행복감이나 연결감이 감사로 전환될 수 있다.
- 감사는 고마움을 표현하기 위해 무엇을 '행하는' 경험이다. 감사하다고 말하거나 포옹하는 것은 우리가 느끼는 긍정적 감정을 표현하는 방식이다. 또는 무언가를 받은 긍정적 경험을 다른 이에게도 선사하고자 하는 감동이 일어날 수도 있다.

자녀가 10대 후반 혹은 성인이 되면 네 가지 요소를 모두 자발적으로 실천할 확률이 높아진다. 어린아이들은 그중 일부만, 누군가 독려할 때만 실천할 수 있다. 인지 기술을 획득하고 실천하는 과정에서 아이들은 점점 큰 감사를 느끼며 '알아채기-생각하기-느끼기' 단계와 '행하기'라는 표현 단계를 접목하기 시작한다.

부모들은 '행하기'에 비해 '알아채기-생각하기-느끼기' 항목에는 별로 관심을 기울이지 않았다. 실제로 6-9세 자녀에게 감사하다는 '생각이나 감정'에 대해 물어본 부모는 3분의 1도 안 되었다.

아이들은 어릴 때부터 감사하는 사고를 학습할 수 있다. 호프스트라대학교의 심리학자 제프리 프로와 동료 연구진은 8-11세 초등학생을 위한 감사 사고 커리큘럼을 설계했다. 이 커리큘럼은 누군가가 도움을 제공한 상황(도움 이면의 의도, 도움 제공자가 지불하는 비용, 도움이 제공하는 유익 등 '알아채기' 단계의 모든 요소)에 관해 아이들이 더 깊이 생각하도록 돕는다. 학생들은 교과과정을 거치며 사람들의 이타적 행동 사례를 살펴보고(형제 숙제 도와주기, 친구와 간식 나눠먹기 등), 그것이 시혜자와 수혜자에게 어떤 경험이었을지 토론한다. 연구자들은 평소 '감사 알아채기'를 훈련한 학생일수록 실제로 더 큰 감사를 느끼고 인정했을 뿐 아니라 기회가 주어질 때마다 더 많은 감사 카드를 썼음을 발견했다.

위와 같은 조사는 감사에 '주는' 차원뿐 아니라 '받는' 차원도 있음을 강조한다. 감사를 잘 받으려면 우리가 받은 좋은 것에 주목하고 그에 대한 자신의 내면 반응을 관찰해야 한다. 이를 잘 배운 아이일수록 진정한 감사를 경험하고 자발적으로 감사와 인정 행동을 한다.

아이들이 성인기에 접어들면서 감사의 차원은 더욱 새로워진다. 시간이 지날수록 감사는 단지 사회적 관습이나 상호성의 한 형태가 아니라 우리를 움직일 위력을 가진 심오한 도덕적 가치로 탈바꿈한다.

핵심 정리

1. 감사는 사고와 정서, 행동을 수반하면서 유의미한 결과를 내는 풍성하고도 다면적인 경험이다.
2. 감사는 하루아침에 습득할 수 없기 때문에 어린 시절과 청년기에 부단한 과정을 통해 학습해야 한다. 좋은 방법 중 하나는 부모가 의식적으로 감사 교육 환경에 자녀를 많이 노출하는 것이다.
3. 감사는 '알아채기-생각하기-느끼기-행하기'라는 네 단계로 나뉜다. 많은 부모가 행하기에 관심을 쏟지만 감사를 잘 받으려면 앞선 세 단계가 매우 중요하다. 감사를 잘 받는 아이일수록 더 감사하는 아이가 된다.

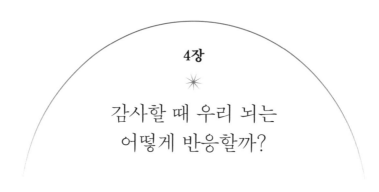

4장

감사할 때 우리 뇌는
어떻게 반응할까?

글렌 폭스

신경과학자인 필자가 감사를 공부한 초기에 주로 접한 자료는 감사의 중요성을 강조한 철학 논문, 종교적 권면, 감사가 수면이나 인간관계, 질병 예방, 운동 동기 부여, 행복감 등에 미치는 유익 등을 다룬 연구가 대부분이었다. 당시만 해도 감사할 때 뇌와 몸속에서 어떤 일이 벌어지는지는 거의 몰랐다.

"뇌 활동을 들여다보면 감사의 지대한 유익을 더 많이 발견할 수 있지 않을까?" 나는 한 가지 구체적인 질문을 던지며 감사의 신경생물학적 측면을 파고들었다. 알다시피 몸 건강과 정신 건강은 밀접한 관계가 있다. 따라서 감사를 느낄 때 뇌 속에서 무슨 일이 벌어지는지를 이해하면 신체 기능이 어떻게 향상되는지도 알 수 있다. 이런 연구는 과학자들이 감사 프로그램을 개발할 때 감사로 유익을 얻는 활동과 경험에 더 정확하게 초점을 맞출 수 있게 해준다.

감사 실천은 뇌에 구조적 변화를 가져온다

캘리포니아주립대학교 '쇼아재단 시각역사연구소'는 홀로코스트 생존자 증언 동영상을 세계 최대 규모로 소장하고 있다. 많은 영상이 기막힌 이타성과 베풂의 스토리로 가득하다. 필자가 이끈 학부생 팀은 수백 시간에 달하는 생존자 증언 영상을 시청하며 누군가에게 도움을 받은 생존자의 사연을 추려냈다. 그다음 취합한 사연을 짧은 시나리오로 바꿔 조사 참가자들과 공유했다.

시나리오는 "한겨울에 죽음의 행군을 하는 당신에게 동료 죄수가 따뜻한 코트를 건넨다"처럼 2인칭 시점으로 작성했다. 우리는 참가자들에게 최대한 등장인물과 자신을 동일시하며 그 상황에서 어떤 감정을 느꼈을지 상상해달라고 요청했다. 자신이라면 어떤 감정이었을지 참가자들이 상고하는 동안 우리는 현대 뇌 영상 기법인 기능적 자기공명영상(fMRI)으로 그들의 뇌 활동을 측정했다.

마지막으로 시나리오 속 상황을 상상하며 얼마나 감사했는지 물었고, 그들이 매긴 감사 점수와 그때 그들의 뇌 활동 사이의 상관관계를 조사했다. 물론, 실제 경험과 상상이 동일한 감정을 유발하지는 않을 것이다. 하지만 참가자들 중 압도적 다수가 이 과제에 깊이 몰입했으며 상상 속에서 경험한 선행에도 큰 감사를 느꼈다고 보고했다.

조사 결과 참가자가 감사의 감정을 느낄 때 뇌 (좌우 반구가 만나는) 내측 전전두엽피질의 특정 영역이 활성화되었다. 이 영역은 타인의 입장을 이해하고 공감하며 안도감을 느끼는 기능과 관련 있다. 아울러 이 영역은 우리가 사회 활동에서 즐거움을 경험할 때 불이 켜지는 신경망의 일부분이다. 또한 심박수나 각성 수준 같은 기본 정서를 조절하는 뇌 영역과도 촘촘하게 연결되어 있으며 스트레스 해소 및 통증 경감과 연관성이 있다. 마지막으로, 친밀한 사람과 신체 접촉을 했을 때나 통증이 완화될 때 활성화되는 뇌의 뮤-오피오이드(마약성) 신경망과도 많은 연결고리를 가지고 있다.

즉, 이 데이터는 감사가 사회적 유대 및 스트레스 완화와 관련 있는 뇌 신경망에 의존하고 있음을 시사한다. 이는 감사 정서가 건강에 어떤 유익을 끼치는지 부분적으로 설명해준다. 감사하면서 타인이 제공한 도움을 인정하면 몸 상태가 느긋해지고 스트레스 수치도 낮아진다.

인디애나대학교의 심리학자 키니와 동료 연구진이 '감사 실천이 우울한 개인의 뇌 기능을 어떻게 바꿀 수 있는지' 조사한 후속 연구는 더 고무적이다. 그들은 감사가 앞서 말한 뇌 영역에 '구조적인 변화'를 일으킬 수 있다는 증거를 발견했다. 이 결과는 감사 훈련이 어떻게 뇌를 변화시키고 뇌 회로를 재구성하는지 알려준다.

물론, 이런 발견은 훨씬 긴 과정의 첫걸음에 불과하다. 필자와 동료들은 감사 연구가 늘어나는 데 용기를 얻었고, 다른 연구 단체들도 이 위력적 정서를 연구하는 데 동참하기를 독려한다. 그간의 연구가 감사를 지속적으로 연구하고 탐구해야 할 필요성을 명확하게 드러내주었다.

핵심 정리

1. 감사의 감정을 느낄 때 뇌 내측 전전두엽피질의 특정 영역이 활성화되었다.
2. 이 영역은 타인의 입장을 이해하고 공감하며 안도감을 느끼는 기능, 정서를 조절하고 스트레스를 완화하는 시스템과 관련 있다.
3. 감사 훈련은 뇌 영역에 변화를 일으키고 뇌 회로를 재구성하여 신체와 정신 건강에 도움을 준다.

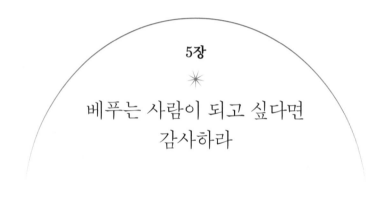

5장

베푸는 사람이 되고 싶다면
감사하라

크리스티나 칸즈

4장에서 살폈듯 감사는 사회적 교류 및 쾌락과 연관된 뇌 부위를 활성화한다. 그렇다면 감사와 다른 사람을 도우려는 자발성 사이에는 어떤 연관성이 있을까? 연구 결과, 둘 사이 신경 연결은 매우 깊었다. 감사 역량을 키울수록 마음도 더 넉넉해졌다. 우리는 이기적인 계산속으로 감사하지 않는다. 감사는 나눔이라는 성품을 강화한다.

감사와 이타성(대가가 따르더라도 남을 도우려는 자발성)의 관계에 대한 연구는 두 가지 접근으로 나뉜다. 바로 설문조사와 실험이다.

첫째, 더 많이 감사하는 사람이 이타성도 더 큰지 직접 물어볼 수 있다. 연구자들은 질문지로 참가자의 감사 성향을 판별하고, 이타성이 감사의 예측 변수가 되는지 통계를 사용하여 판별한다.

하지만 설문조사는 감사하는 사람이 왜 친사회적으로 행동하는지는 설명하지 못하고, 다만 그렇게 행동한다는 현상만 드러낸다. 이 친사회적 행동이 죄책감의 발로인지 아니면 남이 잘 되는 걸 보면 기분이 좋아지기에 하는 행동인지 어찌 알겠는가?

이 대목에서 실험적 접근이 유용하다. 최근 필자의 동료들은 친사회적 성향과 뇌가 자선 기부 활동에 반응하는 방식 간의 관계를 파악하기 위한 연구를 진행했다. 우선 질문지를 사용하여 참가자의 친사회적 성향을 평가했다. 그다음 참가자에게 돈을 주고 뇌의 혈중 산소 수치를 측정하는 MRI 스캐너에 들어가게 했다. 참가자는 그 돈을 자기 몫으로 챙기거나 자선단체에 기부할 수 있었다. 연구진은 기부할 때 뇌의 반응을 비교하고자 뇌의 보상 중추(기분이 좋아지게 하는 신경전달물질을 제공하는 영역)의 활동성에 주목했다.

친사회성이 높은 참가자일수록 돈이 자선단체로 흘러갈 때 훨씬 높은 내면의 보상감을 느꼈다. 또 참가자의 연령대가 높을수록 자비를 베푸는 성향이 컸다. 이는 나이가 들수록 사리사욕을 챙길 때보다 선행을 베풀 때 뇌가 더 큰 보상을 선사함을 시사한다.

이 조사는 몇몇 굵직한 질문에 답을 주었으나 여전히 남은 질문도 있다. 그중 하나가 감사와 이타성 간의 연결고리다. 둘은 붙어 다니는 관계인가? 감사가 실제로 이타성을 장려하는가? 위와 같은 조사 결과에서 한 발짝 물러나보면, 감사하거나 이타적 행동을 하는 요인이 무엇인지는 여전히 풀리지 않은 궁금증이다. 친사회적 유전자의 적절한 배합 때문일까? 아니면 경험이나 가족을 통한 사회화가 감사와 나눔을 장려하는 걸까? 과학자들은 아직 이 질문에 대한 답을 찾고 있다. 고로 이 화두는 이 책 전반에 걸쳐 지속적으로 제기될 것이다.

답을 찾기 위한 출발점으로 방금 묘사한 것과 꽤 흡사한 또 다른 실험을 했다. 차이가 있다면 참가자들에게 더 단순한 나눔 과제를 주며 이타성뿐 아니라 감사 수준에 관해서도 질문했다는 점이다. 이전 조사처럼 돈이 자선 단체로 가느냐 자신에게로 가느냐에 따라 달라지는 뇌 반응을 비교했다. 그 결과, 높은 감사 수준과 이타성을 보고한 참가자일수록 돈이 외부로 흘러갈 때 뇌 보상 부위에 강한 반응을 보였다. 다른 연구진의 조사 결과와 같았다.

우리 조사와 선행 조사 사이에는 의미심장한 차이점이 하나 더 있었다. 우리는 젊은 여성들만을 대상으로 조사를 진행했다. 선행 조사는 나이가 들수록 너그러움의 신경적, 행동적 측정값이 증가함을 밝혔는데, 이제껏 젊고 건강한 성인의 측정값이 단시간에 변할 수 있음을 밝힌 연구 사례는 없었다. 이로써 큰 질문이 대두되었다. 감사 훈련으로 뇌 구조를 바꾸면 이타적 성향을 키울 수 있을까?

우리는 후속 실험에서 무작위로 선정된 참가자 중 절반에게 3주간 매일 저녁 감사 일기를 쓰게 했다. 나머지 절반은 일상적인 일기를 썼다. 우리는 어느 집단에게도 연구의 목적이 무엇인지, 다른 사람은 어떤 일기를 쓰는지 알리지 않았다.

3주 후 참가자들은 2차 뇌 스캔을 받기 위해 모였다. 다시금 핵심 측정 대상은 돈의 향방에 따른 (자신이냐 자선단체냐) 뇌의 보상 반응이었다. 감사 집단이 다른 통제 집단보다 더 큰 보상 반응을 보일까? 그랬다! 감사 집단은 뇌의 보상 과정에 결정적 역할을 하는 복내측 전전두피질의 순수 이타성 측정값이 증가했고, 통제 집단은 감소했다.

물론 여러 요인이 뇌의 보상 작용에 영향을 미쳤을 수 있다. 5달러를 받고 뛸 듯이 기뻐한 사람도 있었고 더 많은 걸 기대했다며 속았다는 사람도 있었다. 그러나 3주간 감사 일기를 쓴 후 복내측 전전두피질이 타인의 유익에 부여하는 가치가 더 커진 것은 확실하다. 참가자가 자신이 이타적 선택을 했다고 뿌듯해할 만한 이유도 없었다. 참가자들은 컴퓨터가 대신 선택해준 결과를 관찰했을 따름이었다. 그들은 5달러를 잃었고 자선단체는 5달러를 벌었다. 그런데 그들의 뇌가 이타적 결과를 더 흐뭇하게 여겼다.

어떤 의미에서 감사는 넉넉한 나눔을 위해 뇌가 준비를 하는 과정일 수도 있다. 감사거리를 세어보는 것과 가진 현금을 세어보는 것은 상당한 차이를 만들어낸다. 철학자들과 심리학자들의 예측처럼 감사의 손가락은 도덕적 행동, 상호성, 사회 환원을 가리켰다. 우리 뇌는 남이 잘될 때 더 부자 같은 기분을 느낀다. 어쩌면 이런 이유로 감사하는 사람이 나눔을 더 많이 하는지 모르겠다. 감사는 우리에게 여러모로 득이 되지만, 남에게도 득이 된다.

핵심 정리

1. 감사와 다른 사람을 도우려는 자발성 사이의 연결 고리는 매우 깊다.
2. 실험에서 친사회성이 높은 참가자일수록 돈이 자신이 아닌 자선단체로 흘러갈 때 훨씬 높은 내면 보상감을 느꼈다.

감사와 다른 정서의 관계

서머 앨런

본 장에서 신경과학자 크리스티나 칸즈는 감사와 나눔이 어떻게 우리 뇌 속에 함께 있으면서 작용하는지 설명했다. 그녀의 연구 외에도 감사와 다른 정서의 관계를 살펴본 여러 연구가 있다.

감사와 부채 의식의 관계에 대한 연구도 있다. 감사와 부채 의식은 서로 중첩되는 것처럼 보이지만, 이 둘은 별개의 감정이다. 조사에 따르면 상대가 꿍꿍이속으로 호의를 베풀었다고 의심할 때보다 선한 의도로 도왔다고 생각할 때 감사의 감정이 월등히 커졌다. 아울러 주는 사람이 보상에 대한 기대감을 많이 표현할수록 받는 이의 감사는 줄고 부채 의식은 증가했다. 이뿐만 아니라 자기중심성이 강한 사람일수록 부채 의식을 크게 경험하고 감사는 적게 경험했다.

우리가 도덕적 행위를 목격할 때 느끼는 '고양감'elevation 같은 긍정적 정서와 감사를 구별하기 위한 연구도 있다. 예를 들어 사라 앨고우와 조너선 하이트는 "타인을 칭송하는" 세 가지 정서인 고양감, 감사, 동경이 어떤 행동의 동기가 되는지에 따라 구별된다고 말한다. "(도덕적 탁월성에 대한 반응인) 고양감은 친사회적, 결속affiliative 행동을 유발하고, 감사는 시혜자와의 관계 개선을 유발하며, 동경은 자기계발을 유발한다."

감사는 종종 인정appreciation과 비슷한 것처럼 그려지기도 한다. 한 연구는 인정을 "무언가(사건, 사람, 행동, 사물)의 가치와 의미를 수긍하고 그에 대해 긍정적인 정서적 연결감을 느끼는 것"이라고 정의하며, 인정의 여덟 가지 핵심 면모 중 하나가 감사라고 보았다. "인정에서 감사라는 면모는 자신이 받은 유익에 주목하고 그것을 수긍하는 것을 말한다. 유익의 원천이 사람이든 신이든 '타자'의 수고, 희생, 행동에 고마움을 느끼는 것이 인정이다."

다른 성격적 요인을 '통제'했을 때 인정이 "삶의 만족도에 의미심장하고 독보적인 기여를 한다"라는 연구 결과가 있다. 감사와는 독립적으로 인정을 고찰할 만한 가치가 있음을 시사하는 발견이다. 그러나 또 다른 조사에서는 사람의 인정과 성향적 감사dispositional gratitude 수준은 높은 상관관계를 보였다. 인정과 감사를 별개의 특성으로 간주하기에는 상호연관성이 너무 높다는 말이다. 고로 인정과 감사의 과학적 구별은 여전히 논쟁과 논의가 더 필요한 사안이다.

2부

감사하면 무엇이 달라질까?

2부에서는 여러 연구자와 언론인이 감사의 사회적, 신체적, 심리적 유익에 관한 최신 연구 결과와 함께 감사의 까다로운 면을 소개한다. 감사는 단순해 보이지만, 때로는 부정적 감정의 방아쇠가 될 수도 있다. 예를 들어, 감사가 자신을 나약하게 보이게 하므로 득보다 실이 크다고 두려워하는 남성들이 있다. 또한 키라 뉴먼은 「나라마다 감사하는 법이 다르다」라는 글을 통해 감사가 전달되는 과정에서 본래 의미를 잃어버리고 엉뚱하게 변질될 수 있음을 보여준다. 마지막으로 에릭 피더슨과 데브라 리베르만은 감사가 어떤 형태든 협력 관계를 구축하는 데 꼭 필요한 도구라고 주장한다. 관건은 관계를 강화하기 위해 어떻게 감정을 표현해야 하느냐이다.

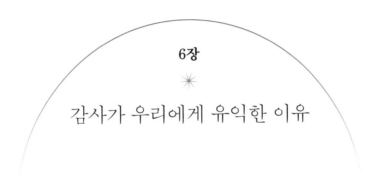

6장

감사가 우리에게 유익한 이유

조엘 윙, 조슈아 브라운, 크리스티나 아르멘타, 소냐 류보머스키,

서머 앨런, 아미 고든, 키라 뉴먼

감사는 우리 삶에 어떤 영향을 미칠까? 감사가 뇌와 신체에 유익하기만 할까? 아니면 부정적 효과도 일으킬까?

1부에서는 감사의 뿌리를 규명하기 위한 뇌과학자들과 생물학자들의 연구를 일부 소개했다. 과학자들은 무엇을 발견했을까? 20여 년간의 연구를 통해 밝혀진 사실은 온갖 형태의 감사가 우리의 정신 건강, 인간관계, 신체 건강, 자기계발에 광범위한 유익을 끼친다는 것이다. 궁극적으로 감사하면 단지 좋은 감정을 느낄 뿐 아니라 좋은 '행동'으로 그 유익을 주변 사람과 공유하게 된다.

기분이 좋아진다

여러 학자들은 감사 실천이 행복감과 삶의 만족감을 증진하는 가장 신뢰할 만한 방법 중 하나임을 입증했다. 또한 감사는 낙관성, 기쁨, 쾌감, 열정 등 다른 긍정적 정서도 끌어올렸다.

행복감을 증진하는 여러 활동을 비교한 실험에서 연구자들은 감사 편지를 써서 수신인에게 전달하는 활동과 자신의 강점을 파악하거나 활용하는 등 자기에게 몰두하는 활동을 비교했다. 최종적으로 가장 큰 유익을 경험한 집단은 감사 집단이었다. 그들은 감사를 표한 후 더 행복해했고 덜 우울했으며, 이런 상태는 꼬박 한 달간 지속되었다.

우리는 좋은 것에 쉽게 익숙해진다. 그래서 아무리 사소할지라도 좋은 것을 인정하기 위한 수고를 기울여야 한다. 감사할 때 우리는 긍정적 경험을 음미하고 덜 당연하게 여긴다. 감사 일기는 이를 독려하는 가장 손쉬운 방법 중 하나다.

감사 실천이 삶의 무게로 힘겨운 사람들에게 도움이 된다는 연구도 있다. 6장의 기고자 조엘 웡과 조슈아 브라운은 심리 상담을 받고 싶어 하는 3백 명의 성인 대학생을 조사했다. 연구자들은 그들을 임의의 세 집단에 배정해 심리 상담을 받게 했다. 첫 번째 집단은 3주간 매주 다른 사람에게 감사 편지를 쓰라는 과제를 받았다. 두 번째 집단은 부정적 경험에 대해 깊이 생각하고 그 감정을 글로 기록하라는 과제로 받았다. 세 번째 집단은 어떤 글쓰기 활동도 하지 않았다.

결과는 어땠을까? 감사 편지를 쓴 이들은 4주차와 12주차에 다른 집단보다 월등히 양호한 정신 건강 상태를 보고했다. 삶의 만족도가 높아졌으며 불안과 우울 증상이 줄어들었고 관계와 삶 전반에서 대처 능력이 향상되었다. 이는 감사 글쓰기가 단지 건강하고 사회 적응력이 좋은 개인뿐 아니라 심리적 어려움을 겪는 이들에게도 유익함을 시사한다. 심리 상담과 감사 실천을 병행하면 짧은 기간일지라도 상담만 받는 것보다 더 유익했다. 다른 연구 역시 감사가 심리 치료에 도움이 되며 우울감 감소 효과가 있다는 발상을 뒷받침한다.

왜 그럴까? 연구는 감사가 독이 되는 정서로부터 벗어나는 데 도움을 준다고 말한다. 윙과 브라운은 참가자들이 글을 쓸 때 사용한 긍정 정서 단어와 부정 정서 단어, '우리'라는 단어(1인칭 복수)의 비중을 비교했다. 당연하겠지만 감사 집단은 다른 집단보다 긍정 정서 단어와 '우리' 단어를 많이 썼고, 부정 정서 단어는 적게 썼다.

그런데 긍정적 단어와 '우리'라는 단어를 많이 쓴다고 해서 꼭 정신 건강이 좋아지는 것은 아니었다. 그보다는 부정 정서 단어를 적게 사용한 사람들이 정신 건강상의 유익을 더 크게 느꼈다. 감사 편지를 썼을 때 정신 건강이 개선되는 이유는 원망이나 질투 같은 독이 되는 정서에 덜 집중하기 때문일지도 모른다. 다른 사람에게 얼마나 감사한지, 다른 사람이 얼마나 나의 인생에 축복이 되는지를 쓰다 보면 부정적 경험을 곱씹기가 그만큼 어렵다.

사이가 좋아진다

감사는 나 홀로 겪는 경험이 아니다. 종종 구체적인 대상의 사랑스러운 개성이나 아름다운 인연에 고마움을 느낀다. 이 경험은 주변 사람과 더 가깝게 연결된 느낌을 준다.

본 장의 두 기고자 크리스티나 아르멘타와 소냐 류보머스키는 미국과 한국의 성인 및 대학생을 대상으로 두 가지 다른 감사 실천을 조사했다. 하나는 감사했던 경험을 회고하는 것이었고 또 하나는 감사 편지 쓰기였다. 그 결과, 등산이나 쇼핑 같은 유쾌한 활동보다 감사가 더 긍정적이고, 사회적인 정서를 유발했다. 참가자들은 감사할 때 더 큰 결속감과 고양감을 느꼈다(즉, 인류에 대해 더 큰 감동과 설렘, 낙관적 정서를 느꼈다). 두 사람은 또 다른 연구를 통해 감사 편지를 쓴 중3 학생과 고1 학생들도 비슷한 유익을 얻었음을 발견했다.

감사는 타인과의 유대를 강화하고, 기존 관계에 대한 만족감을 높인다. 또 다른 기고자 아미 고든과 동료들은 감사가 나눔이라는 선순환을 만들어 친밀한 관계의 토대가 됨을 발견했다. 즉, 한쪽 파트너의 감사는 양쪽이 서로 감사하도록 만들어 관계 헌신도를 높인다. 여기 그 원리를 소개한다.

1단계: 감사함을 많이 느끼는 커플일수록 관계를 유지하고 싶어 한다

감사할 때 상대방의 가치를 재발견한다(우리는 가치 있는 동반자를 붙들고 싶어 한다). 연구자들은 몇몇 조사를 통해 상대를 인정하는 마음이 커질 때 관계에 더 많이 헌신한다는 사실을 발견했다.

이런 효과는 장기적이다. 조사 초반에 감사 수준이 높았던 사람들은 9개월 후에도 높은 관계 헌신도를 보였다. 감사하는 파트너일수록 관계 유지 동기가 강하다.

2단계: 감사함을 많이 느낄수록 관계 유지를 위해 많이 노력한다

한 조사에서 고든과 동료들은 파트너에게 감사한 날일수록 파트너의 필요에 더 적극적으로 반응한다고 보고했다. 또 다른 조사에서 연구자들은 여러 커플을 실험실에 초청하여 관계 내 문제를 놓고 대화를 나누게 했다. 이때 자주 감사하는 참가자일수록 파트너를 배려하고 이야

기를 경청했다. 이런 자세는 친밀함을 북돋운다. 다른 조사에서는 감사를 많이 느끼는 사이일수록(심지어 낯선 사람들 간에도) 더 많은 시간을 함께 보내길 원하는 것으로 드러났다. 이로써 감사가 친밀성을 획득하고 유지하는 데 도움이 됨을 알 수 있다.

3단계: 관계 유지를 위해 노력하는 파트너는 상대가 인정받는다는 느낌이 들게 한다

이야말로 좋은 일이 일어나는 단계다. 당신의 파트너가 소중한 존재임을 인정하고 그에 부합하는 행동을 할수록 파트너는 인정받는다고 느낀다.

커플을 대상으로 한 실험에서 고든과 동료들은 (이해가 안 가면 확인 질문을 하는 등) 이야기를 경청하는 참가자들의 파트너가 배우자의 인정을 더 많이 느낀다고 보고했다.

4단계: 파트너의 인정을 받는다고 느낄 때 더 감사를 느낀다

더 나아가 파트너의 인정을 많이 받았다고 느낀 날에는 파트너에 대한 감사가 커졌다. 이 대목에서 감사의 유익이 본격적으로 빛을 발한다. 첫 단계로 돌아가보자. 감사하는 파트너는 관계 유지에 도움이 되는 방식으로 사고하고 행동했던 것을 기억하는가? 이제 두 파트너 모두 관계 유지에 초점을 맞춘다. 이런 식으로 첫 감사는 감사와 너그러움 사이 선순환을 점화하는 원동력이 된다(이는 둘 중 하나가 너무 지치거나, 스트레스가 심하거나, 불안할 때까지 지속된다). 감사 수준이 높은 사람이라도 파트너의 감사 수준이 낮으면 시간이 흐를수록 관계 만족도가 점점 떨어지기 때문에 선순환을 생성하고 유지하려면 두 사람 모두 감사와 너그러움에 동참해야 한다.

관계 속 감사는 파트너가 쓰레기를 내다버린 후 고맙다고 말하는 것 이상임을 명심하라. 감사에는 행위뿐 아니라 그 사람에 대한 실존적 인정도 포함된다. 파트너가 쓰레기를 내다버린 것만 고마운 게 아니라 당신이 쓰레기 버리기를 질색하는 걸 눈치 챌 만큼 그가 사려 깊은 사람 이라는 점에 감사하라. 감사는 상대방이 지닌 성품을 기억하고 왜 그 사 람과 처음 인연을 맺었는지 상기하는 것이다. 감사하면 할수록 그동안 받은 사랑과 지원이 눈에 들어오기 시작한다.

건강해진다

한 조사에서는 감사 수준이 높은 사람일수록 두통, 소화기 계통 질 환, 기관지염, 수면 장애 등의 문제가 적었다. 또 다른 조사에서도 감사 수준이 높은 사람이 두통, 어지러움, 복통, 콧물 등 신체 불편 증상을 덜 나타냈다. 연령과 국적을 불문하고 감사하는 성향의 사람은 덜 감사하 는 사람보다 건강상 불만 요소가 적었다. 이처럼 몸과 마음의 건강은 밀 접하게 얽혀 있고 감사가 신체에도 영향을 미친다는 증거가 날로 쌓여 간다.

설령 당신이 타고난 감사 체질이 아니더라도 실천을 통해 고통을 완화할 수 있다. 로버트 에먼스와 마이클 맥컬로우는 2003년에 세 대학 생 집단을 대상으로 10주에 걸쳐 주1회 감사한 일을 기록하거나, 일상 을 중립적으로 기록하거나, 골칫거리를 기록하게 하는 실험을 했다. 실 험 기간 중 감사 일기 집단은 다른 집단보다 두통, 숨 가쁨, 근육통, 울렁

거림 등의 신체 증상을 덜 나타냈다.

감사는 겉으로 드러나는 증상뿐 아니라 눈에 보이지 않지만 건강을 뒷받침하는 생물학적 과정에도 영향을 미친다. 염증은 심혈관계를 비롯하여 몸에 악영향을 미치는 면역 반응의 일종이다. 조사에 따르면 특정 심장 질환이 있는 환자 중 8주간 감사 일기를 쓴 이들의 염증 수치가 줄어들었다. 감사 수준이 높은 사람들은 심장병과 심정지 정도, 당뇨, 만성 신장질환, 각종 암, 사망과 연관 있는 적혈구 내 단백질 수치, 헤모글로빈 A1c(HbA1c) 수치가 눈에 띄게 낮았다.

마음을 따듯하게 하는 감사의 위력은 심장 건강에까지 확대된다. 1995년 조사에서 (감사와 연관된 정서인) 인정받는다고 느끼는 사람의 심박변이도가 향상되었다. 2016년에 실시한 조사에서 2주간 "예전에는 고마운 줄 몰랐던 삶 속의 사람과 대상"에 대해 감사 일기를 기록한 여성들은 그냥 아무 사건이나 기록한 여성보다 혈압이 낮게 나왔다.

감사는 심장 발작에서 회복하는 데도 도움이 된다. 제프 허프만과 동료 연구진이 수행한 조사에 따르면 더 낙관적이고 감사하는 사람들과 덜 감사하는 사람들을 비교했을 때, 심장 발작으로 입원한 지 (6개월 후는 아니었지만) 2주가 지났을 때 전자의 혈관 기능이 향상되었다(조사 참가자들은 이미 감사 성향을 갖춘 사람이었다. 감사 실천에 따른 조사 결과는 다소 다르다).

뇌 속을 보면 왜 감사가 건강에 이로운지 알 수 있다. 이 책 1부에서 살펴보았듯이 감사는 사회적 유대 및 스트레스 완화와 연관된 뇌 신경망과 연관성이 깊다. 감사하면서 타인으로부터 받은 도움을 인정할 때 몸의 긴장이 풀리고 스트레스 수치가 낮아진다. 그리고 그 효과는 전신으로 퍼져나간다.

행동 차원에서 감사는 수면과 신체 운동 같은 건강 증진을 위한 일상 활동을 고무한다. 알다시피 수면은 건강과 직결된다. 부적절한 수면은 몸에 무리를 주고 비만, 당뇨, 심혈관계 질병 등 갖은 질병 발생 위험을 높인다. 불면증에 시달려본 사람이라면 푹 자는 게 말처럼 쉬운 일이 아님을 알 것이다. 그간 뜬눈으로 양을 세었다면 양 대신 감사거리를 세어보는 방법을 시도해보면 어떨까? 401명을 대상으로 한 조사에서(참가자의 40퍼센트는 수면 장애를 겪고 있었다) 더 감사하는 사람일수록 더 빨리 잠에 들며, 더 오래 숙면을 취하고 낮에 맑은 정신을 유지했다.

아울러 감사하는 사람이 숙면을 취하는 이유가 잠자리에 누웠을 때 부정적인 생각보다는 긍정적인 생각을 많이 하기 때문이라는 증거도 있다. 그들은 누워서 낮에 연인과 다툰 일을 끊임없이 재생하거나 돈 문제를 곱씹으며 스트레스 받는 경우가 덜했다. 만성 통증과 심부전 환자 중 감사 수준이 높은 이들이 감사 수준이 낮은 환자보다 더 푹 잔다는 사실도 보고되었다.

꼭 감사의 달인으로 타고나야 숙면을 취하는 건 아니다. 짧고 간단한 감사 훈련도 도움이 된다는 증거가 있다. 앞서 언급한 에먼스와 맥컬로우의 2003년 연구에서는 신경근육질환 환자 중 3주간 매일 감사 일기를 쓴 이들이 아무 내용이나 쓴 이들보다 밤에 더 오래 자고 더 상쾌한 기분으로 기상했다. 또 2016년 조사에 따르면 2주간 감사 일기를 쓴 여성들이 다른 작업을 수행한 여성보다 수면의 질이 약간 높았다.

감사는 단잠에 보탬이 될 뿐 아니라 건강한 식생활과 금연 등 건강에 유익한 행동으로 이어진다. 실제 감사하는 사람들의 라이프스타일이 더 건강한 것으로 보고되었다. 그들은 질 좋은 영양분을 섭취하고 운동을 주기적으로 하며 건강상 우려가 생기면 바로 병원을 찾았다. 10주간 감사 실천을 한 대학생들 역시 다른 글쓰기 활동을 한 학생들보다 운동량이 많았다. 감사 수준이 높은 청소년일수록 약물 남용과 위험한 성생활 비중이 낮았다. 연구자들은 심장마비 생존자를 추적한 결과 심장 발작 후 2주가 지났을 때 더 낙관적이고 더 감사하는 생존자일수록 반년 후에도 계속 의사의 권고를 따를 확률이 높았다.

고로 감사는 날마다 어떤 기분으로 살아가는가, 우리 몸속에서 어떤 일이 벌어지는가, 어떤 활동을 영위하는가 하는 세 가지 차원에서 건강에 영향을 미친다. 물론 이 세 기둥은 상호의존적이기에 감사가 어느 지점에서 가장 강력한 영향을 미치는지 파악하기는 어렵다. 어떤 건강상 유익은 긍정적 정서와 감사로 가꾼 인간관계에 기인한 것일 수 있다. 어떤 건강상 유익은 더 직접적 인과관계의 결과일 수 있다. 현 수준의 연구는 감사 성향이나 감사 역량 함양이 건강한 라이프 스타일에 전반적으로 보탬이 된다는 것을 알려줄 뿐이다.

선행에 보탬이 된다

크리스티나 아르멘타와 소냐 류보머스키가 이끄는 팀은 감사라는 활력소 덕분에 우리가 더 능동적으로 목표를 추구하고 왕성하게 사회적 활동에 임한다고 보고했다. 그들 연구에 따르면 감사와 친절은 불가분의 관계다. 감사는 (감사를 표하거나 사회 환원 형식으로) 이타적 선행을 수행하도록 영감을 불어넣는다.

연구자 모니카 발레트와 데이비드 데스테노는 2006년에 실시한 연구에서 감사와 선행을 유도할 기발난 방법을 생각해냈다. 참가자들이

2인1조로 컴퓨터 설문조사를 기입할 때 갑자기 한 참가자의 컴퓨터 전원이 나가버린다(실은 연구자와 사전에 공모한 참가자가 진짜 참가자의 모니터 전원을 몰래 뺀다). 진짜 참가자는 기술자가 오는 길이고 기입 작업을 처음부터 다시 해야 한다는 설명을 듣는다. 바로 그때 주최측 참가자가 수선을 피우다가 뽑힌 플러그를 '발견'한다. 진짜 참가자는 그의 도움으로 기입 작업을 이어간다.

참가자 중 도움을 받고 감사를 느낀 사람은 실험 도중 이런 돌발 상황을 겪지 않은 참가자보다 옆 사람(자신을 도운 참가자)을 돕는 데 적극적이었다(비록 그 도움이 지루한 설문지 작성과 관련된 사소한 것이었지만 말이다). 흥미롭게도 감사를 느낀 사람은 낯선 사람을 도울 확률도 높게 나타났다. 고로 감사는 삶에서 우리 자신에게 유익이 될 뿐 아니라 주변 사람의 상황을 개선시키려는 동기 부여가 된다.

이 과정이 전개될 때 뇌에서는 어떤 일이 전개될까? 앞 장에서 언급한 3백 명의 대학생을 대상으로 한 조사에서 조엘 웡과 조슈아 브라운 팀은 3개월 후 참가자들을 다시 불러 fMRI 스캔을 했다. 연구자들이 뇌 활동을 측정하는 동안 참가자들은 제3자에게 선행을 베풀었다. 누군가가 소액의 돈을 그들에게 건네며, 감사를 느낀다면 다른 사람에게 돈을 주라고 했다. 그다음 참가자들은 받은 돈 중 얼마를 뜻깊은 일(지역 자선단체 기부)에 배분할지 결정했다. 아울러 연구자들은 참가자들이 실생활에서 얼마나 감사하는지를 측정하는 질문지를 내주었다.

일반적으로 감사를 더 느끼는 사람일수록 좋은 일에 더 많은 돈을 쾌척하고, 감사함을 느낄 때 활성화되는 내측 전전두피질에 더 많은 신경 민감성을 드러냈다. 이뿐 아니라 감사 편지 과제를 받은 대학생들은 3개월 후에도 감사를 표현할 때 내측 전전두피질에 더 큰 민감성을 드러냈다. 크리스티나 칸즈 팀의 관련 조사에서도 3주간 감사 실천을 한 사람들은 돈이 자선단체로 이체되는 것을 볼 때 뇌의 보상 영역에 더 강한 반응이 일어났다.

그렇다면 감사하는 뇌는 이타적 유익에 더 큰 가치를 부여할까? 우리는 선행과 넉넉한 사회 환원이 감사 경험과 신경학적으로 연계되어 있음을 발견했다.

감사는 타인의 삶을 개선하려는 영감을 일으킬 뿐 아니라 자신의 삶을 개선할 의욕에 박차를 가하기도 한다. 감사는 일과 학문 등 삶의 다양한 영역에서 성공과 연계되어 있다. 예를 들어 로버트 에먼스와 안잘리 미쉬라는 2011년 조사를 통해 감사를 경험할 때 동기 부여와 활력이 증가하고 목표 달성에 높은 진척률을 보인다는 결과를 발견했다.

이 조사에서 학생들은 향후 2개월간 달성하고자 하는 목표를 제시한 다음 10주에 걸쳐 매주 감사 일기 쓰기, 골칫거리 목록 작성하기, 중립적 글쓰기라는 세 가지 중 하나의 활동을 했다. 감사 집단은 목표 달성에 비교적 높은 진척률을 보였다. 더욱이 너새니얼 램버트가 이끈 2009년 조사에 따르면 감사는 스스로 긍정적 결과를 얻을 자격이 있으며 달성 능력이 있다는 믿음을 불러일으켰다.

감사하는 학생일수록 학점이 높은 경향이 있었다. 그들은 방과 후 활동에 더 많이 참여했고, 사회 기여 욕구가 강했다. 앞서 언급한 (부모, 교사, 코치 들에게) 감사하는 활동을 수행한 중3과 고1 학생들 역시 자기 계발 욕구와 자신감, 역량 면에서 진전을 보였다.

위 발견을 종합해보면, 감사가 사람을 행동하게 만드는 동기 부여 정서임을 알 수 있다. 그러나 감사가 정확히 어떻게 동기를 유발하는지에 대한 직접적 연구는 그리 많지 않다. 왜 감사는 변화를 기피하거나 현실에 안주하게 하지 않고 오히려 영감을 고취하여 긍정적 행동을 하게 할까?

아르멘타와 류보머스키 및 동료 연구진은 이와 관련한 몇 가지 경로를 파악했다.

사회적 경로

첫째, 감사가 장려하는 깊은 지지 관계는 자기계발 노력에 동기와 지속성을 부여한다. 감사는 사회적 유대를 강화함으로써 강력한 지지와 격려라는 보상을 제공하기 때문이다. 우리는 이 보상 덕분에 큰 도전에 능히 맞설 수 있다는 느낌을 갖는다. 투병 과정에서 도와준 친구에게 감사를 느끼는 여성이 있다고 하자. 여성은 이 일로 친구에게 깊은 친밀감을 느꼈다. 아울러 그녀는 친구가 자신의 회복을 돕느라 들인 시간과 노력이 허사가 아니었음을 증명하고 싶은 마음에 더 건강한 식사와 운동을 하겠다고 다짐한다. 친밀감은 이 여성으로 하여금 세상에 자신을 아끼는 존재가 있음을 상기하고 건강해지고 싶다는 소원을 품게 했다.

우리는 타인에게 친밀감과 연결감을 느낄 때 자신을 계발하여 더 나은 사람이 되려 한다. 주변으로부터 격려와 지지를 얻는다고 느낄 때 스스로 관계에 합당한 사람임을 증명하고 싶어 하기 때문이다.

고양감

고양감은 위대한 선행을 목격할 때 느끼는 가슴 벅찬 감정이다. 고양감은 가슴속에 퍼지는 뜨거운 마음과 관련이 있으며 더 나은 사람이 되고픈 감동을 고취한다. 더욱이 고양감은 타인의 도덕적 행위를 본받으려는 영감을 불러일으킨다.

아르멘타와 류보머스키는 감사가 고양감을 고취하며 자기계발의 동기를 부여한다고 주장한다. 그들은 대학생과 직장인 모두에게서 그 증거를 발견했다. 연구진은 6주간 실험에 참여한 대학생에게 감사 편지를 쓰거나 일상적 사건을 열거하게 했다. 그다음 학생 전원에게 자기계발 활동의 일환으로 타인에게 친절을 베푸는 행위를 과제로 내주었다.

감사 표현 활동을 한 학생들은 고양감을 느꼈고, 그 결과 이타적 행위에 더 노력을 기울였다. 4주에 걸친 유사한 조사에서 연구자들은 회사 직원들에게 매주 감사 편지를 쓰라고 주문했다. 그다음 직원들은 자기계발의 일환으로 더 친절을 베풀고, 탁월성을 발휘하고, 건강을 챙기라는 과제를 받았다. 또 다른 집단에 속한 직원들은 매주 일상 활동을 열거한 후 일반적인 자기계발에 매진하라는 과제를 받았다. 모든 직원이 어떤 단계를 밟을지는 자유롭게 선택할 수 있었다.

감사 편지를 쓴 직원은 매주 일상 활동을 열거한 직원보다 더 나은 사람이 되려는 감동과 고양감을 더 많이 느꼈다. 이는 조사 말미에 직장 내 생산성과 자율성 증가로 나타났다. 고양감은 우리를 더 건강하고 너그러운 사람이 되게 할 뿐 아니라 더 생산적인 직장인이 되게 한다.

겸손

감사는 우리를 더 겸손하게 만든다. 감사를 표현할수록 우리의 성공이 부분적으로는 타인의 공이었음을 깨닫기 때문이다. 감사가 겸손한 감정의 빈도를 증가시킨다는 증거도 존재한다. 이뿐만이 아니다. 엘리엇 크루즈가 이끈 2014년 조사는 참가자들을 임의의 두 집단으로 분류하여 한 집단은 지난 2시간 동안 무슨 활동을 했는지를 기록하고 한 집단은 감사 편지를 쓰게 했다. 그다음 연구진은 참가자 전원에게 누군가 자신에게 화가 난 경우를 상상하고 어떻게 반응할지 설명하라고 했다. 감사 집단에 속한 이들의 반응은 비교적 겸손했다. 즉, 상대의 관점을 고려하고 비난을 수용할 확률이 더 높았다.

겸손한 사람의 눈에는 타인이 어떻게 자신을 도왔는지 선명하게 보인다. 고로 겸손은 타인을 돕거나 더 나은 사람이 되려고 노력하거나 우리를 도운 이에게 보답하는 등 긍정적 행동을 하도록 우리를 자극한다. 예를 들어 학생은 수학 교사가 문제 푸는 법을 가르치려고 자신을 격려하며 많은 시간을 썼음을 생각할 때 겸손해진다. 이런 겸손은 수학 교사가 자신에게 쏟은 에너지가 헛되지 않았음을 증명하려는 동기 부여로 이어져 (과외를 받거나 방과 후 활동에 참여하는 등) 학업에 정진하는 원동력이 된다.

종합하면 감사할 때 우리는 안일해지거나 현실 안주, 무기력의 길로 들어서지 않는다. 오히려 더 나은 사람이 되려는 동기가 생긴다. 감사는 학업, 직업, 공동체, 인간관계에서 더 많이 노력하도록 영감을 불어넣는다. 아울러 감사는 과거에 불가능하다고 여겼던 목표를 향해 투지를 발휘하도록 우리를 자극한다.

물론 감사를 일반화하면 단순화의 오류에 빠질 수 있다. 감사의 유익 중에는 감사 체질로 타고난 사람들이 누리는 유익도 있고, 감사 일기나 감사 편지 쓰기에서 비롯된 것도 있다. 때로는 몇 주간의 실천 후에야 유익이 드러나는 경우도 있다. 감사의 유익이 얼마나 오래 지속될지 가늠할 수 없을 때도 있다. 또 그 유익은 실천 빈도(감사 일기를 3일에 한 번 쓰는가, 주1회 쓰는가 등)에 좌우되기도 한다.

그럼에도 감사 실천은 긍정심리학에서 가장 과학적 근거가 탄탄한 분야 중 하나다. 감사가 모든 문제의 해답이 될 순 없다. 하지만 감사는 우리 뇌를 (우리 주변에 이미 존재하는 비옥한 자원인) 긍정성과 사회성으로 향하게 한다. 감사는 부정성에 초점을 맞추려는 뇌의 편향에 저항하여 뇌가 좋은 것에 익숙해지도록 돕는다. 감사는 세상을 바라보는 우리의 시선을 바꾸어 건강과 안녕에도 도움이 된다.

핵심 정리

1. 감사는 행복감과 삶의 만족감을 증진하며, 낙관성과 기쁨, 쾌감과 열정 등 다른 긍정적 정서도 끌어올린다.
2. 감사는 타인과의 유대를 강화하고, 기존 관계에 대한 만족감을 높인다.
3. 감사가 많은 사람일수록 두통, 소화기 계통 질환, 기관지염, 수면 장애 등의 건강 문제가 적게 나타난다.
4. 감사는 이타적 선행을 불러일으킨다.
5. 감사는 단지 행복하고 건강한 삶뿐 아니라 스스로 삶을 개선하도록 동기 부여한다.

감사하는 사람이 성공한다

데이비드 데스테노

    감사는 절제에 큰 도움이 된다. 우리 연구진은 실험 참가자들에게 감사했거나 행복했거나 무덤덤했던 때를 회상하라고 요청한 다음 "지금 당장 X달러를 가져가겠습니까, 아니면 Z일을 기다린 후 Y달러를 가지겠습니까?"라는 질문을 던져 선택을 하게 했다. 여기서 Y값은 늘 X값보다 컸고, 날수인 Z값은 들쑥날쑥했다. 우리는 사람들이 감사를 느낄 때 절제력이 두 배 가까이 증가함을 발견했다(감사한 참가자들은 행복하거나 무덤덤한 참가자들보다 미래 보상을 기다리겠다는 의지가 더 강했다). 이 발견은 평상시 감사 수준과 인내심, 절제력 간 연관성을 보여준 최근의 다른 연구로도 확증되었다.

    감사가 절제력에 미치는 유익은 이타적 희생을 하려는 자발성에도 적용된다. 우리는 참가자가 실험실에서 시험 문제를 푸는 동안 다른 참가자(실은 주최측 연기자)의 도움을 받아 감사함을 느끼도록 유도하는 실험을 했다. 그 후 우리는 참가자들에게 어려운 과제를 수행하는 프로젝트에 참여하여 다른 사람을 도와달라고 청했다. 감사를 경험한 사람일수록 돕기를 자원했고, 그들을 감시하거나 강요하는 사람이 없는데도 문제 해결을 위해 더 오랜 시간 인내하며 자리를 지켰다.

감사는 다른 맥락에서도 인내를 부른다. 연구자 앨리스 아이센은 감사를 느끼도록 유도된 의사들일수록 환자 파일을 제대로 확인하기 위해 더 많은 시간을 씀으로써 진단의 정확도가 높아짐을 발견했다. 이 모든 연구는 감사가 미래지향성과 절제력을 강화함을 보여준다. 게다가 의지력과 달리 감사는 그리 큰 수고를 요하지도 않는다. 감사 표현은 즐거운 마음으로 하기 때문이다.

당신이 감사를 느끼는 데 어려움을 겪는다면, 즉, 당신의 성공이 스스로의 피땀 어린 노력 덕분이라고 느낀다면, 당신이 지금 자리에 도달하는 데 결정적이었던 여러 사건을 회고해보라. 학창 시절 또는 직장에서 좋은 멘토를 만났는가? 누군가로부터 재정 지원을 받았는가? 운 좋게 때를 잘 만났는가? 이런 식으로 생각을 바꿔본다면, 행운 역시 감사거리가 될 것이다.

감사가 모든 문제의 해답이 될 수 있을까?

키라 뉴먼

온갖 유익이 있음에도 감사가 만병통치약은 아니다. 사실 많지는 않지만 감사 실천의 유익을 발견하는 데 실패한 연구도 있다.

허프만과 동료들은 심장 마비 전력이 있는 환자들의 감사 수준을 연구하면서 감사가 환자의 신체 활동 개선이나 재입원 확률 감소로 이어지지 않음을 발견했다.

단기적 감사 실천은 긍정적 여파를 일으킬 만큼 효과가 충분치 못하다는 조사 결과도 있다. 중학생을 대상으로 한 조사에서 어떤 학생들은 2주간 감사거리를 세어보는 활동을 완수했음에도 신체 건강이 타 집단보다 더 호전되지 않았다. 에먼스와 맥컬로우의 2003년 조사에서도 2주간 매일 감사 일기를 쓴 대학생들의 건강 점수가 다른 집단보다 더 높게 나타나지 않았다. 아울러 에먼스와 맥컬로우는 신경근육계 질병을 앓는 사람 중 3주간 매일 감사 일기를 쓴 사람들과 그렇지 않은 사람들이 동일한 정도의 신체 고통을 호소했다고 보고했다.

이 뒤섞인 결과는 무엇을 의미할까? 감사 일기나 감사 편지 쓰기에 유익이 없다는 의미일까? 꼭 그런 건 아니다. 이런 가능성은 향후 추가 조사를 통해 검증되어야 한다. 일례로 더 오랫동안(예를 들어 수개월간) 감사 일기를 쓴 사람일수록 유익이 컸다. 실천 기간은 감사의 성공률을 좌우하는 여러 요인 중 하나다. 어떤 유형의 실천을 하는가, 주로 감사를 돌리는 대상이 누구인가라는 항목 외에 나이, 성별, 종교, 성격 등 개인적 특성에 따라서도 성공률은 달라진다. 감사가 몸과 마음, 인간관계와 공동체에 미치는 영향에 관해서는 아직도 우리가 알지 못하는 부분이 많다.

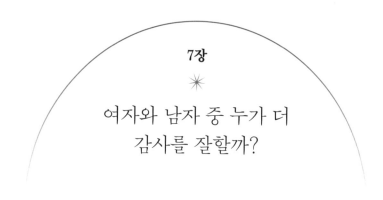

7장

여자와 남자 중 누가 더
감사를 잘할까?

서머 앨런

성별도 감사의 변수가 될까? 여성은 남성과 다른 방식으로 감사를 느낄까? 남성은 여성보다 감사를 덜 느낄까? 그런 특성이 남성들에게 유리할까? 혹은 감사야말로 여성의 강점일까?

그간의 연구는 여성이 남성보다 감사를 더 잘 느낀다고 말한다. 지나친 감사가 여성에게 부정적 결과를 초래하기도 있지만, 감사 부족이 남성에게 안 좋은 결과를 초래하는 경우가 더 많다. 물론 감사가 넘치는 남자와 감사에 인색한 여자도 있다. 때로는 감사와 성별의 관계가 지나치게 일반화되기도 한다. 하지만 실제 연구는 평균적으로 남자가 여자보다 덜 감사한다고 말한다.

존 템플턴 재단이 외부 기관에 의뢰하여 2천 명의 미국인을 대상으로 진행한 설문조사 결과에 따르면, 감사에는 성별 격차가 존재한다. "확률상 여성이 남성보다 더 자주 감사를 표현하고(여성 52퍼센트, 남성 44퍼센트), 인생에 감사거리가 많다고 느끼며(여성 64퍼센트, 남성 50퍼센트), 더 다양한 사람들에게 감사를 표현한다."

중학생, 고등학생, 대학생, 장년을 대상으로 한 여러 조사에서는 일상에서 여성이 남성보다 약간 더 감사를 느끼는 것으로 밝혀졌다. 즉, 여성이 기질적(성향적)으로 감사할 확률이 더 높다. 아울러 조사 결과, 여성이 남성보다 신께 감사를 느낄 확률 또한 더 높았다. 또한 평균적으로 남성이 여성보다 감사를 표현할 확률이 낮다는 증거도 존재한다.

고로 연구를 통해 평균적 남자가 평균적 여자보다 감사를 덜 한다(혹은 감사를 덜 느낀다)는 것을 알 수 있다. 그런데 이것이 과연 유의미한 차이일까?

이에 대해 조지메이슨대학교 심리학과 교수이자 '사회불안과 성격적 강점 현상 연구소' 소장 토드 카쉬단은 "효과가 작긴 하지만, 작다고 무의미한 건 아니다"라고 말한다. 카쉬단은 성별 격차가 감사를 경험할 때보다 '표현할 때' 더 크게 나타난다고 고찰한다(젊은 남자보다 연로한 남자일수록 남녀 격차가 컸다). 그는 "베이비부머를 중심으로 볼 때 남자들은 더 경직된 심리적 기제를 지닌다"라고 한다. "베이비부머들은 온갖 좋은 남성성과 나쁜 남성성의 축약판이다. 감사에 관한 특징은 나쁜 면에 해당된다."

감사의 성별 격차에 관해, 미국 남성의 상황이 특별히 나쁘다는 증거도 제한적으로(적어도 독일 남성과 비교할 때) 존재한다. 미국과 독일에 있는 다양한 연령대의 남녀 정서 경험을 비교한 1988년 연구는 독일 남성이 미국 남성보다 상당히 높은 빈도로 감사를 경험하며, 감사에 대한 시각도 더 긍정적이라고 보고했다(독일 남성은 감사가 "최고로 건설적인 감정 중 하나라고 규정하기까지 했다"). 한편 미국 남성은 감사가 바람직하지 않으며 표현하기 곤란한 감정이라고 보고하는 경향을 보였다(심지어 일부는 감사 표현이 '굴욕적'이라고 했다). 미국의 장년 남성(35-50세)은 공개적으로 감사를 표현하기보다는 감추는 편을 선호했다.

감사에 어려움을 겪는 남성은 불리한 위치에 있다. 우선 그들은 행복과 만족 같은 익히 알려진 감사의 유익을 놓치고 산다. 필립 왓킨스는 조사를 통해 감사와 안녕이 여성만큼 남성에게도 강한 상관관계가 있음을 발견했다. 감사에 대해 어려움을 겪는 남성일수록, 특히 소리 내어 고맙다고 말하는 것을 어려워할수록, 관계 형성과 유지에 어려움을 겪을 수 있다. 이는 직장 내 인간관계에도 적용된다. 카쉬단은 이렇게 말한다. "감사는 직장에서 연대를 형성하고 유지하게 하는 가장 손쉬운 형태의 사회적 접착제다. 감사는 단순하고, 정직하고, 진정성 있는 습관이다." 그는 또한 "고로 남자들이 다른 성별보다 감사를 표현할 확률이 낮다면, 이는 사회적 연대 형성의 밸브를 잠그는 것과 다름없다"라고 평했다.

남자들이 감사를 힘들어하는 이유

감사가 이토록 중요함에도 불구하고 왜 어떤 남자들은 감사를 경험하고 표현하는 걸 어려워할까? 일반적으로 누군가로부터 선물이나 호의, 도움을 받는 것이 그들에게는 정서적으로 더 복잡한 경험일 수 있다. 왓킨스의 연구에 따르면, 감사의 감정과 부채 의식(유익에 보답해야 한다는 의무감) 간 상관관계가 여성보다 남성에게 두 배가량 강했다(감사와 부채 의식 간 상관관계는 남녀 모두 꽤 낮은 수준이었다).

카쉬단과 동료들은 2009년에도 감사의 성별 격차 조사를 통해 남성이 여성보다 감사는 덜 느끼고 의무감과 부담감은 더 많이 느낀다는 사실을 발견했다. 일반적으로 여성이 무언가를 받을 때 느끼는 불확실성과 내적 갈등은 남성보다 낮았다. 왓킨스는 "남성이 여성보다 타인에 대한 의존성을 인정하기를 꺼린다"라면서 "우리는 여성보다 남성이 느끼는 감사의 무게가 더 크다고 주장한다."

미국과 독일 남성의 감사 격차를 설명한 연구에서 보여주었듯 부채의식과 감사가 뒤섞인 데에는 문화적 요인이 작용했을 가능성이 크다. 남자는 자율적이고 자립적이어야 한다는 미국인의 강한 문화적 기대 때문에 남자들이 감사 표현에 주저할 수 있다. 남성에게 감사는 자립적 방식으로 행동하는 데 실패했음을 의미할 수 있기 때문이다. 그들은 타인과의 관계에서 감사를 표현하는 것이 의존성과 나약함의 반영이라고 여길 수 있다.

게다가 연약함을 드러내기 싫어하는 미국 남성성 문화 때문에 일부 미국 남성은 감사를 느끼고 표현하는 것이 더 어렵다. 카쉬단은 남자들은 "사람을 믿으면 연약함이 노출된다는 전제를 가지고 있다"라면서 "오히려 연약함이 드러날 때 신뢰가 형성되고 굳어진다"라는 명확한 연구 결과가 있다"고 강조한다.

사실 철저히 독립적이고 연약함도 없는 상태에서 참 감사를 경험하기란 불가능하다. 카쉬단은 "감사는 연약함을 요한다"라면서 "감사는 본질적으로 타인의 도움, 재능, 강점, 사회적, 지적 자원 없이는 삶을 헤쳐 나갈 수 없음을, 타인 없이는 당신이 온전하지 못함을 인정하는 것이다"라고 말한다.

성별을 불문하고 감사를 가로막는 장벽이 또 하나 있다. 시카고대학교의 애밋 쿠마르와 니콜라스 에플리는 또 다른 연구에서 참가자들에게 인생에 의미 있는 영향을 준 사람에게 감사 편지를 써보라고 요청했다. 그다음에 받는 사람이 편지를 읽고 어떤 감정을 느꼈을지 예측하라고 주문했다. 그리고 그 예측 결과를 실제 반응과 비교했다. 결과는 어땠을까? 발신자들은 편지가 미칠 긍정적 영향과 수신자가 느낄 놀라움을 과소평가한 반면 수신자가 느낄 어색함은 과대평가했다.

당신의 감사 편지가 별 영향력이 없으리라 생각한다면, 이것이 받는 사람에게 민망함을 안겨줄 행위라고 느낀다면, 당신은 당연히 감사를 표현하지 않을 것이다. 특히 이렇게 일부러 공들여 감사를 표현하는 일은 피할 것이다. 쿠마르와 에플리는 "현명한 의사결정은 행동의 결과를 정확하게 평가함으로써 결정된다"라고 적었다. "감사 표현 같은 친사회적 행동의 가치를 과소평가하면 자신(그리고 타인)의 안녕을 극대화할 행동에 소극적일 수 있다."

더 감사하는 사람이 될 최고의 방법은?

감사 일기나 감사 편지 쓰기의 효과는 대단히 크다. 일부 연구는 남성(과 소년)이 스스로 느끼고 표현하는 감사의 양을 늘리려고 노력하는 과정 가운데 큰 유익이 있음을 시사한다. 예를 들어 감사 일기를 활용한 조사에서 4주간의 실험을 마친 후, 감사 수준이 뚜렷하게 올라간 집단은 남학생뿐이었다. 그 남학생들은 학교가 자신에게 잘 맞는다고 보고했다. 이는 감사 활동이 학생들, 특히 소년들에게 사회적으로 지원받고 있다는 느낌을 준다는 것을 시사한다.

감사 활동이 늘 여성보다 남성에게 더 나은 결과를 내는지 아직 확실하게 밝혀지지는 않았다. 하지만 왓킨스 연구팀의 2015년 조사에 따르면 한 주간 매일 세 가지 감사 이유를 작성한 남성이 동일 활동을 수행한 여성보다 훨씬 큰 행복감을 느꼈다고 보고했다. 왓킨스는 "여성은 이미 감사 인지 훈련이 몸에 밴 상태이다"라면서 "흥미롭게도 우리 예측대로 여성보다 남성이 훈련을 덜 즐겼지만 실제 거둔 유익은 더 컸다"라고 말했다.

당신이 감사할 방법을 찾고 있다면, 시도해볼 만한 몇몇 검증된 감사 활동을 제안하고자 한다. 이 책 전반에 걸쳐 이런 활동을 소개하겠지만, 여기서는 감사 일기, 감사 편지, 감사 명상, 산책, 누군가가 없다면 당신의 삶이 어떨지 상상해보는 '부재 상상' 등을 제안한다.

처음에는 이런 활동이 다소 어렵게 느껴질 수 있다. 하지만 거부감은 더 큰 노력이 필요하다는 신호이기도 하다. 왓킨스는 "때로 우리가 극복해야 하는 즐겁지 않은 일들이 행복에 대한 가장 큰 장벽이다"라면서 "당신이 여느 남자와 마찬가지로 감사가 풍성한 사람이 아니라면 감사 훈련을 하는 게 힘들 것이다. 처음에는 그리 즐겁지 않을 수도 있다. 하지만 행복으로 가기 위해서는 그곳을 집중 공략해야 한다."

그 자체로 감사 훈련은 아니지만 감사 기술을 함양하는 데 유익한 방법도 있다. 카쉬단은 감사 표현력을 키우는 한 가지 방법으로 자신의 가치를 파악하고 그 가치에 부합하는 행동 스케줄을 만드는 '수용과 헌신'acceptance and commitment 심리치료를 제안한다.

감사를 키우는 또 한 가지 방법은 감사를 느끼거나 표현하는 즐거움을 맛보지 못하도록 가로막는 부채 의식을 해결하는 것이다. 아니면 최소한 부채 의식과 감사가 혼재하는 상태에서 화평을 이루어야 한다. 그러려면 관계를 '거래'로 보지 않도록 주의해야 한다. 누군가 당신에게 호의를 베풀었다고 당장 갚아야 할 채무가 생기는 건 아니다.

이런 부채 의식을 줄일 단순한 방법이 하나 있다. 사람들이 당신에게 좋은 일을 하도록 허락하는 것이다. 카쉬단은 "누군가 당신 대신 돈을 내겠다고 하거나 당신에게 뭔가를 사주려고 할 때 거절하고픈 유혹을 물리치고" 오히려 "그들에게 감사를 표현하라"라고 제안한다. 당신의 거절은 "둘 다로부터 긍정적 경험을 빼앗고, 결국 누구의 기분도 좋아지지 않는다."

중요한 점은 다른 사람의 감사 표현도 품위 있게 받는 것이다. 카쉬단은 "이는 감사에 관한 조사와 토론에서 입 밖으로 잘 내지 않는 부분"이라면서 "사람들은 감사 표현을 하는 것보다 받는 것에 더 질색할 가능성이 크다"라고 말했다. 카쉬단은 누군가 당신에게 감사하면 "눈을 마주치고 빙긋 웃으라"라고 조언한다. 당장 보답해야 할 것 같은 충동을 물리치라. 상대의 감사 표현을 사양하거나 당신 스스로를 깎아내리지 말고 칭찬을 그대로 인정하라.

카쉬단 역시 "내가 발전을 이룬 것은 이 주제에 관해 자주 이야기했기 때문"이라고 말한다. 상대방이 감사를 표현할 때 "그 순간을 그들에게 허락"해도 괜찮다. 황급히 당신 편의 감사로 상대의 감사를 '반사'하지 않아도 된다. "그들의 칭찬을 당신의 칭찬으로 입막음하려 든다면, 상대방이 표현한 감사의 아름다움을 망쳐버린 것과 다름없다."

핵심 정리

1. 그간 연구를 통해 평균적으로 여성이 남성보다 더 많이 감사한다는 사실이 밝혀졌다.

2. 남성 중에서도 미국 남성은 독일 남성에 비해 더 감사가 적었다. 이는 남자는 자율적이고 자립적이어야 한다는 미국인의 문화적 기대와 연약함을 드러내기 싫어하는 미국 남성성 문화 탓일 수 있다.

3. 왓킨스는 감사의 감정과 부채 의식 간 상관관계가 여성보다 남성에게 두 배가량 강함을 발견했다.

4. 이미 감사 수준이 높은 여성보다 남성에게서 감사 일기나 감사 편지 쓰기의 효과가 더 잘 나타난다.

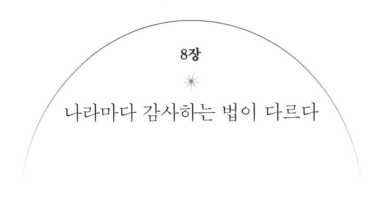

8장

나라마다 감사하는 법이 다르다

키라 뉴먼

지금까지 우리는 보편적 차원의 감사를 논했다. 우리는 왜 감사가 건강과 행복에 유익한지, 감사 편지 같은 실천이 감사 능력 단련에 어떻게 도움이 되는지 등을 살펴보았다. 그러나 대부분의 증거는 미국인, 정확히는 연구자들이 주로 조사 활동을 수행한 대학의 백인 미국인 대학생으로부터 얻었다. 다른 문화권에 관한 연구 비중이 매우 낮다는 사실은 연구에 과학적 편향을 초래한다. 우리가 감사에 관해 아는 바가 보편적이지 않을 수 있다는 얘기다.

연구자 아카시아 팍스가 학생들에게 감사 편지를 쓰게 했을 때 이 사실을 발견했다. 한 아시아계 미국인 학생은 부모가 자신의 편지를 받고 (부모의 은혜를 마치 의외의 사실인 듯 취급했다는 점에) 모욕감을 느끼며 역정을 냈다고 보고했다. 이란과 말레이시아 학생의 감사를 비교한 2012년 조사는 일부 문화권에서 "가족이나 친구의 호의에 감사를 표하는 것이 친밀함에 균열을 일으킨다"라면서 "상부상조는 가족과 친구의 당연한 책임이기 때문"이라고 했다.

이러한 이유로 점점 많은 연구자가 브라질부터 러시아까지 광범위한 문화권으로 눈을 돌리고 있다. 이 분야는 오늘날까지 흥미진진한 질문이 넘쳐나는 감사학계의 미개척지다. 연구자들은 전 세계 어린이와 성인이 어떻게 감사를 표현하는지 그리고 그들의 감사 역량 향상에 어떤 실천이 효과적인지 연구 중이다. 몇몇 발견은 미국인 참가자들에게 초점을 맞춘 조사에서는 드러나지 않았던 근원적 인간 경험의 풍성함을 드러낸다. 그리고 그 발견은 우리가 세상 곳곳에서 어떻게 감사를 전파할 수 있는지를 알려준다.

다양한 감사 인사 방식

그린스보로 노스캐롤라이나대학교의 조너선 터지 교수는 감사의 문화적 차이에 관한 세계 최고의 석학으로 꼽힌다. 그가 10년 전 처음 이 주제를 연구할 때만 해도 기존 연구 자료를 거의 찾아볼 수 없었다. 그 후 그는 문화권별로 다양한 감사 패턴을 여럿 연구했다. 이 책 3장에서도 인용한 조사에서 터지 교수와 동료 연구진은 미국, 브라질, 과테말라, 터키, 러시아, 중국, 한국 어린이의 감사 표현 방식을 탐구했다. 여기에서 그들은 다양한 문화권을 관통하는 유사성뿐 아니라 차이점도 발견했다. 터지의 연구는 사회적 요인이 감사 발달 초기 단계에 미치는 영향을 살펴본 세계 최초의 연구다.

연구자들은 조사에 참가한 7~14세 어린이들에게 자신의 가장 큰 소원을 들어준 사람을 위해 무슨 일을 해줄지 상상해보라고 요청했다.

중국과 한국 아이들은 대체로 연결적 감사, 즉 형제가 가장 좋아하는 간식을 만들어주는 등 받는 이에게 의미 있는 선물을 주는 방식을 선호했다. 한편 미국 아이들은 구체적 감사 방식(자신은 좋아하지만 소원을 들어준 사람에게는 아닌 방식)으로 치우쳤다. 말끝마다 "하나님께 감사해요"를 연발하는 것이 흔한 일상의 풍경인 과테말라 아이들은 언어적 감사로 편중되었다.

어렸을 때 친절에 반응했던 다양한 방식은 나이가 들었을 때 말하고 행동하고 느끼는 방식의 토대가 된다(성인들의 감사 표현 방식 역시 나라별로 다양하다).

한 조사에서 바지혜 아하르와 아바스 에스라미-라세크는 미국과 이란의 대학생들에게 누군가 문을 잡아주거나, 가방을 들어주거나, 컴퓨터를 수리해주거나, 추천서를 써주는 등 도움을 주었을 때 뭐라고 말할지 물었다. 두 나라 학생의 반응에는 몇 가지 차이점이 있었다.

미국 학생은 단순하게 "고마워요"라고 말하거나, 상대방을 칭찬하거나("신사시군요!"), 보상을 약속하는("필요한 게 생기면 제게 연락하세요") 경우가 많았다. 다른 연구에서도 미국인(이탈리아인도 마찬가지다)은 여타 문화권 사람들이 감사하지 않을 상황에서도 감사를 표했다.

한편, 이란 학생들은 호의의 내용과 도움 제공자의 사회적 지위에 따라 다양한 전략을 구사했다(말레이시아인도 상대방의 사회적 지위를 고려한다는 연구 결과가 있다). 구체적으로 이란인은 미국인보다 호의를 인정하고("제게 큰 호의를 베푸셨어요") 폐를 끼친 것에 사과하거나("미안해요") 신이 상대방에게 보답하시길 구하는 경우가 많았다. 감사에도 여러 다른 맛이 있다. 그리고 이 다양성의 뿌리는 아동기로 거슬러 올라간다.

문화가 감사에 미치는 영향

왜 우린 모두 같은 방식으로 감사를 표현하지 않을까? 문화적 가치관, 교육이 감사 표현에 영향을 미치기 때문이다. 미국 성인이라면 누구나 접착제로 이어붙인 파스타 장식품이나 물감으로 칠한 손 모양 칠면조 공예품을 만들어 부모님께 명절 선물로 준 추억이 있을 것이다. 이는 미국 아이들 사이에서 아주 흔하고 구체적인 감사 표현 형태다. 미국 문화는 사회와 집단을 강조하는 집단주의 문화와 상극인 개인주의 문화다. 이 구분이 중요한 까닭은 (비록 그들의 감사 연구에서는 낮은 비중을 차지하지만) 세계 인구의 85퍼센트가 연구자들이 집단주의라고 간주하는 문화권에 거주하기 때문이다. 이런 문화권에서는 타인에 대한 존중과 조화를 더 강조한다. 이런 가치가 중국과 한국에서 더 많이 발견되는 (주는 사람에게 뜻 깊은 게 아니라 받는 사람이 원하는 것으로 보답하려는) 연결적 감사 저변에 깔려 있다. 중국 어린이는 부모를 존경할수록 감사 성향이 크다는 조사 결과도 있다.

그러나 터지 교수를 비롯하여 일각에서는 사회를 개인주의와 집단주의로 구분하는 것은 지나친 일반화라고 주장한다. 이들은 적어도 문화권의 두 가지 다른 차원을 고려해야 한다고 말한다. 바로 자율성autonomy과 타율성heteronomy, 분리성separation과 관계성relatedness이다. 자율적 문화에서는 아이들을 독립적이고 자기주도적으로 키운다. 반면 타율적 문화에서는 부모와 연장자에게 순종할 의무를 먼저 가르친다. 관계성을 강조하는 문화는 타인과의 관계에 큰 가치를 둔다. 이는 분리성 또는 개성을 가치 있게 여기는 문화권에서 덜 중요하게 여기는 덕목이다.

두 차원이 교차하면 네 가지 다른 문화 유형이 생성된다. 연구자들은 이 구분법 역시 단순함을 인정하면서도 미국은 자율성/분리성으로, 개도국 농촌 지역은 타율성/관계성으로 분류할 것이다. 중국이나 인도 같은 개도국 도시 지역은 자율적/관계적 경향이 더 강할 것이다. 대도시는 자신을 위해 교육과 기회를 추구할 경쟁적 환경을 제공하기 때문이다. 이론상 진정한 감사의 산실이 되기에 가장 좋은 문화는 자율적/관계적 사회다. 이런 문화에 속한 사람들은 관계를 강화하길 원하면서도 의무감에 따른 감사가 아닌 자발적 감사를 하기 때문이다. 사실 진정한 감사는 무례하다는 인상을 피하기 위해 발설하는 공손한 인사가 아니라 자격 없이 받은 축복에 보답하려는 진심 어린 소원에 가깝다.

감사 실천의 유익은 누구에게로 돌아갈까?

이제껏 우리는 다양한 사회의 어린이와 성인이 어떻게 감사 역량을 계발하고 표현하는지 살펴보았다. 이들에게 감사를 더 가르치면 어떤 일이 벌어질까? 그 유익은 누구에게로 돌아갈까? 이 질문에 답하고자 연구자들은 2011년 연구에서 앵글로색슨계 미국인과 아시아계 미국인을 초청하여 가족과 친구들에게 감사 편지를 쓰게 했다. 매주 일부 참가자들은 10분간 감사하는 마음을 담아 편지를 썼고 나머지는 단순히 그 주의 활동을 기록했다. 동시에 참가자 전원이 삶의 만족도를 보고했다. 6주간의 감사 글쓰기 후 과거 연구에서 예측했던 대로 앵글로계 미국인 참가자들의 안녕감이 급격한 증가를 보였다. 그러나 아시아계 미국인들은 그렇지 못했다. 그들이 보고한 삶의 만족도는 거의 변화가 없었다. 여러 비슷한 조사에서도 인도와 대만 참가자들은 감사 편지 쓰기 후에도 감사 체감 지수가 달라지지 않았으며 한국 학생은 미국 학생보다 안녕감의 증가폭이 작았다.

왜 아시아인과 아시아계 미국인은 앵글로계 미국인만큼 유익을 얻지 못했을까? 타인의 도움에 고마움을 표하는 것이 부채 의식, 죄책감, 후회 등 여러 정서를 불러일으켰다. 루드밀라 티토바가 이끈 최근 연구에서 감사 글쓰기를 한 인도인들은 실제로 긍정적 정서를 더 많이 느꼈지만 그들이 느끼는 죄책감과 상심 역시 증가했다(이런 죄책감과 상심은 앵글로계 미국인에게는 찾아볼 수 없었다). 그들이 짊어진 죄책감은 부채 의식에 관해 자주 언급한 그들의 글에도 드러났다. 어떤 인도인은 이런 글을 썼다. "감사의 표시로 어떤 선물이라도 주었어야 했는데 그러지 못했다는 생각이 늘 나의 뒷덜미를 잡는다."

어떤 문화권은 상대적으로 남에게 진 빚을 더 강조한다. 그 정도가 심해지면 감사가 부질없게 여겨지거나 앞서 살펴본 것처럼 불쾌함을 야기할 수도 있다. "집단주의 문화에서 주고받기는 개인주의 문화에서의 주고받기처럼 유쾌한 놀라움이 아니라 일상의 기대치"라고 연구자 릴리언 J. 신과 동료들은 썼다.

감사의 미개척지

이쯤에서 아시아 문화권에서는 감사를 그리 중요하게 여기지 않는다고 결론 짓고 싶은 유혹이 들 수 있다. 그러나 중국과 한국 어린이들이 그저 입바른 감사 인사를 넘어 은인에게 의미 있는 방식으로 되갚는 연결적 감사에 유달리 능숙했음을 상기하라. 터지에 따르면 이는 아이가 도달할 수 있는 진정한 감사에 가장 근접한 수준이다. 그렇다면 아시아 문화권의 감사가 여타 문화보다 더 본원적인가?

단정할 수는 없다. 상이한 문화적 맥락에서 감사를 가르치거나 나타내는 최상의 방식을 아직 파악하지 못했을 가능성이 크다. 연구자 댄왕과 동료들은 "일본, 이누이트, 남인도 타밀처럼 문화 차이가 클수록 선물을 받을 때 대응하는 방식이 완전히 다르다"라고 썼다. 일본에서는 최소한 받은 것과 같은 값어치의 선물로 답하는 것을 중요하게 여긴다. 이누이트 문화에서는 사냥 후 고기를 돌리는 관습이 있는데, 받는 사람은 어떤 보답도 하지 않아도 된다. 타밀 문화권 거주자들은 비언어적 감사 표현을 자주, 수월하게 하지만 언어적 감사 표현은 대부분 어려워한다. 이는 "고마워요"라고 버릇처럼 말하는 미국 문화와 대조를 이룬다.

연구자들은 자기계발과 심신건강 증진의 일환으로 감사 편지 쓰기를 강력 추천한다. 그러나 이 추천은 개인적 목표를 좇고 스스로의 삶에 대한 자기 통제권을 강조하는 미국 문화권을 벗어나면 매력이 반감된다. 연구자들이 감사 실험을 홍보하는 방식에 신중을 기하는 이유도 여기에 있다. 사람의 동기와 노력, 결과 인식이 기대치에 따라 크게 달라지기 때문이다. 연구자가 '감사가 관계 강화에 미치는 영향'이라는 문구를 조사 참가자 모집 공고에 넣는다면 응답 결과가 달라지지 않겠는가?

또 다른 복잡한 문제는 이런 실험이 늘 감사 편지를 쓰게 했다는 것이다. 감사 편지가 모든 문화권에서 감사를 표현하는 이상적 방식은 아니다. 감사를 전하는 대상도 변수가 된다. 인도인이 죄책감을 더 많이 느낀 것으로 드러난 조사에서 그들은 가족이 아닌 사람, 심지어 낯선 사람을 감사 대상으로 정한 경우가 많았다. 자신을 적극 도와준 그들에게 보답해야 한다는 의무감을 더 강하게 느꼈기 때문이다.

티보타와 동료들은 집단주의 문화권 사람들이 느끼는 부정적 감정의 개입을 줄이기 위해 다른 방식으로 생각할 것을 제안한다. 그들에 따르면, 참가자들에게 보상에 대한 기대감 없이 베풀었던 사람을 감사 편지 대상으로 고려해보라고 하면 부채 의식과 거리를 둘 수 있다.

분명한 점은 감사라는 주제가 자신과 관계를 바라보는 문화적 시선과 씨줄과 날줄처럼 얽혀 있다는 것이다. 물론 이런 신념에도 개인차가 있다. 단일 문화권 안에서도 백인백색이다. 한 미국 어린이가 자신의 가장 큰 소원이 누군가의 안녕이라고 말한다면, 이는 구체성/자기중심성은 낮고 연결성/관계성은 높은 감사다.

따지고 보면 감사는 궁극적으로 관계를 강화하는 기술이다. 관계와 그 관계가 주는 온갖 선물을 주목할 때 감사가 샘솟는다. "사회가 온통 나, 나, 나에 몰두하는 이 시대에 우리에게 정말 필요한 것은 관계에 대해 다시 생각하는 것이다"라고 터지 교수는 말한다. 감사를 그저 자기 행복을 끌어올리는 좋은 감정이 아닌, 친절에 보답하기 위한 도덕적 덕목으로 생각해야 한다.

미국 밖 여러 문화를 공부하다 보면 감사를 더 깊고 복합적으로 이해하는 데 도움이 된다. 이런 이해는 감사를 삶의 양식으로 만들 방법을 모색하는 데에도 유익하다.

핵심 정리

1. 감사의 양상은 문화별로 다르게 나타나며, 일부 문화권에서는 감사를 부정적으로 보기도 한다.

2. 터지 교수의 연구 결과, 중국과 한국 아이들은 연결적 감사를 선호했으며, 미국 아이들은 구체적 감사, 과테말라 아이들은 언어적 감사를 하는 비중이 높았다.

3. 미국 학생은 이란 학생보다 보상을 약속하는 경우가 많았고, 다른 문화권보다 훨씬 다양한 일상생활에서 감사하는 모습을 보였다.

4. 문화적 가치관과 교육이 감사 표현에 큰 영향을 미친다.

5. 자율성과 타율성, 분리성과 관계성을 토대로 문화와 감사와의 관계 유형을 나눌 수 있다.

6. 감사는 궁극적으로 관계를 강화하는 기술이다.

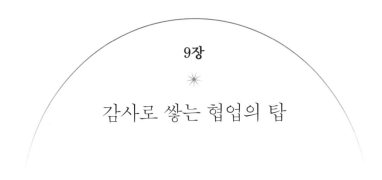

9장

감사로 쌓는 협업의 탑

에릭 피더슨, 데브라 리베르만

감사는 사회적 관계, 즉, 타인을 귀하게 여기는 데 매우 중요한 역할을 한다. 우리는 동료 마이클 맥컬로우, 대니얼 폴스터, 애덤 스미스와 함께한 최근 연구에서 이 프로세스가 어떻게 작동하는지 탐구했다.

우리는 한 실험에서 참가자들에게 세 명의 다른 참가자(실은 연구팀에 속한 진행자)와 컴퓨터 공놀이 게임을 할 것이라고 알렸다. 참가자들은 다른 선수들과 대면한 후 그들을 얼마나 귀하게 여기는지를 측정하는 설문조사에 응했다. 우리가 테스트한 측정 기준은 '복지희생률'Welfare Tradeoff Ratio, 즉 '다른 사람의 복지를 위해 자신의 복지를 어느 정도 희생할 의향이 있는가'였다.

대체로 가깝다고 느끼는 사람을 위해 자신의 복지를 희생할 (즉, 도움을 제공할) 의향을 보인다. 낯선 사람보다는 지인을, 지인보다는 가족이나 친구를 돕는 데 더 많은 시간과 에너지를 쓴다.

모두 난생처음 보는 사람들이기에 초기 복지희생률은 상당히 낮았다. 그다음 공놀이 게임이 시작되었다. 이 컴퓨터 게임은 참가자가 '은행장'으로 지정된 선수에게 공을 패스할 때마다 50센트를 받는 구조였다. 말할 필요도 없이 참가자들은 가능하면 공을 은행장에게 패스해 수익을 얻고자 했다.

그런데 어떤 게임에서는 은행장이 참가자에게 전혀 공을 패스하지 않고 참가자를 게임에서 소외시켰다. 몇 라운드 동안 다른 선수들과 은행장이 자기들끼리만 공을 주고받다가 반전이 일어났다. 다른 선수 한 명이 참가자에게 공을 패스하기 시작했다. 자신의 득점을 위해 은행장에게 공을 패스하지 않고 참가자가 돈을 벌도록 해준 것이다. 즉, 이 선수는 자신을 희생하여 참가자를 도왔다.

게임 후 참가자들은 다른 선수 각각을 얼마나 귀하게 여기는지 묻는 복지희생률 설문조사에 다시 응했다. 우리는 참가자들에게 몇몇 차원에서, 특히 감사함을 느끼는 정도에 따라 다른 선수들에 대한 감정을 점수로 매겨달라고 요청했다. 마지막으로 참가자들은 '독재자 게임'이라는 또 다른 경제 게임을 했다. 이 게임의 참가자들은 각각 10달러를 받고 돈을 원하는 비율로 다른 참가자들에게 배분할 수 있었다. 배당 금액이 곧 협력 지표였다.

우리는 조사 과정에서 세 가지 중요한 패턴을 발견했다. 첫째, 우리가 예상한 대로 참가자들은 1차 게임 때 자신을 도운 선수를 귀하게 여겼다. 즉, 오직 자신을 도운 선수에 대한 복지희생률만 증가했고, 다른 선수들에 대한 복지희생률은 변동이 없거나 감소했다.

둘째, 복지희생률 '증가폭'으로 참가자가 도움 제공자에게 느끼는 감사를 예측할 수 있었다. 즉, 복지희생률의 '증가폭'이 클수록 도움에 대한 더 큰 감사의 감정을 보고했다.

세 번째 발견은 협력과 관련 있다. 참가자들은 '독재자 게임'에서 자신을 돕지 않은 선수보다 자신을 도운 선수에게 훨씬 큰 비중의 돈을 배분했다. 그러나 감사와 달리 협력 행동은 복지희생률 증가폭이 아닌 '게임 후' 복지희생률 수준(즉, 참가자들이 현재 도움 제공자의 복지를 얼마나 귀하게 여기는가)으로 예측할 수 있었다.

여기에는 미묘하지만 중요한 차이가 있다. 감사는 복지희생률 '증가폭', 즉, 긍정적 변화를 통해 예측할 수 있었다. 한편 '현재' 복지희생률 값을 보면 감사 효과를 넘어 나눔 정도를 예측할 수 있었다. 우리가 누군가에게 감사를 표한다는 사실은 그들의 행동으로 말미암아 전보다 그들을 더 귀히 여긴다는 신호라는 것이다. 그리고 우리가 그들을 더 귀하게 여길수록 향후 그들에게 유익을 제공할 가능성이 커진다.

치열한 사회성을 가진 인간 종은 타인과 유익한 관계를 정립하는 일을 중요하게 여길 수밖에 없다. 친한 친구든, 연인이든, 직업상 지인이든 말이다. 그렇다면 이런 질문이 제기된다. 어떻게 우리가 직계 친인척이 아닌 타인과 협력 관계를 형성할 수 있을까? 감사는 복지희생률 증가 신호를 보냄으로써 낯선 사람들의 관계가 우정으로 발전하는 데 결정적 역할을 한다.

일반적으로 우리는 어떤 사람이 호의를 베풀 때, 즉 모종의 유익을 줄 때 고마워한다. 감사는 우리가 도움 제공자를 '얼마나 더' 귀히 여기는지 설명한다. 결국, 본질은 감사(그리고 이런 감정을 유발하는 심리적 체계)가 유망한 협력자, 즉 우리를 배려하고 미래에도 계속 배려할 사람을 간파하는 데 도움이 된다는 것이다. 따라서 감사 표현이나 발언은 우리가 그들의 행동을 주시하고 있으며 그들이 유익한 존재임을 인식하고 있기에 향후 보답할 수 있다는 신호를 상대방에게 전달하는 것이다.

우리가 누군가로부터 감사를 받을 때 우리 역시 동일한 메시지를 받는다. 감사 인사를 들으면 그들을 더 귀히 여기게 되고 그만큼 우리 행동이 그들에게 어떤 영향을 미칠지 더 신경 쓰게 된다. 새 친구를 사귈 때도 그렇다. 바다 모래처럼 무수한 사람 중 한 사람이 나를 귀히 여긴다고 의사 표현을 해오면 이 사람이 향후 나의 아군이 될 가능성이 더 크다. 그러므로 나를 귀히 여긴다는 의사 표현을 안 한 사람보다는 표현한 사람을 돕는 것이 유익한 협력 관계 구축 가능성을 높인다.

이렇게 감사를 표현하는 것과 받는 것 둘 다 최초의 상호작용에서 시작하여 시간이 흐를수록 더 강력하고 협력적인 관계로 나아간다. 이 과정에서 호혜적 가치 또한 눈덩이처럼 불어난다.

핵심 정리

1. 우리는 대체로 처음 보는 사람보다는 가깝다고 느끼는 사람에게 높은 복지희생률을 보인다.
2. 감사는 복지희생률 증가 신호를 보냄으로써 낯선 사람과의 관계를 우정으로 발전시키는 데 결정적 역할을 한다. 감사를 받는 만큼 그들을 더 귀하게 여기고 이후 그 사람에게 호의를 베풀 확률이 증가한다.
3. 감사 표현은 우리가 그들의 행동을 주시하고 있으며 향후 보답할 의사가 있음을 상대에게 전달하는 행위이다.

3부

감사를 잘하는 길

호시절에는 감사가 절로 나온다. 훌륭한 밥상이나 도움, 배우자의 사랑 앞에서는 자연스럽게 감사를 느낀다. 그러나 그것도 쳇바퀴처럼 반복되다 보면 어느새 당연해진다. 그때 우리를 일깨우고 당연하게 여겼던 좋은 것을 재발견하게 하는 특효약이 감사다.

좋은 것에 오래 감사하는 것도 어려운데, 안 좋은 상황까지 겹치면 감사가 거의 불가능하게 느껴진다. 사랑하는 사람과 사별하고 실직하고 심장 마비를 겪은 후에도 과연 감사가 적절한 반응일까? 우바로 이런 때야말로 감사가 절실한 때다.

감사는 타인과의 연결을 강화하는 친사회적 행동이며, 이 연결성은 언어로 가시화된다. 감사는 반드시 내면에서 싹트고 자라야 하는 감정이라는 측면에서 심오하고도 개인적인 문제이다. 3부에서는 사별이나 고난 혹은 죄책감이나 권태 같은 부정적 사건이나 감정과 부닥쳤을 때도 감사하려고 몸부림친 사람들의 매우 개인적인 이야기를 들려줄 것이다.

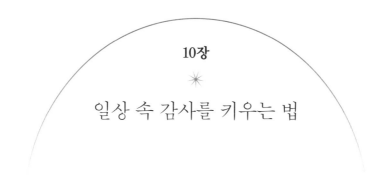

10장

일상 속 감사를 키우는 법

제러미 애덤 스미스

난 감사에 매우 서투르다. 어느 정도냐면, 자전거를 타고 버클리대학교 교정을 오갈 때 햇살에 반짝이는 참나무 잎사귀에 눈길을 준 적이 거의 없다. 평일 아침마다 근사한 커피를 건네는 카페 청년에게도 감사하는 것을 깜빡하기 일쑤다. 사실 그의 이름도 모른다. 내가 두 다리로 걸을 수 있고 두 눈이 있어 볼 수 있고 두 팔이 있어 아들을 포옹할 수 있다는 것도 대체로 당연하게 여긴다. 난 아들도 자주 잊어버린다! 실제로 망각한다는 게 아니고 그 존재감을 잊어버린다는 말이다. 보통 학교에서 아이를 데리고 와 저녁을 먹이는 건 내 일인데, 부모 노릇을 반복하다 보면 이 아이로 내 삶이 얼마나 풍성해졌는지 종종 망각한다.

로버트 에먼스가 첫 장에서 설명했듯 감사와 인정은 스스로에게 좋은 것을 일깨워주는 좋은 도구다. 감사는 해결해야 할 문제가 아닌 일에 눈뜨게 하는 렌즈다. 감사는 삶에서 좋은 것을 선사하는 사람들을 비추는 무대 조명이다. 감사는 깨끗한 도로나 건강, 충분한 양식 등 잘 보이지 않는 축복에 밑줄을 긋는 형광펜이다.

감사가 문제나 위협을 없애주지는 못한다. 우리는 실직하거나 길을 걷다 봉변을 당하거나 중병에 걸릴 수도 있다. 나도 이 모든 것을 겪었다. 예기치 않은 순간에 갑자기 심장이 두방망이질 치거나 목이 멜 때가 있다. 내 몸은 뭔가를 밀치거나 도망치고 싶어 한다.

이때가 바로 감사 버튼을 눌러야 할 때다. 꾸준히 버튼을 누르다 보면 언젠가 감사가 몸에 밸지도 모른다. 그럼 어떤 변화가 일어날까? 연구에 따르면 감사가 습관이 될 때 역경에서 심리적으로 살아남을 확률이 증가하고 좋은 시절에도 행복할 확률이 높아진다. 닥칠 위협에 눈 감자는 얘기가 아니다. 그런 위협을 마주하는 데 도움이 될 자원과 사람들이 곁에 있음을 인정하자는 것이다.

당신이 이미 감사 지수가 높은 사람이라면, 이번 장은 건너뛰어도 좋다. 그러나 당신이 나와 비슷한 유형이라면, 감사 지수를 높일 수 있는 방법을 몇 가지 소개한다.

/

때로 죽음과 상실에 관해 생각하라

인생의 종말을 생각하면 현재 누리는 삶에 대한 감사가 증가한다. 아라셀리 프라이어스와 동료 연구진은 실험 참가자들에게 죽음을 맞이하는 장면을 상상해보라고 요구했다. 그러자 그들의 감사도가 대폭 증가했다. 비슷한 예로 구민경과 동료 연구진이 조사 참가자들에게 연인이 삶에서 돌연 사라지는 상황을 머릿속에 그려보라고 주문하자 연인에게 느끼는 감사 지수가 상승했다. 승진 등 이미 일어난 긍정적인 사건이 일어나지 않았으면 어땠을까 상상하는 것도 비슷한 효과를 냈다.

이는 단지 이론이 아니다. 무언가를 당연시하는 자신을 발견할 때마다 잠시 그것을 멀리해보라. 연구자 조디 코이드바크와 엘리자베스 던은 55명의 피험자들에게 초콜릿 한 조각을 시식하게 한 다음, 일부는 한 주 동안 초콜릿을 못 먹게 하고, 일부는 원할 때마다 초콜릿을 마음껏 먹게 했다. 제3의 집단은 하고 싶은 대로 하게 했다.

조사 결과 어느 집단의 행복 지수가 가장 높았을까? 바로 초콜릿을 먹지 못한 이들이었다. 가장 덜 행복한 집단은 초콜릿을 양껏 먹은 이들이었다. 이야말로 감사의 위력 아니겠는가!

/

가던 길을 멈추고 길가의 장미꽃 향기를 맡으라

감사하는 사람은 커피와 오븐에서 갓 나온 빵, 근사한 차의 향을 맡을 줄 안다. 즉, 그들은 무엇이든 쾌감을 주는 것의 향을 맡을 줄 안다. 로욜라대학교의 심리학자 프레드 브라이언트는 긍정적 경험을 되새길수록 그 경험이 뇌에 오래 남아 심리적 유익이 증가함을 발견했다. 여기서 핵심은 경험에 대한 감사 표현이다. 인정과 감사는 늘 같이 간다.

신체적 쾌감을 경험하는 방식에 소소한 의식ritual을 더하는 방법도 있다. 『그레이터 굿 매거진』에 소개된 에밀리 나우만의 2013년 연구 결과를 보면, 식전 기도나 차를 마시기 전 설탕 봉투를 흔드는 것 같은 소소한 일상의 의식만으로도 "사람들은 음식에 더 주의를 기울였고 음식이 더 맛있다고 느꼈다."

이것이 첫 번째 비결과도 관련이 있을까? 인간은 놀라울 만큼 적응력이 뛰어난 생물이기에 삶의 좋은 것에도 금세 적응한다. 적응하면 좋은 것의 주관적 가치가 슬슬 떨어지기 시작한다. 그리고 얼마 안 가 우리는 좋은 것을 당연하게 여긴다. 바로 이 시점이 (초콜릿이든, 성생활이든, 일광욕이든) 좋은 것을 잠시 멀리할 때다. 그리고 얼마 후 그것들이 우리 삶에 재입장하는 것을 허락할 때 다시 진가를 만끽할 수 있다.

이는 사람들에게도 적용된다. 바로 이것이 첫 번째 습관과 연결되는 지점이다. 당신이 누군가를 당연시한다면 한 발짝 뒤로 물러나 그가 부재한 삶을 상상해보라. 그다음 장미 향기를 맡듯, 새 차를 타듯, 그 존재를 새롭게 음미하라. '부재'야말로 감사가 자라나게 하는 비결이다.

권리 의식을 버리고 감사를 선택하라

감사의 반대말은 무엇일까? 권리 의식이다. 당신이 매우 특별한 존재이기에 주변 사람들이 당신에게 뭔가를 해주어야 한다는 태도다. 로버트 에먼스는 이렇게 말했다. "자아에 대한 과몰입은 온갖 양상으로 발현되지만, 무엇보다도 받은 혜택과 그 혜택을 제공한 사람을 잊고 모든 것이 자신의 당연한 권리인 양 감사할 이유를 찾지 못한다. 이 경우 늘 원망이 받은 선물보다 크기에 감사를 헤아리는 것도 별 효과가 없다."

에먼스가 권리 의식에 대한 해독제로 제안한 것이 있다. 바로 우리가 지금 누리고 있는 것들은 스스로 만들어내지 않았음을 인정하는 것이다. 우리의 창조자가 진화든 신이든 부모든 우리가 스스로 원해서 태어나지는 않았다. 마찬가지로 우리는 결코 완벽한 자급자족적 존재가 될 수 없다. 인간은 양식을 얻고 병을 고치기 위해 반드시 타인을 필요로 한다. 우리는 사랑 없이 살지 못하는 존재이기에 가족과 동반자, 친구와 반려동물이 있어야 한다.

에먼스는 "감사하려면 우리가 주고받기를 반복하며 상호의존의 그물망 속에 있음을 깨달아야 한다"라고 적었다. "겸손한 사람은 인생이 쟁취할 권리가 아니라 감사해야 할 선물이라고 고백한다."

사물이 아닌 사람에게 감사하라

햇살과 나무에게는 감정이 없다. 그것들에 감사하면 우리가 환경에 미치는 영향을 되돌아보는 계기가 될지는 몰라도 나무는 아무 감동도 받지 못한다. 마찬가지로 태양은 당신이 존재하는 것을 알지 못한다. 그 활활 타오르는 거대한 가스 덩어리는 적어도 우리가 아는 한 스스로의 존재도 의식하지 못한다. 우리가 태양에 감사한다고 태양이 더 열정적으로 타오르진 않는다.

사람은 다르다. 여러 조사를 통해 밝혀졌듯 감사는 사람의 낯빛을 환하게 만든다. 내가 아들에게 감사하다고 말하면 아들은 행복해지고 부자간 정서적 유대도 더 끈끈해진다. 맛있는 커피를 만들어준 카페 청년에게 감사하면 우리가 어떻게 서로 연결된 존재인지 더 깊이 깨닫고, 사회적 유대가 강화될 것이다. 나의 동료이자 그레이터 굿 사이언스 센터의 '감사 과학과 실천 확장 프로젝트'의 부소장 에밀리아나 사이먼-토머스는 이런 말을 했다.

"타인이 어떻게 자신을 도와주었는지 알고 그 수고를 인정하며 당신이 얻은 유익을 반추하는 경험에는 신뢰와 애정을 뒷받침하는 생물학적 체계뿐 아니라 쾌락과 보상 회로까지 동원돼요. 이는 긍정적 경험에 시너지 효과와 지속적 상승효과를 제공하죠. 어떤 사람에게 '고마워'라고 말할 때 당신의 뇌는 무언가 좋은 일이 일어났고 당신이 사회 공동체 안에 더 풍성하게 어우러졌음을 인식해요."

팬케이크를 언급하라

감사를 잘하는 사람은 구체적으로 말하는 습관이 몸에 배어 있다. 그들은 "당신이 너무 근사하고 멋져서 당신을 사랑해요!"라고 말하지 않는다. 진짜 베테랑은 이렇게 말한다. "내가 배고플 때 팬케이크를 만들어주고, 퇴근 후 피곤할 때도 내 발을 마사지해주고, 슬퍼할 때 날 껴안고 위로해준 당신을 사랑해요!" 그들은 감사를 구체적으로 인식한다.

이런 감사 표현이 더 진정성 있다. 이런 표현은 감사하는 사람이 시늉만 하는 게 아니라 진심으로 관심을 가지고 있음을 보여준다. 가장 풍성한 감사 인사는 의도(내가 배고플 때 팬케이크를 만들어주고), 대가(퇴근 후 피곤할 때도 내 발을 마사지해주고), 그리고 당신이 받은 유익의 가치(슬플 때 날 껴안고 위로해준 당신)를 묘사한다.

아미 고든과 동료 연구진은 상대에게 더 민감하게 주의를 기울이는 배우자의 행동이 무언의 감사 표현임을 발견했다. 그들은 의중을 확인하는 질문을 한다. 그들은 문제가 생길 때 포옹하고, 좋은 소식에 미소로 반응한다. 고든은 "이런 몸짓이 심오한 효과를 낸다"라고 적었다. 명심하라. 감사는 구체적일 때 빛을 발한다!

틀에 박히지 않은 감사를 하라

솔직해지자. 팬케이크? 발마사지? 포옹? 좀 따분하지 않은가! 맞다. 이제껏 든 예는 손쉽고 상투적이다. 그런데 고수들은 감사하는 대상이 다르다. 자신을 차버린 남자 친구, 몇 푼 달라고 계속 따라오는 노숙자, 나를 해고한 상사.

지금부터는 감사 기초반을 졸업하고 고급반으로 올라가는 단계이니 주목하기 바란다. 다시금 에먼스의 글을 인용한다. "좋은 것에 감사하기는 쉽다. 그렇지만 직장이나 집, 건강을 잃거나 퇴직금 포트폴리오에 큰 타격을 입었다고 감사를 '느낄' 사람은 없다." 그런데 에먼스는 오히려 이런 순간이 감사가 결정적인 역할을 한다고 말한다. 즉, 감사는 위기의 순간에 전화위복의 마인드를 제공한다.

우리에게 의지와 능력이 있다면, 우리는 가해자에게서도 감사의 이유를 찾을 수 있다. 답 없는 관계에 종지부를 찍을 용기를 내준 남자친구, 우리가 누리는 것에 대한 감사와 우리의 연약함을 일깨워준 노숙자, 새로운 도전을 마주하도록 내 등을 떠밀어준 상사에게도 감사할 수 있다. 심지어 죽음 앞에서도 감사할 수 있다. 그레이터 굿 사이언스 센터의 온라인 감사 일기 사이트(Thnx4.org) 게시판에 올라온 글이다. "얼마 전 아버지가 하늘나라에 가셨어요. 내 삶에 아버지가 계셨다는 것에 너무 감사해요. 아버지가 날 지극히 아끼셨음을 알려주셔서 감사해요. 아버지는 기회가 될 때마다 날 얼마나 사랑하시는지 말해주셨어요. 그 추억을 영원히 간직할 거예요." 글쓴이는 감사를 통해 사별한 아버지와의 추억을 애틋하게 가꿔가고 있었다.

이번 장에서는 감사를 느끼고 표현하는 몇 가지 방법을 설명했다. 진짜 놀라운 감사를 하는 사람들은 이렇게까지 감사한다. 당신도 그럴 수 있는가?

핵심 정리

1. 때로 죽음과 상실에 관해 생각하라.
2. 가던 길을 멈추고 길가의 장미꽃 향기를 맡아보라. 소소한 의식을 통해 긍정적 경험을 되새기고 그 경험에 대해 감사를 표현하라.
3. 권리 의식을 버리고 감사를 선택하라.
4. 사물이 아닌 사람에게 감사하라.
5. 감사를 구체적으로 표현하라.
6. 틀에 박히지 않은 감사를 하라. 답 없는 관계에 종지부를 내준 남자친구, 우리의 연약함을 일깨워준 노숙자, 나를 해고한 상사, 심지어 죽음 앞에서도 감사할 수 있다.

감사 일기 120퍼센트 활용법

앨릭스 스프링어, 제이슨 마시

구체적 훈련을 통해 감사 근육을 단련할 수 있다. 연구를 통해 밝혀진 최고의 훈련 중 하나는 감사 일기 쓰기다.

주 2~3회 감사거리를 최대 다섯 개씩 기록해보자. 당신이 열거하는 것들은 비교적 중요도가 낮을 수도 있고("오늘 점심으로 먹은 샌드위치가 맛있었다") 높을 수도 있다("언니가 건강한 아들을 출산했다"). 훈련 목적은 삶 속에 있는 좋은 사건, 경험, 사람, 사물을 기억하고 그에 수반되는 좋은 정서를 누리기 위함이다.

물리적으로 기록하는 게 중요하다. 머릿속 생각으로 끝내지 마라. 공책에 쓰거나 그레이터 굿 사이언스 센터에서 운영하는 무료 온라인 플랫폼(Thnx4.org.)에 포스팅해도 좋다. 이 게시판에는 각 감사 경험에 평점을 매기는 기능도 있다. "순간 미소가 피어올랐다"부터 "종일 환한 기분이 들었다"까지 다양한 평점 단계가 있다.

우리는 2017년 1월에서 7월까지 올라온 감사 표현 4천 건을 분석해보았다. 어떤 감사 일기가 삶의 질에 더 영향을 미치는가를 연구하기 위함이었다.

이 조사는 감사 일기가 주는 유익에 관한 기존 고찰을 확증하면서도 흥미롭고 새로운 패턴을 드러냈다. 당신도 이 패턴으로 감사 훈련을 하면 120퍼센트 유익을 거둘 수 있을 것이다.

소리 내어 감사하다고 말할 때 가장 효과가 컸다

많은 사람이 고마운 대상에게 실제로 입을 열어 고맙다고 말했을 때 더 긍정적인 효과가 있었다고 보고했다. 감사를 게시판에 올리는 것과 실제 입 밖으로 말하는 것은 다르다. 실제로 감사하다고 말했을 때 "종일 환한 기분이 들었다"라고 보고한 사람이 훨씬 많았다.

물건이 아니라 선행에 공개적으로 감사하라

물질(명품, 멋진 기회, 특권 등)에 관해 공개적으로 감사를 표하는 것이 어떤 사람에게는 오히려 불행감을 안겨줄 수 있다. 시샘을 자극하거나 박탈감을 주기 때문이다. 그러나 이타적 행동을 묘사한 포스팅은 정반대 효과를 나타냈다. 이 글을 읽은 이들은 고양감을 느끼거나 영감을 얻었고, 그 결과 강력한 감사 바이러스 전파자가 되었다.

사랑에 초점을 맞추라

긍정적 효과가 가장 컸던 포스팅은 사랑받는다는 느낌에 관한 글이었다. 이는 독자가 "종일 환한 기분이 들었다"라고 평가한 포스팅에서 가장 흔한 주제였다. 게시판에 올라온 글이다. "M은 어제 자신도 기분이 처져 있는데 내게 새콤달콤한 돼지고기 요리를 해주었다. 그리고 내가 예전에 좋은 책을 읽고 싶다고 말했던 것을 잊지 않고 책 몇 권을 사다주었다. 우리는 함께 근사한 차를 마셨다. 난 아주 사랑받고 배려받는다는 느낌을 받았다. 참 달콤했다."

끈기 있게 행하라!

게시판 글을 분석한 결과 시간이 갈수록 Thnx4.org 포스팅에 달리는 평점이 점점 높아졌다. 감사 일기를 꾸준히 쓸수록 기분이 더 좋아질 것이다. 왜 그럴까? 우리도 확실히 알진 못하지만 데이터는 규칙적인 감사 글쓰기를 통해 감사하는 태도가 형성된다고 말한다. 일기 쓰기는 타인과 자신과 세상을 감사의 눈으로 보게 하는 데 유익하다.

감사하기 싫을 때

메건 M. 프리츠, 소냐 류보머스키

때로는 감사 실천이 부정적 정서, 사고, 행동을 촉발할 수 있다. 어떤 이는 남의 도움을 받아야 하는 상황 자체 혹은 도움을 준 사람의 기대를 충족지 못했다는 생각에 자괴감, 무력감, 열등감을 느끼기도 한다. 당신을 지원한 누군가에게 감사 편지를 쓰는 과정에서 더 일찍 감사하지 못했다는 생각에 가책이나 부끄러움을 느낄 수도 있다. 혹은 보답해야 한다는 부담감이 들 수도 있다.

진심 어린 감사를 전한 후 불편한 마음이나 어색함 때문에 상대방과 오히려 연결이 단절된 경험을 한 사람도 있다. 이런 부정적 효과는 감사 활동으로 오히려 더 불행해지는 결과를 가져온다. 아울러 감사 표현이 모든 맥락에서 긍정적으로 받아들여지는 것도 아니다. 동아시아 문화권에서는 감사 표현을 (무언가 상응하는 보답을 해야 하는) 부담으로 받아들일 수도 있다. 어떤 부모는 응당 부모가 해야 할 일에 자식이 감사할 때 도리어 모욕감을 느끼기도 한다.

왜 긍정적 활동이 이런 부정적 결과를 낳을까? 이는 미래 보상을 위해 감수해야 하는 단기적 불쾌감일 수도 있다. 감사는 긍정적 정서 (고양감과 지지받는 느낌 등)를 불러일으켜 목표 달성을 위한 동기를 부여하는 동시에 노력할 필요성을 깨닫게 함으로써 부정적 정서(가책과 부채 의식)도 불러일으킨다.

'부모님이 내 교육비 지원을 위해 얼마나 열심히 일하셨는지 이제 깨달았으니 부모님의 희생이 헛되지 않도록 학업에 정진해야지'라고 생각하는 대학생이 있다고 하자. 이 학생은 부모를 사랑하고 대학에 다닐 수 있다는 데 안도감을 느끼며 미래에 대한 희망을 품는다. 동시에 그녀는 그런 부모의 희생에 비해 좋은 성적을 거두지 못했다는 자괴감도 가지고 있다. 두 정서가 결합하여 학업 정진의 원동력이 된다. 향후 다양한 연구를 통해 장기적 안녕을 증진하기 위해서는 단기적으로는 긍정적 실천이 불러오는 역효과도 감내할 줄 알아야 한다는 발견이 이뤄질지도 모르겠다.

종합하자면 성격, 관심사, 가치관을 고려하여 개인에 적합한 감사 실천을 선택해야 부정적 효과보다 긍정적 효과를 더 많이 낼 수 있다. 아울러 명심해야 할 점이 있다. 때로는 더 큰 행복을 위해 노력하는 과정에서 (멘토에게 감사 편지 쓰기 등) 행복감을 저해하는 듯한 행동을 해야 할 경우도 있다는 사실이다.

때로는 감사도 역효과를 낸다

아미 고든

못 가진 것을 안타까워하지 말고 가진 것을 인정하라는 좋은 조언이 때로는 역효과를 내기도 한다. 왜 그럴까?

감사 과다복용

감사 활동에서 '다다익선'이라는 격언이 늘 맞는 건 아니다. 오히려 지나치게 높은 감사 목표를 설정하면 목표에 미달하게 되면 아예 감사를 몰랐던 때보다 행복 지수가 더 떨어지는 역설적 결과가 나타난다. 감사 일기를 쓰게 한 조사에서 주1회 일기를 쓴 사람들은 6주 후 행복감이 증가했으나, 주3회 일기를 쓴 사람들은 그렇지 못했다. 자신의 삶이 별로 좋지 않거나 감사거리가 없다는 생각이 들기 시작하면 더 그렇다. 이런 땐 한 발짝 물러나 양보다 질에 집중해보자.

무가치한 사람이나 대상에 감사하려고 애쓰기

당신을 정서적, 신체적으로 학대하거나 당신에게 어떤 행복도 주지 못하는 사람과 나쁜 관계 속에 있다면, 감사가 그릇된 선택일 수 있다. 건강하지 않은 상황에서 빠져나오려 하기보단 배우자나 상사, 룸메이트를 인정할 방법을 찾다 보면 현실이 고착화될 수 있다. 좋은 면만 보지 말고 관계 전체를 객관적으로 평가하라!

감사로 심각한 문제 덮기

감사는 일상 속 자잘한 짜증거리에 갇히기보다는 중요한 일에 초점을 맞추는 데 도움이 된다. 그러나 모든 문제가 그렇지는 않다. 오히려 감사가 문제를 덮는 미봉책이 될 수 있다. 사실 심각한 문제에는 분노 같은 부정적 정서가 더 건설적인 반응일 수 있다. 연인 관계에서 중요한 문제를 논의할 때 분노 표현이 긍정적 태도보다 유익하다는 연구 결과도 있다. 분노가 문제를 직면하고 해결하는 데 훨씬 큰 도움이 되었다.

과한 감사로 자신의 공을 깎아내리기

무언가 좋은 일이 일어난 후 도와준 사람을 기억하고 감사하는 것도 중요하지만, 그 과정에서 자신의 노력을 수긍하는 것 역시 중요하다. 당신이 다른 사람에게 감사하느라 자신의 수고와 재능은 과소평가하는 부류라면, 감사는 낮은 자존감을 감추는 도구일 수 있다. 타인에 대한 감사로 자신의 노력에 대한 적절한 인정을 밀어내지 말라.

부채 의식을 감사로 착각하기

감사는 누군가 당신을 도왔을 때 느끼는 긍정적 정서다. 반면, 부채 의식이란 당신이 도움을 받았으니 그들에게 빚이 생겼다고 느끼는 정서이다(부채 의식에도 긍정적, 부정적 유형이 있다. 성장의 동력이 되는 부채 의식도 있다.) 당신이 부채 의식을 감사로 착각한다면 호의에 보답하기 위해(마음의 무거운 짐을 덜고자) 안간힘 쓰는 데 상당한 에너지를 사용할지도 모른다.

가까운 관계에서 이런 보답 강박은 오히려 부정적 정서를 초래할 수 있다. 소중한 누군가에게 너무 빨리 보답하는 것은 가까운 관계를 원하지 않는다는 신호가 되기도 한다. 당신이 사귄 지 얼마 안 된 애인의 장보기를 도와주었는데 애인이 바로 다음날 당신의 장을 봐준다면 그런 호의가 마치 거래처럼 느끼지 않겠는가?

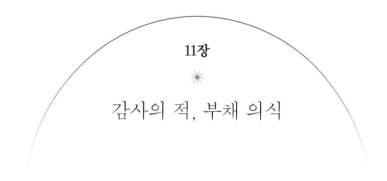

11장

감사의 적, 부채 의식

질 서티

무언가 받는다고 '항상' 고마움을 느끼는 건 아니다. 고마움을 느끼기보다는 빚진 마음이 들 때도 있다. 우리가 받은 것에 은밀한 가격표나 채무 증서가 따라온다고 느낄 때 이런 마음이 든다. 당신의 근면성을 추켜세우는 상사나 가구 운반을 도와준 친구를 생각해보자. 어떤 식으로든 보답해야 할 것 같은 느낌이 들지 않는가? 상사는 칭찬에 대한 보답으로 야근을 기대할지 모른다. 친구는 소파 운반을 도왔던 일을 꺼내며 돈을 빌려달라고 할지도 모른다.

감사와 부채 의식에는 몇 가지 중요한 차이가 있음을 보여주는 연구 결과가 있다. 부채 의식을 지닌 사람은 보답에 대한 염려로 스트레스 같은 부정적 정서를 더 많이 느꼈고, 주는 자에 대한 긍정적 정서와 미래에 그들을 돕겠다는 의지가 줄어들었다.

나눔의 결과물은 감사일까, 부채 의식일까? 혹은 둘의 조합일까? 여기에 영향을 미치는 몇 가지 요인이 있다. 연구자에 따르면 감사와 부채 의식은 주는 자와 받는 자의 관계, 선물의 크기, 주는 자에 대한 인식 (주는 자가 자비로운 사람인지 또는 대가를 기대하는 사람인지 등)에 영향을 받는다. 일반적으로 받는 자가 주는 자와 정서적으로 가깝거나 주는 자가 넉넉하게 베풀며 자비로운 사람이라는 인식이 있을 때 선물은 감사와 연관된 긍정적 정서를 초래했다.

또한 성향상 부채 의식을 더 많이 느끼는 사람도 있었다. 서머 앨런이 7장 「여자와 남자 중 누가 더 감사를 잘할까?」에서 설명했듯 의외의 선물을 받을 때 남자가 여자보다 부채 의식을 느낄 가능성이 더 크다는 연구 결과가 있다. 여기에는 남자라면 자수성가해야 한다는 사회적 가치관의 영향도 있을 것이다. 자신의 성공을 타인의 공으로 돌리기가 꺼려진다면 평소 감사를 느끼기 어려울 것이다. 이러한 이유로 많은 여성은 남편에게 뭔가 좋은 걸 해줘도 별로 고마워하지 않는다고 자주 불평한다.

키라 뉴먼이 8장에서 설명했듯 부채 의식에는 문화적 요인도 있다. 동아시아 문화권에 속한 사람들이 선물을 받을 때 감사와 부채 의식을 복합적으로 느낄 가능성이 더 크다는 연구 결과가 있다. 동아시아 문화가 그만큼 상호성에 큰 가치를 부여하기 때문이다.

그러나 동아시아 문화권에서조차 부채 의식보다는 감사가 사회적 관계를 형성하고 유지하는 데 더 강력한 동기 유발자임을 밝힌 연구도 있다. 부채 의식 없이 남에게 감사하고 싶은가? 남에게 부채 의식을 느끼지 않게 하면서 뭔가를 주고 싶은가? 그렇다면 다음 네 단계를 밟아보길 권한다.

타인을 주목하면 감사가 따라온다

행복 추구처럼 감사 실천도 (당신 자신에게 돌아올 잠재적 유익이 아니라) 타인과 당신의 관계에 초점을 맞추는 것이 최상이다. 그렇지 않으면 감사를 제대로 경험하기 어렵다. 필립 왓킨스는 "감사는 다른 누군가가 나를 위해 한 일에 초점을 맞추며 '타인'에게 집중하는 정서"라고 말한다. "타인에게 초점을 맞출 때 자연스럽게 진정한 감사가 따라온다."

부채 의식도 마찬가지다. 한 조사에서 연구진은 자기에게 집중하는 성향을 가진 사람일수록 도움이나 선물을 받을 때 감사보다 부채 의식을 더 크게 느꼈다. 또 관계에서 (개인적 유익인) 안전과 안정성 추구에 몰두할수록 관계 가꾸기라는 목표에 집중하는 참가자보다 감사는 훨씬 적게, 부채 의식은 훨씬 많이 경험하는 것으로 드러났다.

"감사에 대한 심리학적 접근의 문제점은 행복을 지나치게 강조한 나머지 행복의 수단으로만 감사에 접근한다는 것이다"라고 왓킨스는 말한다. "감사 자체(타인이 우리를 위해 베푼 바를 인정하기)를 그저 행복의 수단으로만 접근하면 역효과가 생길 가능성이 크다."

100퍼센트 확신이 서지 않아도 감사 실천하기

왜 감사를 느끼지 못할 때도 감사를 실천해야 할까? 의도적 감사 실천이 감사 체질을 타고난 사람뿐 아니라 감사 실천을 즐기지 않는 사람이나 나르시시스트에게도 긍정적 영향을 미친다는 연구 결과가 있다.

"참가자들이 대부분 학점을 따기 위해 응한 학생들이었음에도 효과가 있었다"라고 왓킨스는 말한다. "흔히 마음에서 우러나오는 감사가 있어야 한다고 강조하지만 의외로 그렇지 않을 수도 있다."

그렇다면 타인에게 (예를 들어 우리 자녀들에게) 어떤 정형화된 방식으로 감사를 실천하라고 독려해야 할까? 답은 '그렇다'이다. 하지만 단서가 붙는다. 왓킨스는 자녀들이 "내 말을 따르라"라고 강요하는 부모보다 솔선수범하는 부모로부터 더 많은 것을 배운다고 말한다.

부모는 그리 어렵지 않게 자녀들이 감사하는 마음을 갖도록 독려할 수 있고, 이것이 더 긍정적 정서를 초래한다는 연구 결과가 있다. 아이와 마주앉아 타인의 배려나 희생에 대해 생각해보는 시간을 가져보라. 자녀를 방임하기보다는 이런 자극을 줄수록 더 감사하는 사람으로 자랄 것이다.

그럼에도 강요는 피하는 게 좋다. 예를 들어 추수감사절 저녁 식사 자리에서 한 명씩 돌아가며 감사 실천을 하라고 강요하기보다는 감사한 일이 있었는지 생각해보라고 가볍게 초청하는 편이 낫다. 여타 긍정적 정서처럼 감사 역시 전염성이 강하다. 일단 좋은 분위기가 형성되면 자녀들도 어떤 식으로든 동참할 것이다.

조건을 달지 말고 값없이 주라

주는 입장에서는 어떻게 해야 할까? 어떻게 주어야 상대가 당신에게 빚진 느낌을 가지지 않을까? 누군가를 돕거나 그에게 선물을 줄 때는 보답을 기대하지 않는 게 중요하다. 당신이 어떤 식으로든 보상을 바란다고 상대가 생각하거나 그들이 의무감을 느끼길 원하는 분위기를 감지하면, 그들이 느끼는 감사는 급감한다. 아울러 그들이 당신에게 되갚거나 사회에 환원할 가능성 역시 급감한다.

다행히 선물의 값어치는 감사를 불러일으키는 데 그리 중요하지 않다. 관건은 상대의 취향과 필요를 고려하는 사려 깊은 자세다. 게다가 넉넉한 마음으로 값없이 주면 행복감뿐 아니라 그 자체로 즐거움을 비롯한 여러 보상이 따라온다. 왓킨스는 "연구는 대가를 기대하고 주면 상대로부터 보상받을 확률이 줄어든다는 것을 보여준다(즉, 반동 효과가 생긴다)"라면서 "상대로부터 받을 보상이 아니라 주는 것 자체에 초점을 두어야 한다"라고 말한다.

주고받는 기쁨에 마음을 열라

감사는 줄 때나 받을 때나 절로 기분이 좋아지는 경험이다. 자연 산책, 친한 친구와 대화하기, 음악 감상 등 삶에서 긍정적 정서를 함양하면 감사는 더욱 커지고 부채 의식은 줄어든다. 이에 관한 연구가 확정적인 건 아니지만, 긍정적 정서를 향유할 줄 아는 사람일수록 감사를 경험할 가능성이 크다는 증거가 있다.

마음챙김 명상을 실천하면 선물뿐 아니라 선물 제공자에게도 더 관심을 기울이게 된다. 마음챙김과 감사는 상호작용을 통해 안녕감을 증진한다. 그래서 종종 마음챙김과 감사를 한 묶음으로 장려하는지도 모르겠다.

왓킨스는 선물을 줄 때도 더 의도적으로 접근할 수 있다고 제안한다. 우리는 선물하기와 주기도 선택이라는 사실을 놓칠 때가 많다. 생각 없이 기계적으로 주기보다는 상대에 관해 생각하며 주는 기쁨에 마음을 열어보자. "주기의 핵심은 하지 않아도 되는데 내가 하고 싶어서 하고 있음을 기억하는 것이다. 그리고 주는 행위 자체를 즐기는 것이다"라고 왓킨스는 말한다.

핵심 정리

1. 부채 의식을 가진 사람은 보답에 대한 염려로 스트레스 같은 부정적 정서를 더 많이 느낀다. 이 때문에 주는 자에 대한 긍정적 정서와 미래에 그들을 돕겠다는 의지는 줄어든다.
2. 감사와 부채 의식은 주는 자와 받는 자의 관계, 선물의 크기, 주는 자의 의도에 대한 인식에 영향을 받는다. 일반적으로 받는 자가 주는 자와 정서적으로 가깝거나 주는 자가 넉넉하게 베풀며 자비로운 사람이라는 인식이 있을 때 선물이 감사와 연관된 긍정적 정서를 초래했다.
3. 성별과 문화적 요인도 부채 의식에 영향을 미친다.
4. 부채 의식을 느끼지 않게 하면서 무언가를 주기 위해서는 자신이 아닌 타인에 초점을 맞추고, 진심이 아닐 때에도 감사를 실천하며, 조건 없이 나누는 기쁨에 마음을 여는 방법을 실천해보라.

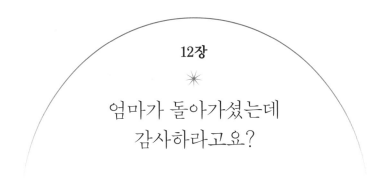

12장

엄마가 돌아가셨는데
감사하라고요?

나탄 그린

누이와 난 지난 6년간 침대에서 암 투병 중인 어머니의 요양처이자 '감옥'인 침실에 앉아 있다. 어머니는 쓸쓸한 눈빛으로 창밖을 응시하고 있다. 눈부시게 화창한 7월 오후가 예전에 즐기던 온갖 야외 활동의 기억을 불러일으켰다. 장미 가꾸기, 지나가는 아기의 정수리 냄새 맡기, 크로스컨트리 대회에 출전한 자녀들 응원하기 등.

어머니는 부쩍 짜증을 냈다. 어머니의 무료한 두 다리가 그녀의 메마른 입술을 부추긴다. 유대인 할머니가 낼 수 있는 최고로 설득력 있는 목소리가 우리를 공략한다. "너희가 날 여기서 꺼내줘야 해." 그녀가 겸연쩍게 미소 지으며 말한다. "난 여기서 죽어가고 있어…."

죽긴 누가 죽어요, 엄마.

누이와 난 어머니에게 주렁주렁 달린 튜브 줄과 거기에 연결된 기계 장치, 생명 유지용 링거 수액을 힐끗 쳐다본다. 그리고 서로 어림도 없다는 눈빛을 교환한다. 나들이라니 말도 안 된다. 하지만 우리 남매는 이미 알고 있다. 키 157센티미터, 체중 45킬로그램인 이 여인과 싸워봤자 백전백패임을. 그녀가 목표를 세우면 누구도 막을 수 없다.

페마 초드론과 틱낫한의 책을 탐독하며 자기가 히피라고 생각했던 어머니는 장장 16년에 걸쳐 암과 맞서 싸웠다. 두 차례 겪은 암은 머리카락, 유방, 난소, 나팔관, 자궁, 급기야 장기에서 3분의 1을 앗아갔다. 그러나 인간성은 계속 자라갔다. 어머니는 내가 세 살 때 처음 암 진단을 받았고, 얼마 후 친한 친구 몇 명과 여성 암 생존자들을 위한 요양시설인 '치유의 대장정'Healing Odyssey이라는 비영리기관을 지원하기 시작했다.

이상하게 들리겠지만 오늘날 내가 더 감사하는 사람이 된 건 어머니를 잃었기 때문이다. 어머니가 인생 최고로 사랑했던 아버지와 더 시간을 보내기 위해, 또 우리 남매가 겪은 모든 시련과 승리를 함께하기 위해 모든 것을 걸고 투병하는 모습을 나와 누이는 지켜보았다. 그 과정에서 난 내 삶이 귀한 것임을 알게 되었다. 물론 암에 대해 머리끝까지 분노하던 때도 있었다. 장의사가 마지막으로 집에서 어머니 시신을 싣고 나왔던 순간을 결코 잊지 못할 것이다. 그러나 삶에 대한 감사가 그 모든 것을 뚫고 나와 점점 자라갔다. 부모의 죽음이 어떻게 감사를 불러일으키는지에 관한 연구를 시작한 계기도 이것이었다.

어머니가 떠난 지 9년 후, 나는 사별과 어린 시절 트라우마, 회복탄력성 간 관계를 박사 논문 주제로 정했다(Research[연구]는 Me-search[자아 찾기]라고 하지 않던가). 사별을 통해 감사가 커지는 경험이 보편적인지 궁금했다.

연구 초기, 자신의 죽음에 관해 깊이 생각할 때 감사 역량이 강화된다는 조사 결과를 접했다. 조사의 원 저자들은 무언가의 희소성이나 결핍을 경험할 때 그것을 더 귀하게 여기게 되는 '희소성 휴리스틱(발견법)'이 그 원인이라고 보았다. 우리가 죽음을 마주할 때 삶에 부여하는 가치가 올라간다. 이것은 내 경험이기도 했다. 어머니가 쉰다섯 살에 세상을 떠나자 문득 삶이 짧게 느껴졌다. 매 순간이 엄청나게 중요해졌다. 내 경험이 거울처럼 연구에 반영되는 것을 지켜보는 과정이 설렜고, 어린 시절 부모와 사별한 경험이 감사에 미치는 영향을 연구하고 싶다는 영감을 불러일으켰다.

사별 후 감사함이 커진 이유

동료 연구자 케이티 맥고번과 나는 부모와 사별한 성인 350명에게 감사와 우울증, 심리적 안녕감과 '트라우마 후 성장'(굵직한 개인적 위기나 트라우마 경험 후 겪는 긍정적 변화)에 관해 물었다. 더불어 사별 후 감사 지수 변화에 대해 물었다.

예상처럼 스스로 감사 지수가 높다고 평가한 사람일수록 우울감이 적었고 높은 심리적 안녕감과 트라우마 후 성장을 보고했다. 즉, 감사 지수가 높은 참가자일수록 감사 수준이 낮은 사람보다 잘 살고 있었다. 흥미롭게도 79퍼센트가 부모와의 사별로 그들이 경험하는 감사 지수가 증가했다고 응답했다. 대략 13퍼센트는 감사 지수에 변화가 없었다고 보고했고 8퍼센트만 감소했다고 보고했다.

우리 연구는 상관성 조사correlational study였기에 사별로 '인해' 감사 역량이 계발된 것인지 혹은 원래 감사 지수가 높았는지는 확실하지 않다. 사별 전 감사 수준을 정확히 기억하기 어렵기에 스스로 느낀 변화에 관해서만 말할 수 있기 때문이다. 더 강력한 증거를 얻으려면 사별 전후 감사 지수 변화 및 부모를 잃지 않은 대조군 아이들과 비교하는 장기적 관찰 조사가 필요하다.

그럼에도 이 조사에 참여한 성인 대다수가 부모와 사별한 경험으로 더 감사하는 사람이 되었다고 대답했다. 우리는 더 세밀한 이해를 위해 사별 경험에 관한 글쓰기를 요청했다. 그 글을 분석한 결과 가장 흔한 주제는 살아 있음의 가치, 가족과 친구에 대한 감사, 세상에 영원한 것은 없다는 깨달음 등이었다. 이 조사에서 내가 특별히 감동받은 한 여성의 글을 일부 인용한다. "난 어머니를 잃은 경험으로 살아 있음이 얼마나 소중한 것인지 깨달았다. 일분일초도 당연하게 여겨서는 안 된다는 것을 날마다 상기한다. 난 어둠의 끝에서 빛으로 들어갔다."

감사하기 어려울 때

어머니는 사려 깊고 멋진 분이셨고, 자기 죽음을 '좋은 죽음'으로 만들려고 필사적으로 노력하셨다. 어머니는 자주 농담처럼 죽음은 누구에게나 정해진 이치라고 말씀하셨다. 그리고 우리가 그녀의 죽음을 잘 받아들이도록 세심하게 노력하셨다. "너희를 영원히 사랑한단다"라고 쓴 카드를 보내거나 누이와 내가 결혼식 날 열어볼 편지를 미리 써두고 우리가 어릴 적 즐겨 읽던 동화를 워크맨 테이프에 녹음해서 주기도 하셨다. 그렇게라도 손주들에게 동화책을 읽어주고 싶어하셨다. 어머니가 오랜 세월 겪은 고통을 곁에서 지켜보는 경험은 가슴 아팠지만 우리는 허락된 시간에 최대한 많이 껴안고 울고 웃었다.

사별과 감사에 관한 연구에 착수한 후 부모와 사별한 사람이 다 우리처럼 '좋은 죽음'을 경험하지는 않았다는 것을 깨달았다. 부모와 각별한 사이가 아닌 사람도 있었고, 부모가 자녀에게 죽음을 받아들일 준비를 시키지 않은 경우도 있었다. 임종 때 작별 인사를 나누지 못한 가족들도 있었다. 연구로 비현실적인 장밋빛 초상을 그리거나 사별에 수반되는 엄청난 고통을 미화하기는 싫었다. 무엇보다 내가 가장 원치 않았던 것은 애도하는 사람들에게 감사해야 한다는 '의무감'까지 떠안기는 일이었다.

그래서 우리는 일부 참가자들이 왜 부모를 여읜 후 감사에 접근하기가 어려웠는지도 조사했다. 예상했던 대로 성인기에 겪은 또 다른 트라우마 경험이 감사를 더 어렵게 만들었다. 사별 후 감사 감각이 둔해졌다고 생각한 이들은 대체로 두려움, 불안, 타인을 의지할 수 없다는 느낌을 원인으로 지적했다.

나 역시 날마다 감사를 느끼는 건 아니다. 난 어머니날이 돌아올 때마다 분노를 느낀다. 친구들이 한 살짜리 아들과 교감하는 장면을 볼 때 속에서 불쑥 올라오는 시샘에 스스로 민망하다. 또 무엇을 성취하거나 삶의 이정표에 도달할 때마다 울적한 기분이 들기도 한다. 이런 날일수록 엄마 없이도 세상은 잘만 돌아간다는 것을 확인하기 때문이다.

부모와의 사별이라는 커다란 짐과 선물을 짊어지고 살다 보면, 그 어떤 감정도 단순명쾌하게 떨어지지 않는다. 낯선 향에서 어머니를 만날 때, 꿈에서 어머니를 만나고 깨어났을 때가 그렇다. 내 마음을 휘저어 놓은 상실의 슬픔 속에는 아직 그녀와 연결되어 있다는 심오하고도 아픈 기쁨이 있다. 이것이 상심이 내게 준 선물이다. 그 슬픔 덕분에 더 깊은 차원의 문이 열렸고, 이 문은, 어김없이 감사로 통했다.

진짜 중요한 것은

7월 어느 날, 우리는 조심스레 어머니를 부축하여 노란 폭스바겐 딱정벌레차 뒷좌석에 태우고 라구아나 해변에 갔다. 어머니는 왼쪽 손으로 내 팔을 잡고 오른손으로는 누이의 팔을 움켜쥔 채 덜컹거리는 차에 몸을 맡기고 바다로 향했다. 차를 잠시 세우자 어머니가 길가에 핀 꽃 한 무더기를 손으로 가리켰다. 초콜릿 케이크를 먹기 전 어머니가 짓던 죄책감과 즐거움이 뒤섞인 눈빛이 기억났다. "이 꽃 향 좀 맡아봐라." 어머니가 우리를 부추겼다. 난 그녀가 지그시 눈을 감은 채 별 모양 작은 들꽃에 얼굴을 파묻고 향을 들이마시는 모습을 지켜보았다.

우리 셋은 두 세상이 만나는 절벽 끝으로 가서 안전대에 몸을 기댔다. 살며시 눈을 감은 채 손을 잡고 서서 햇볕이 살갗을 데우는 걸 느꼈다. 어머니가 난소암 판정을 받은 지 6년 만이었다. 뭉쳐 있던 우리 어깨가 처음으로 풀어졌다. 심호흡을 하는 우리에게 평화가 임했다.

어머니는 대단한 발견을 한 사람마냥 단언했다. "이곳은 영적인 곳이야." 죽음을 마주하고 우주의 아름다움에 찬탄하던 순간, 그녀 속에 있는 무언가가 달라졌다. 고집과 혼돈, 분노와 슬픔이 평온한 수용에 자리를 내주었다. 그리고 누이와 난 그녀가 인도하는 길로 따라갔다.

그날 어머니는 어머니의 죽음뿐 아니라 우리 자신의 죽음을 맞이하도록 나와 누이를 벼랑 끝으로 데려갔다. 이런 순간에는 본질이 빛의 속도로 초점 안으로 들어온다. 여기서 우리에게 주어진 시간은 유한하다. 죽음은 어느 순간에라도 임할 수 있다. 우리는 이 앙상한 진실을 정면으로 응시했다. 바닷소금을 머금은 물안개가 우리 얼굴을 쓰다듬던 그때,

우리는 서로를 꽉 움켜쥐며 서로 떠나보낼 준비를 했다.

핵심 정리

1. 자신의 죽음에 관해 깊이 생각할 때 삶에 부여하는 가치가 올라가고, 그에 따라 감사 역량이 강화된다.
2. 스스로 감사 지수가 높다고 평가한 사람일수록 우울감이 적었고, 높은 수준의 심리적 안녕감과 트라우마 후 성장을 보고했다.
3. 위 조사에 참여한 성인 대다수가 부모와의 사별 경험으로 더 감사하는 사람이 되었다고 보고했다.
4. 성인기에 또 다른 트라우마를 겪은 일부 참가자는 사별 후에도 감사에 접근하기가 어려웠다.

슬픔, 은혜, 감사

아리아나 허핑턴

난 감사하며 사는 것이 은혜로 통하는 관문임을 믿는다. grace(은혜)와 gratitude(감사)는 라틴어 gratus에서 유래했다. 세상을 살다 보면 지구에서 탈출하고픈 충동에 사로잡힐 때가 있다. 하지만 그럴 때마다 또 다른 길이 있음을 상기하고 은혜에 마음을 여는 선택을 할 수 있다. 잠시 짬을 내어 하루에 대해, 살아 있음에 대해, 아니 그 무엇에든 감사하는 것이 그 시작이 될 수 있다.

단지 축복에만 감사하는 게 아니다. 일어나지 않은 오만 가지 일, 가까스로 비켜간 온갖 '재앙', 하마터면 당할 뻔한 온갖 나쁜 일에도 감사한다. 일어남과 일어나지 않음 사이에 은혜가 차오른다.

물론 실제로 우리를 부서뜨리고 아프게 한 재앙도 있다. 나의 경우 첫 아이를 유산한 순간이 그랬다. 그때 난 서른여섯 살이었고 엄마가 된다는 희망에 부풀어 있었다. 그러나 악몽에 잠을 설치는 날이 계속되었다. 밤마다 (남자) 아기가 내 속에서 자라가는 것이 보였다. 그런데 아기가 눈을 뜨질 못했다. 그렇게 몇 날이 몇 주가 되었고 몇 주가 몇 달이 되었다. 어느 새벽 난 비몽사몽간에 이렇게 외쳤다. "대체 왜 눈을 못 뜨는 거야?" 그 순간 깨달았다. 아기는 눈을 못 뜰 운명이었다. 아기는 태어나기 전 내 자궁 속에서 죽었다.

여자라면 사산한 아기의 흔적이 단지 자궁 속에만 있는 게 아님을 알 것이다. 우리는 꿈과 영혼, 세포 하나하나에 아기의 흔적을 가지고 있다. 유산은 입 밖으로 내지 못할 많은 두려움을 끄집어낸다. 아이를 제대로 출산할 날이 과연 오기는 할까? 나도 언젠간 엄마가 될 수 있을까? 내면이 완전히 무너지는 느낌이었다. 유산 후 숱한 밤을 뜬눈으로 지새우며 유산의 원인을 찾아 온갖 사소한 일을 되짚었다.

곤혹스러운 질문과 희미한 답의 지뢰밭을 비틀거리던 어느 날, 치유로 방향을 틀기 시작했다. 아기 꿈은 희미해졌으나 상실의 슬픔은 결코 사라지지 않을 듯했다. 그때 어머니가 보내준 그리스 작가 아이스킬로스의 글귀가 울림을 주었다. "잠든 중에도 잊지 못하는 고통이 우리 심장 위로 낙숫물처럼 떨어질 때, 그 절망 한복판에서 신의 놀라운 은혜가 우리 의지에 반하여 지혜로 우리에게 임한다." 어느 시점엔가 난 낙숫물처럼 떨어지는 고통을 수용했고, 지혜가 임하길 기도하기 시작했다.

난 전에도 고통을 맛보았다. 관계가 파국으로 치달은 적도 있었고, 병에 걸린 적도 있었고, 사랑하던 사람과 사별하기도 했다. 그런데 이런 고통은 처음이었다. 이 과정을 통과하며 내가 배운 게 있다면, 우리가 이 땅에 머무르는 건 승리의 경험을 축적하거나 실패를 피하기 위해서가 아니라는 것이다. 우리가 이 땅에 머무르는 건 본질만 남을 때까지 걸러지고 깎이고 마모되기 위해서다. 이것 외에는 고통과 상실

의 목적을 발견할 길이 없다. 이것만이 어김없이 감사와 은혜로 돌아
가는 길이다.

난 식사 전 (소리를 내지는 않아도) 감사 기도하길 즐긴다. 세계 곳
곳을 돌아다니며 다양한 식기도 관습을 목격했다. 2013년에 허프포스
트재팬 출간을 위해 도쿄에 갔을 때 나는 식전마다 "이타다키마스"라
고 즐겨 말했다. 그 뜻은 단순히 '받아들입니다'이다. 인도 다람살라에
서는 모든 식사가 소박한 기도로 시작되었다. 비록 종교심이 강한 가
정에서 자라진 않았지만 그리스에서 성장기를 보냈기에 소리 없는 이
소박한 축도가 낯설지 않았다.

'영적 내면 각성 운동'의 창시자 존-로저 힌킨스는 "은혜는 좇아가
는 것이 아니라 허락하는 것이다"라고 말했다. "그러나 당신이 은혜가
임하는 방식에 천둥 번개나 대단한 사건 혹은 요란한 극적 효과를 설
정해 놓으면 은혜가 임해도 알아차리지 못할 수 있다. 사실 은혜는 호
흡처럼 아주 자연스럽게 임한다."

13장

힘들 때 감사하는 법

로버트 에먼스

감사에 관해 20년간 연구한 결과, 삶이 평탄할 때 느끼는 감사가 좋은 것을 축하하고 극대화하는 데 도움이 됨을 알았다. 그럼 삶이 순탄치 않을 땐 어떨까? 비참한 환경에서도 감사를 느낄 수 있을까? 혹은 느껴야 하는가? 이런 질문을 하는 사람들이 종종 있다. 그러면 난 감사로 삶을 바라보는 자세가 역경에 도움이 될 뿐 아니라 필수적이라고 답변한다. 사실 위기 상황이야말로 감사가 효과를 발휘할 때다. 감사는 사기가 침체될 때 활력을 제공한다. 감사에는 상한 것을 치유하는 위력이 있다. 감사는 절망의 순간에 희망을 비춘다. 감사는 역경에 대처하는 데 도움이 된다.

오해하지는 말라. 어려울 때 감사하는 것이 쉽거나 자연스럽다는 얘기는 아니다. 좋은 것에 감사하기는 쉽지만 직장, 집, 건강, 사랑하는 사람을 잃고 감사하기가 어디 쉬운가? 열쇠는 감사를 '느끼는' 것과 '하는' 것을 구별하는 일이다. 우리는 정서를 완벽하게 통제하지 못한다. 의지만으로 감사를 느끼거나 우울감을 덜 느끼거나 행복하도록 자신을 제어하기란 쉽지 않다. 감정은 우리가 세상을 바라보는 방식을 뒤따라간다. 감정은 현실에 대한 생각, 세상은 이러저러해야 한다는 당위 그리고 현실과 당위 사이 간극에 대한 반응이다.

감사는 감정인 동시에 선택이며 지속적이고 지배적인 마음가짐이기도 하다. 감사를 통해 우리 삶을 들락거리는 좋은 일과 나쁜 일에 대한 항체가 형성된다. 감사는 재앙이 닥칠 때 삶을 전체적으로 바라보며 일희일비하지 않게 해준다. 맞다, 이런 관점은 달성하기 어려운 경지다. 하지만 달성하려고 노력해볼 만한 가치는 충분하다. 감사는 결코 '의무'가 아니라 '기회'이다. 풍랑 한복판에서 창조적으로 감사할 수 있을까? 내가 생각하는 답은 '그렇다'이다.

나쁜 일을 기억하라

호시절이 계속되면 잘 사는 것을 당연시하고 자신의 연약함을 망각한다. 그런데 불확실성이 클 때는 스스로 운명 앞에 얼마나 무력한 존재인지를 깨닫는다. 당신이 가진 모든 것과 의지하는 모든 것을 빼앗길 가능성이 생기면, 평소 당연했던 것들이 당연하지 않은 때가 온다.

고로 위기 앞에서 우리는 더 감사할 수 있다. 연구에 따르면 감사는 위기 대처에 도움이 된다. 의식적으로 감사하는 자세를 연습하면 넘어질 때 완충작용을 해줄 심리적 면역 체계가 구축된다. 감사할수록 일상 속 자잘한 고충이나 역경이 주는 스트레스에 대한 회복탄력성이 커진다는 과학적 증거가 있다. 나쁜 경험을 단순히 겪어내는 것과 그 안에서 감사할 이유, 즉 의미를 발견하는 것은 하늘과 땅 차이다. 이 차이야말로 '나쁜 일을 기억하라'는 말의 토대이다.

당신 삶 속 최악이었던 시기와 그때 겪은 고통, 상실감, 슬픔을 생각해보라. 그다음 지금 여기에서 그것을 회상할 수 있다는 사실과 최악의 시기에서 벗어났음을 반추해보라. 당신은 트라우마를 통과했고, 시련을 통과했고, 유혹을 견뎠고, 나쁜 관계에서 살아남았고, 이제 어둠을 뚫고 나오는 중이다. 나쁜 것을 기억하라. 그다음 현주소를 돌아보라.

이렇게 어려웠던 때와 성장을 기억하는 과정이 감사의 바탕이 된다. 우리의 사고는 '사후가정'counterfactual으로 돌아간다. '지금은 이렇지만 사실 이럴 수도 있었지'라고 생각할 때 행복감이 생기고(불행감이 줄고) 전반적 안녕감이 향상된다. 이로써 감사하는 마음과 상황에 대처하는 길이 열린다.

작은 연습을 해보자. 먼저 당신이 경험한 가장 불행한 사건을 하나 떠올려보라. 그다음 오늘 하루 이 사건을 얼마나 자주 떠올렸는지 생각해보라. 그때와 현재와의 차이로 감사와 만족을 느끼는가? 현재 삶이 더 나쁠 수도 있었음을 깨닫는가? 지금 삶이 얼마나 더 나아졌는지를 인식하고 인정하려고 노력해보자. 과거를 외면하거나 망각하는 게 아니라 건설적 프레임을 만들고 그 프레임으로 과거를 바라보자.

감사를 북돋울 비결을 하나 더 소개한다. 10장에서 제안했듯 자신의 죽음을 직면해본다. 가령, 불타는 고층 빌딩에 갇혀 유독 가스로 죽어가는 자신을 상상해본다. 죽음을 상상하라는 제안을 받지 않은 집단과 죽음을 상상한 집단을 비교했을 때 죽음을 상상한 집단의 감사 수준이 큰 폭으로 증가했다.

이렇게 나쁜 일을 기억하면 좋은 것에 감사하는 데 보탬이 된다. 독일 신학자이자 루터교 목사인 디트리히 본회퍼는 "감사는 기억의 예리한 고통을 잔잔한 기쁨으로 바꾼다"라고 했다. 감사는 다양한 방식으로 행복을 극대화한다. 불쾌한 기억을 새로운 프레임으로 조망하게 만들기 때문이다. 감사가 부정적 사건이 가진 긍정적 후광을 모색하게 만든다는 얘기다. 감사는 극심한 스트레스를 유발하는 사건이 어떻게 오늘의 나를 빚었는지, 삶에서 진짜 중요한 본질을 발견하게 해주었는지를 상고하는 반응이다.

재앙의 재구성

긍정 심리학계가 부정적 정서의 가치를 인정하지 못한다는 지적이 있다. 예를 들어 보우든대학교 바버라 헬드 교수는 긍정 심리학이 부정성에 관해 지나치게 부정적이며 긍정성에 대해선 지나치게 긍정적이라고 주장한다. 인생에는 겪어야 할 실망, 좌절, 상실, 상처, 퇴보, 슬픔의 분량이 있는데, 이를 부정하는 것은 비현실적이며 지속불가능하다. 인생에는 시련이 있기 마련이다. 제아무리 긍정적 사고를 많이 연습해도 이 진실은 달라지지 않는다.

그래서 고난을 겪는 사람들에게 허리띠를 동여매고 감사거리를 세어보며 그럼에도 얼마나 풍성한 감사거리가 있는지 묵상하라고 종용하는 것은 득보다 실이 더 크다고 주장한다. 그러나 감사의 렌즈를 끼고 인생 경험을 들여다보라는 것이 부정성을 부인하라는 얄팍한 행복론은 아니다. 참 감사는 당신이 마주한 장애물을 오히려 기회로 삼을 저력이 자기 내면에 있음을 깨닫는 것이다. 상실을 잠재적 유익으로 재구성

reframing하고 부정성을 감사로 재해석recasting한다는 뜻이다. 감사는 상황과 조건에 좌우되지 않는다.

감사 재구성과 이를 통한 재해석이 얼마나 효과가 있는지를 살펴본 연구가 많이 있다. 이스턴워싱턴대학교 연구진은 실험 대상자들을 무작위로 세 집단으로 나눈 다음, (상실, 배신, 피해를 입은 사건 등 개인적으로 심란한 경험에 대한) 불쾌한 기억을 회고하는 세 종류의 글쓰기를 요청했다. 첫 번째 집단은 20분간 나쁜 기억과 상관없는 사안을 기술했다. 두 번째 집단은 나쁜 기억과 관련된 경험을 기술했다.

세 번째 집단은 이 착잡한 경험의 긍정적 측면에 초점을 맞추고 그 속에서 감사거리를 발견하는 글쓰기를 요청받았다. 아무도 경험이 지닌 부정적 측면을 회피하거나 고통을 부인하거나 외면하라고 주문하지 않았다. 결과적으로 이 세 번째 집단의 글쓰기가 그저 경험에 관해 기술한 두 번째 집단의 글쓰기보다 불쾌한 기억이 미치는 정서적 여파를 끝내는 데 효과적이었다. 이게 다가 아니다. 감사 이유를 발견한 이들은 왜 그런 일이 일어났을까, 미연에 방지할 순 없었을까, 내가 원인 제공자였을까 등 상념에 사로잡히는 일이 줄어들었다. 감사 사고는 괴로운 기억을 치유하고 거기로부터 벗어나는 데 도움이 된다는 이 결과를 공명하는 여러 다른 연구도 있다.

난 수년 전 질병으로 장애를 얻은 사람들에게 깊은 감사를 느끼게 한 사람이나 대상에 관한 글쓰기를 부탁했다. 또한 마치 타임머신을 타고 사건 당시로 돌아간 듯 생생하게 그 감정을 다시 느껴볼 것을 주문했다. 그다음 그 상황에서 느꼈던 감정과 그 감정을 표현한 방식을 반추해 달라고 주문했다. 그들은 병이 깊어지는 과정에서 극심한 어려움과 고통, 좌절을 경험했고, 병원과 약국을 전전했다. 원망이 감사를 압도한다고 해도 이상할 게 없는 형편이었다.

뚜껑을 열어보니 응답자 대부분이 (삶 가운데 감사거리가 너무 많아) 특정 사례 하나만 고르는 게 가장 어려웠다고 했다. 난 그 에세이에 담긴 심오한 정서와 고백 앞에서 충격을 받았다.

그들의 서사를 읽으며 깨달은 점을 정리해 보았다. 첫째, 감사는 압도적으로 강렬한 감정이다. 둘째, 남들이 대수롭지 않게 여길 선물에 대한 감사야말로 가장 위력적이고 빈번한 감사 형태였다. 마지막으로, 상황과 정황에 무관하게 감사를 선택할 수 있다.

이게 다가 아니다. 거의 절반이 넘는 환자가 나쁜 것(고난, 역경, 고초)으로부터 좋은 것(새 삶 또는 새 기회)을 발견하고 깊은 감사를 느꼈다.

꼭 트라우마를 통과해야만 감사의 유익이 나타나는 건 아니다. 어떤 기억이나 과거의 불쾌한 경험으로 괴롭다면 그에 관해 생각하는 방식을 감사의 언어로 재구성해보자. 다음의 몇 가지 질문을 스스로에게 던져보길 바란다.

- 이 경험에서 무엇을 배웠는가?
- 당시에는 감사하지 못했지만 지금은 달라진 부분이 있는가?
- 이 경험이 나의 저력을 이끌어내는 계기가 되었는가?
- 이 경험으로 어떤 사람이 되고 싶다는 소원이 생겼는가?
- 이 경험에 대한 부정적 감정은 그 후 내가 감사를 느끼는 것을 제한하거나 가로막았는가?
- 이 경험으로 감사를 저해하던 개인적 걸림돌이 제거되었는가?

여기서 목표는 경험 재현이 아니라 '새로운 관점' 획득임을 유념하

라. 단순히 착잡한 사건을 재생하면 기분만 더 나빠지기 십상이다. 카타르시스가 효과적인 경우가 드문 이유다. 통찰이 수반되지 않은 정서적 배설은 변화를 일으키지 못한다. 사건에 대해 아무리 많은 글을 써도 참신한, 속량적redemptive 관점이 없다면 별 도움이 안 된다. 재해석은 감사하는 사람이 누리는 이점이다. 아울러 누구나 터득할 수 있는 기술이기도 하다.

핵심 정리

1. 감사로 삶을 바라보는 자세는 역경에 도움이 될 뿐 아니라 필수적이다. 위기 상황이야말로 감사가 효과를 발휘할 때다.
2. 감사를 '느끼는' 것과 '하는' 것을 구분하는 게 도움이 된다.
3. 나쁜 일을 기억하라. 지금 여기에서 그 일을 회상할 수 있다는 사실과 최악의 시기에서 벗어났다는 것을 반추해보라.
4. 감사는 부정적 경험을 외면하고 좋은 일만 생각하라는 얄팍한 행복론이 아니라, 장애물을 오히려 기회로 삼을 저력이 우리 내면에 있음을 알려준다.
5. 과거 몇몇 불쾌한 경험으로 괴롭다면 다음 몇 가지 질문으로 사건을 재구성해보자.
   - 이 경험에서 무엇을 배웠는가?
   - 당시에는 감사하지 못했지만 지금은 달라진 부분이 있는가?
   - 이 경험이 나의 저력을 이끌어내는 계기가 되었는가?
   - 이 경험으로 어떤 사람이 되고 싶다는 소원이 생겼는가?
   - 이 경험에 대한 부정적 감정이 그 후 내가 감사를 느끼는 것을 제한하거나 가로막았는가?
   - 이 경험으로 감사를 저해하던 개인적 걸림돌이 제거되었는가?

4부

감사하는 가족이 되는 법

세상에는 다양한 가족이 있다. 부모, 자식, 조부모, 삼촌, 사촌으로 이루어진 대가족도 있고, 생물학적 부모가 한 명인 가족도 있다. 부모가 다른 집에 사는 가정도 더러 있다. 아이들은 여러 가정 형태를 통해 자신을 사랑하고 보살펴주는 어른들을 얻는다. 친구들 사이에서 선택적으로 가족이 꾸려지기도 한다. 이 모든 가족 형태는 상호배타적이지 않다. 서로 다른 가족이 결합될 수 있고 또 실제로 결합된다.

당신에게 가족이 어떤 의미이든, 감사는 가족을 든든하게 세운다. 그러나 가족 안에서 감사를 가꾸기 위해 넘어야 할 특별한 도전이 있다. 가족만큼 서로를 당연하게 여기기 쉬운 존재도 없다. 관계가 너무 오랜 세월 가깝게 지속되다 보니 나쁜 기억과 진심 어린 사랑이 뒤섞여 복잡한 감정을 불러일으킨다.

4부에서는 어떻게 친밀한 동반자 사이에, 자녀들 가운데, 확장형 가족 안에서 감사를 가꿔갈 수 있는지를 살펴볼 것이다. 먼저 두 사람의 연합인 부부에서부터 논의를 시작하여 온 가족에게 감사를 적용하는 법으로 확장해갈 것이다. 어떻게 추상적 원리가 삶의 현장에 구체적으로 적용될 수 있는지를 생생하게 보여줄 것이다. 이 에세이들은 감사가 상아탑 속 관념이 아니라 실생활에서 달성해야 할 처절한 노력임을 드러낸다.

14장

부부에게 감사가 필요한 이유

제스 앨버츠, 앤절라 트레서웨이

질문자: 배우자의 가사 노동에 감사하나요?

남편: 네, 뭐, 감사하죠.

질문자: 어떻게 감사를 표현하나요?

남편: 굳이 말로 표현해야 아나요.

−저자 인터뷰 중

가사 노동 분담은 관계에서 가장 빈번하게 갈등을 빚는 요인 중 하나다. 연구자 필립과 캐럴린 카원이 밝혔듯 동거인들이 관계 속에서 (가사와 유급 근로의 총합인) 일의 배분이 공정하지 않다고 느낄 때 결혼에 대한 불만이 컸고 차라리 이혼하는 게 낫다고 생각하는 비중도 높았다. 하지만 공평한 분업이 만족스러운 관계를 이루는 보증수표가 되지는 못한다.

사회학자 알리 호쉬차일드와 동료 연구진이 주장하듯 성공적 부부

관계는 분업 방식뿐 아니라 상대방이 담당하는 노동에 대한 감사 표현과도 관련 있다. 이는 외벌이 부부나 맞벌이 부부 모두에게 해당된다. 내가 요리, 빨래, 아이들 숙제 검사를 할 땐 그 일이 고된 노동이지만, 배우자가 할 땐 취미 생활처럼 보일 수 있다. 그래서 배우자가 당신의 수고에 감사하지 않는다고 느끼는 경우, 특히 당신이 가사 노동 대부분을 담당하고 있는 경우, 억울함과 불만이 누적되다가 관계가 악화일로로 치달을 수 있다.

우리 연구진은 단지 분업뿐 아니라 감사 표현이 튼튼하고 지속적인 관계의 열쇠라는 가설을 시험해보기로 했다. 우리는 동성 및 이성 커플로 이루어진 표적 집단을 인터뷰했다. 그 결과 감사가 불공평한 분업이 초래하는 부정적 결과를 완화하는 것 이상의 효과를 낸다는 증거를 발견했다. 감사 부족은 애당초 분업이 불공평하게 이루어진 원인과도 관련이 있었다.

다행히 우리는 이 연구로 어떻게 부부가 균형이 깨어진 업무 분담 이면의 여러 원인을 파악하고 더 평등하게 일을 나눌 수 있는지, 또 어떻게 해야 관계에서 더 큰 형평성과 만족감, 감사를 증진할 수 있는지에 관한 몇몇 단서를 찾았다.

왜 그는 그걸 보지 못할까?

여자: 집이 엉망이야! 세탁기 왜 안 돌렸어? 설거지는 왜 식기세척기에 안 넣었어? 쓰레기가 넘치는데 왜 내다버리지 않았어?

남자: 몰랐어.

불만을 제기하는 사람이나 그것을 듣는 사람이나 거의 모든 연구 참가자가 위 대화에 공감했다. 불만 제기자들은 믿기지 않는다는 투로 "대체 어떻게 모를 수 있죠?"라고 말했다. 배우자들은 정말 난장판인 걸 몰랐다면서 왜 저리 화를 내는지 이해가 안 된다고 말했다. 불만 제기자 입장에서 더 미칠 노릇은 무신경한 배우자가 더러운 창문, 빨래 더미, 바닥에 떨어진 쓰레기를 못 알아챌 뿐 아니라 누군가가 그걸 해결했다는 사실도 모른다는 것이다.

비록 성별이 누가 가사 노동을 수행할지에 대한 강력한 예측 요인이 되긴 하지만(보수적 추정에 따르면 여성이 자녀 양육을 제외한 전체 가사 노동의 3분의 2를 담당한다) 여자가 가계 수입 절반 이상을 버는 경우에도 이런 부담을 왜 감당해야 하는지는 알려주지 않는다. 우리 연구는 누가 특정 가사 일을 수행할지 결정하는 기준이 '반응 임계점'response threshold에 따라 달라짐을 밝혔다. '반응 임계점'이란 도저히 반응을 보이지 않고는 (청소하지 않고는) 답답해 견딜 수 없는 무질서 정도를 말한다.

흥미롭게도 '반응 임계점' 이론은 원래 개미와 벌의 사회적 네트워크와 분업 연구에서 유래했다. 곤충학자 제니퍼 페웰은 벌집 속 꿀 저장량이 특정 수준 이하로 떨어지면 특정 벌들이 행동에 돌입한다는 것을 발견했다. 그뿐 아니라 이 특정 벌들이 먼저 움직이기에 더 높은 반응 임계점을 가진 벌들은 그 작업을 수행하지 않는다는 것을 발견했다.

인간 세계에서도 동일한 역학이 작동한다. 조앤의 배우자 테드는 쓰레기통이 가장자리까지 차오르면 마음이 불편해진다. 하지만 조앤은 쓰레기가 넘쳐 바닥에 떨어져도 개의치 않는다. 이 시점에서 테드는 조앤보다 먼저 쓰레기를 내다버린다. 불편함의 수준차가 충분히 크다면, 조앤이 쓰레기통을 비우는 날은 결코 오지 않을 것이다. 그녀가 불편함을 느끼기 전에, 어쩌면 알아채기도 전에 테드가 늘 일을 처리해버리기 때문이다.

이게 다가 아니다. 한쪽이 무언가를 잘하면, 다음에도 그 일을 수행할 가능성이 높아진다. 마찬가지로 한쪽이 무언가에 서투르면(혹은 일할 기회를 충분히 갖지 못하면) 다음에도 그 일을 맡지 못할 가능성이 높아진다. 머지않아 어떤 일을 빈번하게 수행하는 배우자가 '전문가'로 자리매김하는 지경에 이른다. 이는 어떻게 한쪽이 온갖 집안일을 도맡게 되는지를 보여준다(물론 사람은 벌이나 개미가 아니다. 인간은 다르게 사회화되고 그 과정에는 다른 반응 임계점도 포함된다).

크리스티나와 스티븐을 보자. 크리스티나는 더러운 빨랫감에 대한 반응 임계점이 스티븐보다 낮아 늘 먼저 빨래를 했다. 어느 시점에 이르자 그녀는 반복 학습을 통해 빨래 '전문가'가 되었고, 그녀와 스티븐 모두 빨래를 '그녀의 일'이라고 여기게 되었다. 배우자마다 여러 (혹은 대부분의) 일에 대해 반응 임계점이 다를 수 있다. 가사 일에 대한 한쪽의 임계점이 늘 다른 쪽보다 낮다면, 후자가 감당하는 가사 몫이 훨씬 커진다. 배우자가 더 많은 작업량을 인정해주면 그럭저럭 참을 만하겠지만 이를 당연하게 여기는 배우자도 많다.

왜 그녀는 고마움을 모를까?

여자: 작년 룸메이트는 끔찍했어요. 뭘 해도 고마운 줄 모르고 한 번도 집 청소를 안 했어요. 다시는 같이 살고 싶지 않아요.

호쉬차일드의 '감사의 경제학' 이론은 왜 미달 수행자가 배우자의 노고에 감사한 줄 모르고 공평한 분량을 감당하지 않는지 설명한다. 호쉬차일드는 누군가에게 기대하는 것을 넘어 덤으로 주어진 것이라고 말한다. 바꿔 말하면 기대치에 미달하는 일은 선물로 여겨지지 않으며 주목을 끌지도 못한다.

빨래나 쓰레기 버리기, 설거지 등 모든 가사 노동이 '당신 몫'으로 규정되었다면, 배우자는 그 일을 하는 당신에게 감사를 느끼지 않을 가능성이 크다. 그에게 당신은 '응당' 해야 할 일, 그저 당신이 '더 잘하는 일'을 하고 있을 뿐이다. 심지어 배우자는 당신이 배우자를 배려하여 초과로 일하는 게 아니라 그저 예민한 자신이 편해지려 일한다고 주장할 수도 있다. 고로 배우자는 감사를 느끼지 못할 공산이 크다. 당신의 노고를 선물로 보지 않기 때문이다.

이럴 때 분업에 패턴이 생성된다. 반응 임계점이 낮은 사람이 상대가 움직이기 전에 먼저 일을 해치운다. 차차 그 일은 '그의 몫'으로 규정되고, 상대는 그 일에 책임감을 느끼지 않는다. 상대는 과잉 수행자가 그저 '자기' 몫을 하고 있다고 생각하기에 감사도 느끼지 않는다. 결과적으로 미달 수행자는 점점 더 가사 일을 거들지 않을 것이다.

여기 희소식이 있다. 감사가 이런 분업 역학에 변화를 일으킨다는 것이다. 감사 표현은 미달 수행자에게 분업이 동등하지 않으며 배우자의 기여가 선물임을 일깨울 수 있다. 사람은 선물을 받을 때 으레 보답해야 할 의무감을 느낀다. 고로 감사는 미달 수행자가 가사 일에 더 많이 기여하여 보답하는 결과를 낳는다. 과잉 수행자는 자신의 노고가 인정과 감사로 돌아올 때 억울함과 답답함을 덜 느낀다.

감사의 경제학을 적용해보면 상대가 공정한 분량보다 더 많이 일한다고 인식할 때 결혼 생활에 가장 큰 만족감을 느낀다. 즉, 배우자의 가사 노동이 기대치를 뛰어넘는 선물이라고 여길 때 결혼 생활에 감사해하고 행복해한다. 아울러 배우자가 자신을 인정한다고 느끼는 사람일수록 분업에 대한 억울함보다는 관계에 대한 만족감을 더 크게 느낀다.

선물을 선물로 인정하기

부부는 어떻게 이 모든 퍼즐 조각을 맞추어 만족스러운 관계라는 큰 그림을 완성할까? 앞서 말한 내용을 인지하는 것만으로 도움이 될 수 있다. 배우자가 쌓여가는 설거지나 빨래, 쓰레기를 정말 보지 못했음을 받아들일 때 덜 화가 나며 문제에 대해 비난하지 않고 차분하게 상의할 수 있다. 그러면 상대도 덜 방어적인 자세로 나올 것이다.

이런 문제는 사후 대응보다 사전 예방이 효과적인 경우가 많다. 과잉 수행자 편에서는 하기 싫은 일을 혼자 반복 수행하는 것을 피해야 한다. 특히 배우자와 같이 살기 시작한 초기에 질서를 잡아야 한다. 처음 같이 살기 시작했을 때 매일 저녁 요리를 하지 않도록 주의해야 한다. 아니면 관계가 지속되는 동안 매일 저녁 식사를 준비할 각오를 하라. 처음부터 번갈아 하는 패턴을 만들면 시간이 흐를수록 요리를 같이 해야 하는 일로 인식할 것이다.

당신이 고착화된 악순환을 깨려고 노력 중인 과잉 수행자라면, 배우자가 반응 임계점에 도달할 때까지 (그 무신경함에 부글거리며) 기다리기보다는 그의 차례라고 배우자에게 이야기하라. 노력 중인 미달 수행자의 일이 성에 안 차더라도 비난하지 말고 인정해주는 것이 발전을 장려할 가능성이 크다.

당신이 미달 수행자라면, 집안 꼴 때문에 배우자의 심기가 불편함을 이해하려고 노력하고, 서로 다른 임계점에 대응할 전략을 짜는 것도 도움이 된다. 각 배우자가 어떤 일을 해야 할 필요성을 느끼는 수준이 다르다면, 사전에 정해 놓은 스케줄대로 일하라. 예를 들어 쓰레기는 월요일과 목요일에 내다 버리기로 정한다.

집안일 목록을 작성하고 상대의 기여도를 더 잘 이해하도록 매주 또는 매달 일을 교체해보는 것도 좋다. 그러면 배우자가 자신이 생각했던 것보다 훨씬 많은 일을 하고 있음을 발견하고 놀랄지도 모른다. 우리 연구팀 제스는 남편 지미가 목발에 의지했던 두 달 간 가사 노동을 더 많이 떠안아야 했다. 하지만 그녀는 이를 계기로 그간 지미가 자신이 질색하는 '더러운' 일을 많이 감당했음을 깨달았다. 그 후로 그녀는 분업이 공평하다고 느꼈다.

감사는 까다로운 사안이다. 하지만 감사함으로써 과잉 수행자는 책임을 적게 떠맡을 수 있고, 배우자가 당연시하는 게 줄어들 것이다. 아울러 감사의 경제학을 이해한 미달 수행자는 배우자의 노고로 자신이 득을 보고 있음을 인정한다. 깨끗한 옷과 카펫이 선물임을 안다. 결국 그들도 언젠가는 불편을 느껴 스스로 그 일을 하는 시점에 다다를 것이다. 배우자가 그들이 공통으로 감당해야 마땅한 일을 도맡아 하고 있음을 깨닫기 때문이다. 부부가 위에서 제시한 공평한 분업을 실천한다면 상대가 수행하는 일에 새삼 감사하는 마음이 들 것이다.

이 제안이 분업을 둘러싼 갈등을 원천봉쇄할 가능성은 희박하다. 그러나 이 제안은 마찰 빈도를 줄이고 감사 표현을 늘려 관계에 대한 전반적 만족감을 향상시키는 데 도움이 될 것이다. 무엇보다 부부는 상대를 당연시하는 덫에서 벗어나야 한다. 그래야 크든 작든 서로에게 주는 온갖 선물에 감사할 수 있다.

핵심 정리

1. 반응 임계점이 낮은 사람은 상대가 움직이기 전 먼저 일을 해치우기 때문에 가사 분담에는 점차 불평등이 발생한다.
2. 감사가 부부의 가사 노동 분담에 변혁을 일으킬 수 있다. 감사는 집안일을 소홀히 하던 이에게 배우자의 기여가 선물임을 일깨워 더 많은 일을 하도록 이끈다.
3. 가사 노동 문제는 사후 대응보다 사전 예방이 효과적이다. 집안일 목록을 정하고 매달 일을 교체해보는 것도 도움이 된다.

배우자에게 감사 표현하는 법

（ 사라 앨고우 ）

우리는 여러 커플을 실험실로 초청한 뒤 파트너에게 감사한 것을 말해달라고 요청했다(그리고 이 장면을 녹화했다). 저마다 각자의 방식대로 감사를 표현했다. 어떤 대화는 길게 이어졌고, 어떤 대화는 짤막했다. 어떤 대화는 중요한 화두를 다루었고, 어떤 대화는 시시콜콜한 이야기로 변죽만 울렸다. 우리는 실험실 대화 후 감사 인사를 받은 배우자에게 소감을 알려달라고 요청했다. 감사 표현이 얼마나 진정성 있었는지와 감사를 받은 후 기분이 어떻게 변했는지 점수로 매겨달라고 했다.

자신이 어떤 유익을 받았는지 언급하는 것과 파트너의 행동을 칭찬하는 것은 둘 다 긍정적인 감사 표현이지만 독립적이다. 어떤 사람은 전자나 후자 중 하나만 표현했고 어떤 사람은 둘 다 표현했다. 그런데 이 조사로 상대방을 칭찬하는 것이 자기 유익을 언급하는 것보다 감사 효과가 크다는 사실을 발견했다.

구체적으로 말하면 감사하는 사람이 자기가 받은 선물이 얼마나 마음에 드는지 자세히 설명해도 감사를 받는 사람은 긍정적 감정이 증가하거나 그 진정성을 더 높게 평가하지 않았다. 한마디로 별 효과가 없었다. 그런데 감사자가 파트너의 행동 중 칭찬받을 만한 점을 언급하자 파트너는 그 감사가 진정성이 있다고 인식했고 기분이 좋아졌다고 보고했다.

즉, 감사 표현에서 가장 중요한 요소는 내가 아닌 상대방을 강조하는 것이다. 우리 팀은 이 조사와 이 분야 다른 연구를 종합한 결과 다음과 같은 시사점을 발견했다.

감사하다고 느끼면 잊지 말고 표현하라

단순하게 고맙다고 말해도 좋다. 어떤 감사 표현이라도 당신과 파트너에게 보상을 준다. 파트너가 어떤 일을 했을 때 바로 감사를 표현하면 파트너는 자신이 귀한 존재라고 여기고 당신에게 들인 공이 아깝지 않다고 느낄 것이다. 이만하면 노력보다 큰 보상 아닌가. 당연한 소리지만 삶이 고달플 땐 감사하다는 말이 쉽게 입 밖으로 나오지 않는다. 이게 감사할 상황인지 복잡하게 생각하지 말라. 그저 감사하다는 마음이 들 때마다 바로바로 표현하라. 복잡하게 표현하지 않아도 된다.

감사가 상대에게 전해지도록 하라

우리가 조사한 커플들처럼 정식으로 파트너와 마주 앉아 대화할 시간을 가지면 금상첨화겠지만 꼭 그러지 않아도 된다. 감사 감정이 올라오면, 실시간으로 혹은 한 줄 메시지로 과거 어떤 행동에 감사를 느꼈는지, 혹은 지금 감사를 느끼는지 전하라.

진정성을 담아 상황과 관계에 걸맞게 감사하라

위에서 설명한 조사 결과 중 감사 인사를 받은 배우자가 느낀 유익은 평소 파트너에게 가지고 있던 인식에 좌우되었다. 평소 파트너가 배려하고 이해심 많고 자신을 인정한다고 느끼는 사람일수록 감사 효과가 컸다. 난데없이 과한 감사 표현은 오히려 진정성이 떨어져 보여 효과가 반감될 수 있다. 감사 역시 과유불급이다.

남자들의 공감 능력이 떨어지는 이유

제러미 애덤 스미스

서머 앨런이 7장 「여자와 남자 중 누가 더 감사를 잘할까?」에서 주장했듯 많은 연구에서 여자보다 남자가 감사하는 일에 서툴다고 말한다. 전통적으로 여자들이 가사 노동과 자녀 양육 부담을 지고 있다. 남성은 사회적 기득권을 유지하거나 자신의 권력을 과대평가하기 위해 아내에게 감사하지 않는다. 이 둘 조합은 정서적으로 치명적 결과를 낳는다.

조예리와 나다나엘 J. 패스트가 수행한 2011년 연구에서 실험 대상자들은 2인 1조가 되어 한 명은 상사 역할로, 한 명은 아랫사람 역할로 협업했다. 조사 결과는 결혼 생활에 도움이 될 만한 시사점을 가지고 있다. 당연한 결과겠지만, 아랫사람은 상사가 감사할 경우 더 큰 행복감을 느꼈다. 상사는 아랫사람이 어떤 식으로든 자신에게 도전장을 내밀 때 반격하고 모욕으로 응할 가능성이 높았다.

이것이 결혼에서는 어떤 양상으로 나타날까? M. 에나 이네시와 동료들은 2012년 조사에서 다섯 가지 실험을 통해 권력이 감사에 어떤 영향을 미치는지 테스트했다. 실험 결과, '갑'이 '을'에게 감사를 표하는 경우는 적었다. 아울러 '갑'은 '을'의 감사를 아첨으로 보는 등 냉소적으로 생각했다. 이는 결혼 생활에서 '갑'이 관계에 대해 덜 헌신하는 결과로 이어진다.

2013년에 심리학자 아미 고든과 동료들이 수행한 또 다른 조사는 감사 지수가 낮은 사람일수록 관계에서 자신의 권력이 더 크다는 것을 떠올린 후 공감 지수가 더 떨어진 것으로 드러났다. 그러나 감사하는 사람은 권력과 무관하게 상대의 입장을 더 잘 헤아렸다. 즉, 감사가 권력의 '갑질'에 해독제 역할을 했다. 다른 실험 역시 비슷한 결과를 명백하게 보여준다. 권력 불균형은 관계를 악화시키지만 감사 표현이 악순환의 고리를 끊고 권력의 균형점을 바꾸기도 한다.

권력 불평등은 남자들이 감사와 같은 참되고 본질적인 감정으로부터 소외되는 부작용을 낳고, 그 결과 행복에서 더욱 멀어진다. 감사는 배우자에게 당신의 삶을 잘 알고 있으며, 그 희생과 노고를 인정하며 귀히 여기고 있다고 알리는 역할을 한다. 이는 부부가 가져야 할 서로에 대한 본분이다.

우리는 권력 불균형에 저항하기 위해 투표권을 행사하고 정치 운동을 벌인다. 탄력근무제와 유급 육아휴가 같은 정책은 여성이 직업 전선에서 약진하는 데 큰 도움이 되었다. 그러나 가정에서는 그저 감사하다고 말하는 것만으로도 작지만 긍정적인 변화를 일으킬 수 있다. 완벽한 균형에 도달하진 못해도 우리가 가진 것을 인정하도록 서로 도울 순 있다.

배우자가 아플 때도 감사를 나누는 법

질 서티

부상을 입거나 병에 걸린 사람을 돌보는 일은 쉽지 않다. 특히 병이 길어지거나 집중 간병이 필요할 경우 그 어려움은 말로 하기 어렵다. 도와야 한다는 의무감은 있지만 간병에서 기쁨이나 의미를 찾지 못할 경우 더더욱 오래 버티기 어렵다. 스스로 간병인에게 짐이 된다고 느낄 때 환자 역시 스트레스를 받는다.

부부가 어떻게 이를 개선할 수 있을까? 돕고자 하는 동기를 부여하는 것이 관건이다. 그리고 동기 부여는 간병인과 환자의 상호작용 그리고 간병인이 간병 외에도 개인적인 삶을 영위하고 있는가와 연관이 있다. 동기 부여 연구자들은 동기 부여에 두 가지 기본 유형이 있음을 발견했다. 무언가로부터 기쁨, 만족, 의미를 얻기 때문에 행하는 '자율적' 또는 '내재적' 동기 부여, 충성심이나 하지 않으면 죄책감을 느끼기에 하는 '통제적' 또는 '외재적' 동기 부여이다. 어느 쪽이든 결국 돕는 건 같지만 자율적 동기 부여가 더 좋은 감정과 결과를 낳는다.

내재적 동기 부여가 큰 간병인일수록 의무감으로 돕는 이들보다 관계로부터 행복과 만족을 더 많이 얻으며 간병 스트레스로 탈진할 가능성이 적었다. 돌봄을 받는 배우자에게도 유익이 있었다. 그들 역시 관계에 더 만족했고 통증을 덜 느꼈다.

왜 돕는 사람의 내재적 동기 부여가 환자인 파트너에게 영향을 미칠까? 연구자 사라 킨트는 동기 부여가 환자에 대한 간병인의 민감성에 영향을 미치기 때문이라고 말한다. 그녀는 "자율적 동기로 간병하는 배우자는 더 개방적이며 호기심 있고 환자의 선호도와 필요를 진심으로 수용한다"라면서 "이와 반대로 통제적 동기로 간병하는 배우자는 관심이 제한적이고 덜 민감하게 반응한다"라고 했다.

동기 부여라는 건 우리 통제 밖에 있는 것 아닌가? 그렇지 않다. 감사를 통해 자율적 동기 부여를 강화할 수 있다. 킨트와 동료 연구진은 최근 연구에서 섬유근육통이라는 고통스러운 질병을 앓는 환자와 배우자(주 간병인)를 대상으로 2주간 설문조사를 실시했다. 간병인은 배우자를 간병하는 데 무엇이 동기 부여가 되는지, 배우자가 간병인에게 감사를 느끼는지, 간병할 때 다른 인간관계는 어떻게 유지하는지, 여가는 어떻게 즐기는지, 일과 건강 관리 등 개인적 목표 달성에는 어떤 애로사항이 있는지 등 문항에 응답했다.

간병인이 배우자로부터 큰 감사를 받은 날에는 돕고자 하는 자율적 동기도 훨씬 크게 나타났다. 한편 간병인이 개인적 목표를 달성하는 데 방해받았다고 느끼면 자율적 동기가 떨어졌다(별로 놀랄 일은 아니다). 그런데 감사는 다음날까지도 내재적 동기 부여에 이월 효과를 나타냈다. 개인적 목표와의 충돌은 이런 이월 효과를 내지 못했다.

아무리 감사를 표현해도 감사받는 사람 마음이 열려 있지 않으면 무의미하다. 감사하는 데 어려움을 겪는 경우가 있듯 감사를 잘 소화하지 못하는 사람들도 있다. 킨트는 감사받는 사람이 감사를 인정하고 수긍하는 것이 중요하다고 강조한다. 그렇지 않으면 간병의 기쁨과 보람을 놓칠 수 있다.

"배우자에게 감사 표현을 더 많이 하는 것은 큰 유익이 있다. 마찬가지로 배우자가 감사를 표할 때 거기에 주목하고 긍정적 반응을 보이는 것에도 큰 유익이 따른다"라고 킨트는 말한다. 이 경우 긍정적 반응이란 배우자의 감사가 사랑과 인정 표현임을 수긍하는 것이다.

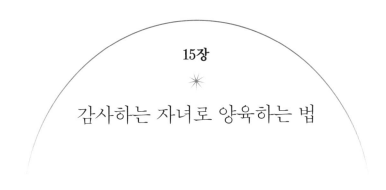

15장

감사하는 자녀로 양육하는 법

마리암 압둘라

자신의 10대 딸이 은혜를 모른다며 씩씩대던 친구가 내게 하소연했다. "어쩜 그렇게 많이 받고도 감사할 줄 모를까?" 아마 이 말에 많은 부모가 공감할 것이다. 부모는 자식이 감사할 줄 아는 사람으로 자라길 바란다. 또 응당 그러리라고 기대한다. 최근 조사에서 아미 할버슈타트와 동료 연구진은 자녀가 감사를 표하지 않을 때 부모는 상처를 입는다는 것을 발견했다. "자괴감이 들어요. 마땅히 감사를 표현해야 하는데도 그러지 않는 아이들에게 섭섭한 느낌이 들죠."

자녀에게 어떻게 감사를 가르칠까? 연구는 감사할 줄 아는 부모 밑에서 감사할 줄 아는 자녀가 나온다고 말한다. 윌리엄 로젠버그와 안드레아 후송이 이끄는 연구팀은 감사를 많이 느끼는 부모일수록 6-9세 자녀들에게 감사를 심어주기 위해 더 노력한다는 사실을 발견했다. 그들은 가족 내 감사 훈련과 사회봉사 활동 같은 기회에 자녀를 더 많이 노출시켰다. 그리고 자녀들은 더 많이 감사를 표현했다.

이 발견은 부모의 의도와 행동이 자녀의 감사 역량 함양에 중요함을 시사한다. 연구자 블레어 모건과 리즈 걸리포드의 말처럼 "연구자들은 감사가 타고나는 게 아니라 여러 역량이 함양되고 인지력이 성숙하는 과정에서 오랜 시간에 걸쳐 계발되는 것"이라는 데 대체로 의견을 같이 한다. 즉, 감사 역량을 키우려면 인내가 필요하다.

자식이 감사를 실천하도록 돕기 위해 부모가 할 수 있는 일은 무엇이 있을까? 여기 몇몇 연구로 뒷받침된 실천 사항을 제안한다.

어린 자녀가 자기감정과
타인의 감정을 이해하도록 도우라

이제 막 걸음마를 뗀 아이와 유치원생은 "감사해요"라고 말할 줄은 알아도 타인의 생각과 감정이 자기와 분리되어 있으며 다르다는 것은 모른다. 이렇게 자신과 별개인 존재로 타인을 이해하는 것이 감사 표현의 기초다. 자녀의 인지 발달 수준에 맞는 감사 표현을 기대한다면 부모는 조바심을 덜 느끼게 된다. 부모는 차차 자녀의 감사가 피어나는 과정에서 자녀가 다양한 감정과 생각을 언어화하도록 도움으로써 감사 발달의 디딤돌 역할을 한다. "저 사람이 지금 어떤 기분일 것 같아?" 기회가 닿을 때마다 자녀에게 물어보라. 아마 종종 눈이 휘둥그레질 답변이 돌아올 것이다.

도움을 받을 줄 아는 자녀로 키우라

성인이 되어서도 부모와 스승에게 도움을 요청할 수 있다고 생각하는 자녀의 감사 지수가 더 높았다. 부모나 스승이 신뢰할 만하며 그들이 자신이 필요로 하는 자원과 유익한 피드백, 조언을 제공할 수 있음을 아는 데서 감사가 비롯된다. 주위의 가까운 어른과 맺는 긍정적 관계는 감사의 촉매제가 되며 자녀의 감사 수준이 높아지는 데 결정적 역할을 한다. 고로 장성한 자녀에게는 기회가 있을 때마다 그들을 지원하고 위로와 힘을 준 어른들이 있었음을 일깨우라. 그리고 도움을 받을 때 어떤 느낌이었는지 물어보고 대화하는 시간을 가지라.

자녀가 감사 활동에 참여하도록 독려하라

다시 말하지만, 감사 훈련과 자원봉사 같은 사회 활동 참여가 감사 발달에 도움이 된다. 감사 활동을 통해 어린 자녀들은 자기 형편에 대해 진지하게 성찰해보고 자신이 누리는 축복과 선물에 눈뜬다. 감사 활동에 참여하여 또래와 어른들이 어떻게 감사를 표현하고 감사에 반응하는지 목격하는 과정을 거치게 된다. 또 아이 스스로 감사를 실천할 때 타인이 기뻐하는 모습을 보고 즐거움과 성취감을 느끼기도 한다.

할버슈타트의 조사에 참여한 부모들은 그들이 제공하는 의식주를 비롯한 여러 혜택에 자녀들이 감사하길 바란다고 했다. 하지만 이에 대한 부모의 감정은 생각보다 복잡했다. 어떤 부모는 세상에 기본적 필요를 공급받지 못하는 아이들도 많다는 것을 인식하면 부작용이 따를 수 있다고 우려했다("어린 시절의 축복인 천진난만함을 깰 수 있다"). 어떤 부모는 이런 인식이 사람 사는 모습의 다양성을 깨우치는 데 유익하다고 보았다. 감사 교육이 지향하는 목표와 부모가 가진 가치관, 자녀가 보이는 발달 상황을 고려하여 균형점을 찾아야 할 것이다.

일상에 감사하라

안드레아 후송과 동료들의 연구는 부모가 일상생활에서 감사의 중요성을 알고 경험하고 표현하도록 가르치는 데 큰 역할을 할 수 있다고 말한다. 예를 들어 자녀와 할머니 집에 방문했을 때 맛있는 요리를 해준 할머니에게 아이가 감사 표현을 한다. 부모는 이 순간을 놓치지 말고 감사를 표현하는 자녀를 본 당신이 어떤 느낌인지 일러줄 수 있다. 함께 등산을 가서 자연 경험을 공유하는 순간에도 왜 지금 당신이 감사하다고 느끼는지 자녀에게 말해줄 수 있다.

이런 생활 속 실천은 감사하는 태도를 손수 보여주고, 가르치고, 각인함으로써 자녀의 감사 역량을 함양한다. 저녁 식사나 취침 전 가족이 돌아가며 그날 하루에 일어났던 좋은 일을 세 가지씩 나눠보면 어떨까? 다 자란 자녀나 10대 자녀가 있다면 매일 함께 감사 명상을 실천할 수도 있다. 자녀가 삶에서 누리는 여러 선물에 대해 다시 생각하며 자신의 몸, 소유, 사랑하는 가족, 친구, 첨단 기술, 편의 시설, 도서관, 학교, 사회 제도 등 온갖 것이 선물로 주어졌음을 깨닫는 계기가 될 수 있다.

감사는 조금씩 꾸준히 발달한다

나이가 들수록 감사에 대한 이해가 무르익는다. 또 나이에 따라 경험하는 감사가 다를 수 있다. 성인은 타인이 자발적, 의도적으로 준 선물을 받을 때 고마움과 기쁨을 느낀다. 감사에 대한 아이들의 이해는 성인의 경험이나 기대치와 다를 수 있다. 후송 연구팀은 부모들이 자녀의 감사를 4단계로 나누어 관찰하게 했다. 1단계는 선물을 받았음을 인식하는 것이다. 2단계는 어떤 목적을 가지고 선물을 준 누군가가 있음을 헤아리는 것이다. 3단계는 선물에 대해 기쁜 감정을 느끼는 것이다. 4단계는 감사를 표현하는 것이다.

아이들은 이 모든 단계를 동시다발적으로 경험하지 못할 수도 있다. 여섯 살 아이는 생일날 바닷가에 갔던 특별한 경험에 대해 행복을 느끼고 아빠에게 감사를 표현할 수 있다. 하지만 딸이 얼마나 모래성과 파도를 좋아하는지 알고 휴가를 낸 아빠의 결정과 자기 행복 사이 관계를 온전히 인식하지 못할 수 있다.

부모가 이렇게 감사를 세분화해서 이해하면 아이가 감사를 경험하는 방식에 대해서도 기대치를 조정할 수 있다. 그러면 아이가 감사하다고 말하는 것을 깜빡하거나 타인의 희생을 알아채지 못해도 실망하지 않는다. 이 맥락에서는 아이의 부족함보다는 강점에 주목하는 편이 낫다. 선물을 당연하게 여기지 않고 뛸 듯이 기뻐했다는 사실을 주목하는 것이다. 거기서부터 부모는 자녀가 감사의 4단계와 단계 간 상호연관성을 배우도록 도울 수 있다. 자녀가 감사 발달 단계 중 어느 수준에 있든지 부모가 한결같이 자녀를 응원하는 모습을 보이면 효과적인 감사 코치가 될 수 있다.

주도성과 반응성 둘 다 필요하다

부모가 먼저 자녀에게 영감을 불어넣어 감사하게 하는 걸까 아니면 자녀의 감사 인사 덕분에 부모가 감사에 대해 말을 꺼낼 수 있는 걸까? 후송의 연구는 확정적이진 않지만 둘 다 필요함을 시사한다. 감사 양육은 쌍방향 도로다. 부모와 자녀가 앞서거니 뒤서거니 하면서 함께 길잡이 노릇을 해야 한다.

부모로부터 감사 계발에 대해 더 많은 격려를 받고 자란 자녀일수록 감사를 더 풍성하게 배우고 표현한다. 그 결과, 부모 또한 감사 실천을 더 귀하게 여기게 된다. 이런 토양을 조성하는 한 가지 방법은 부모가 먼저 감사 표현을 하는 것이다. 배우자가 일정에 쫓기는 당신 대신 쓰레기 분리 수거를 도와주었다면, 일요일 아침, 온 가족이 식사하는 자리에서 감사를 표하라.

자녀의 자발적 감사로 부모가 더 감사에 관심을 가지고 자녀를 독려할 수도 있다. 아들이 고장 난 자전거를 수리해준 고모부에게 활짝 웃으며 꼭 안아주는 모습을 보았다면 고모부에게 감사 카드나 그림 선물을 보내보라고 하면 어떨까?

자녀에게 감사의 가치를 소통하라

할버슈타트의 조사에서 어떤 부모들은 자녀에게 선물을 줄 때 무언의 기대를 갖고 있어 자녀가 전혀 감사를 표하지 않을 때 섭섭함을 느꼈다고 말했다. 이런 섭섭함을 덜 한 가지 방법은 당신이 감사를 얼마나 중요하게 생각하는지 평소에 자주 이야기하는 것이다. 자녀 앞에서 감사를 실천하고 그들이 당신에게 감사를 표할 때 어떤 기분인지 말해주어라. 타인에게 감사를 표현할 기발한 방법을 고민할 기회를 자녀에게 제공하고 그에 대한 타인의 반응이 어땠는지 이야기하라.

자녀로부터 의외의, 자발적 감사 표현을 받을 때 부모는 강렬한 감동을 받는다. 그럴 때 부모는 자녀가 타인과 깊은 관계를 맺을 줄 아는 사람이라는 생각에 뿌듯함을 느끼고 더욱 공감하는 부모가 되고자 노력한다. 자녀를 감사할 줄 아는 사람으로 키우고 싶은가? 열쇠는 감사 또한 기술임을 깨닫고 훈련하도록 돕는 데 있다.

핵심 정리

1. 감사할 줄 아는 부모 밑에서 감사할 줄 아는 자녀가 나온다. 부모의 의도와 행동이 자녀의 감사 역량 함양에 중요한 영향을 미친다.
2. 어린 자녀가 있다면 자신과 타인의 감정을 이해하도록 돕는 것이 감사를 낳는다.
3. 가족 내 감사 훈련과 사회봉사 활동 같은 기회에 더 많이 노출된 자녀가 더 많이 감사를 표현했다.
4. 성인이 되어서도 부모와 스승에게 지원을 요청할 수 있다고 느끼는 자녀의 감사 지수가 더 높다.
5. 일상생활에서 감사의 중요성을 알고 경험하고 표현하도록 가르치는 데 부모가 큰 역할을 할 수 있다.
6. 감사는 '선물 인식-타인의 존재 인식-긍정적 감정 경험-표현'의 네 가지 단계로 세분화해서 이해할 수 있다.
7. 감사 양육에서 부모의 독려와 자녀의 자발적 행위 둘 다 중요하다.
8. 자녀와 감사의 가치에 대해 자주 이야기하라.

16장

✳

어머니날에 이 정도 감사는
받을 자격이 있지 않을까?

크리스틴 카터

내키지 않는 고백을 해야겠다. 엄마가 된 이후로 난 늘 어머니날(미국에서는 어머니날과 아버지날을 따로 기념한다. 어머니날은 5월 둘째 주 일요일, 아버지날은 6월 셋째 주 일요일이다 ─ 편집자)이 두려웠다. 난 이 날만 되면 예민해졌다. 그렇다고 어머니날과 관련된 고통스러운 사건이 있었던 것도 아니다(어머니와 사별한 사람에게 이 날이 얼마나 힘겨울지 감히 상상도 못하겠다). 아이러니하게도 가장 사랑스러운 모습으로 축하받아야 할 날에 최악의 모습이 드러났다.

왜 그리 심통이 날까? 대체 뭘 그렇게 갖고 싶어서 혹은 못 받아서 그럴까? 불과 한 시간 전만 해도 난 문제의 본질이 감사라고 생각했다. 어머니날에 '우리'가 예전에 어머니에게 했던 그런 감사를 받고 싶었다. 감사를 잘 표현하는 사람일수록 날 위해 헌신하는 가족에 대해 느끼는 감사 수준이 높다는 연구 결과도 있지 않은가? 난 엄마로서 내가 하는 모든 수고를 식구들이 좀 더 주목해주길 바랐다. 특히 남편의 주목을 바랐고, 아이들도 그러길 바랐다.

적어도 내가 기억하는 한(내 기억이 좀 장밋빛이긴 하지만) 우리는 어머니날에 정성스럽게 차린 아침 식사를 침대까지 대령했고 손수 만든 카드와 선물을 드렸다. 아버지는 엄마에게 장난기 어린 카드와 미리 사놓은 선물을 주었다. 그 후 온 가족이 함께 나가 자전거를 타고 세인트메리대학교 근처 골목길을 돌았다. 그다음 아버지와 내가 블랙스마켓 정육점 아저씨 도움으로 미리 준비한 도시락을 가지고 피크닉을 갔다. 우리는 노먼 록웰의 가족 그림에 등장해도 손색없을 그런 가족이었다.

맙소사, 그걸 재현하기가 그렇게 어렵단 말인가. 우리 가족은 그 근처에도 가지 못했다. 급기야 작년에는 남편에게 내 기대를 명백하게 전했다. "선물은 없어도 괜찮아. 하지만 카드와 온 가족이 함께하는 가족 활동은 있어야 해."

그런 일은 일어나지 않았다. 네 명의 천방지축 10대 아이들과 매사 하루 전에야 계획에 돌입하는 습관을 가진 남편. 그 조합에서 가족 나들이가 나오려면 내가 나서서 직접 계획을 세워야 했다.

정확히 말하면 네 아이 중 셋은 (켈리 코리건 동화작가 수준의) '아름답고' 진심 어린 어머니날 카드를 만들어주었다. 사려 깊고 감동적인 카드였다. 그러나 여전히 부족했다. 기대는 참 요물이다. 충족되지 않은 기대는 우리로 하여금 일어났어야 마땅한 일에 온 정신을 쏟게 한다. 그래서 막상 눈앞에서 벌어지는 일을 망쳐버린다. 고통스러운 생각이 꼬리에 꼬리를 물고 이어지며 급기야 집채만 한 실망의 파도가 날 뒤덮는다. 어떻게 나처럼 헌신적인 엄마에게 이 정도밖에 못할까? 그래, 나한테 감사하는 마음이 전혀 없다는 거지?

과연 올해는 달라질 수 있을까? 난 이미 선물은 없어도 된다고 기대치를 하향조정했다. 하지만 그것도 별 도움이 되지 않았다. '아무것도 없어도 된다'까지 내 기대치를 낮출 수 있을지 잘 모르겠다. 자신에게 덜 집중하고 이타적으로 살아야 한다고 스스로를 타일러 보기도 했다. 하지만 인정받지 못했다는 감정이 밀고 들어오는 걸 막진 못했다. 젠장, 나도 작은 감사는 받을 자격이 있다고.

여기서 놓치지 말아야 할 점이 있다. 권리 의식은 감사와 상극에 가까운 감정이다. 우리가 느끼는 감정과 상극인 감정을 상대로부터 이끌어내기란 불가능에 가깝다. 윽박질러 사랑을 끌어낼 수 없다는 말이다. 나의 고삐 풀린 권리 의식은 열화와 같은 감사로 돌아오지 않았다. 이와 같은 정서적 덫(충족되지 못한 기대에 대한 집착) 근저에는 진실과 동떨어진 신념이 있다. 그렇다면 어느 부분이 진실과 어긋난 걸까?

난 남편 마크가 날 인정하지 않는다고 느꼈다. 우리 가족과 자녀를 위해 내가 더 희생한다고 느꼈고, 남편이 그것에 대해 감사해야 한다고 생각했다. 내 안에는 '내가 더 헌신했다'는 뿌리 깊은 확신이 있었다. 고된 육아를 하느라, 가정의 기강과 규율을 세우고 집행하느라, 10대 소녀 셋, 에너지가 넘치는 청년 하나와 파란만장한 시간을 보내느라 얼마나 고생했는지 남편이 알아야만 했다.

하지만 연구 결과에 따르면 세상에는 자신이 배우자보다 가족을 위해 더 많이 헌신했다고 (사실 여부와 무관하게) 믿는 사람이 나 말고도 많았다. 부부 각 사람이 밝힌 가사 노동 분담률을 합산해보면 하나같이 100퍼센트를 초과했다. 아내가 가사일의 65퍼센트를 감당한다고 밝히면, 남편은 꽉 채운 50퍼센트를 감당한다고 밝혔다. 어딘가 15퍼센트의 계산 착오가 있었다. 어쩌면 나의 신념도 그런 것 아닐까?

어머니날 우울증은 내가 마크보다 가족을 위해 더 많이 일하고 희생했다는 신념에서 비롯되었다. 이상하지만 웬일인지 이 거대한 불균형이 어머니날 받게 될 가슴 벅찬 감사로 해소될 수 있다고 생각했다. 지금 생각하니 우습다. 제아무리 마법 같은 어머니날 나들이를 한들 내 섭섭함을 녹이기에는 부족했을 것이다. 문제의 근원을 해결해야 했다.

"우리는 부부 상담을 받아야 해." 이렇게 마크에게 포문을 연 다음, 내가 어떤 부분에서 도움받길 원하는지, 우리 문제가 무엇인지, 더 정확히는 어떤 부분에서 마크가 변해야 하는지 열거하기 시작했다.

부부 상담과 오랜 숙고 끝에 내가 발견한 것이 있다. 가사 업무 분담에 관한 내 판단은 명명백백한 오판이었다. 난 이 깨달음에 적잖은 충격을 먹었다. 하지만 내가 우리 가족을 위해 마크보다 더 많은 일을 하지는 '않는다'는 증거가 쌓여 있었다. 정서노동의 큰 축을 내가 감당하는 건 맞았다. 그러나 마크는 집과 정원 유지 관리를 거의 도맡다시피 했다. 우리가 아이들을 태워주는 데 쓰는 시간은 거의 비슷했다. 식사 계획과 요리는 내 담당이었고, 장보기와 치우기는 남편 담당이었다. 그는 그가 즐겨하는 일을 했고(잔디 깎기 등) 나는 내가 사랑하는 일을 했다(아이들의 감정에 대해 대화하기 등). 그런 식으로 분업이 이루어졌다.

사실 난 진정으로 동등한 관계를 가지고 있다는 면에서 운이 좋은 사람이다. 섭섭함은 현실이 아닌 마음의 관성에서 비롯되었다. 때때로 엄마 노릇이 버거울 때가 있다. 아이들이 어렸을 땐 이 모든 것에 약간 피해 의식이 있었다. 아이들이 내 삶을 송두리째 차지하자 갑갑함을 느끼기도 했다. 내 일은 대부분 남편이 할 수 없는 일이었다. 임신, 산고, 출산, 모유 수유 등 엄마만 감당할 수 있는 일이 많았다. 우리 가족은 결코 내가 그들을 위해 한 희생에 보답할 수 없을 거야. 그래도 자그마한 감사 표시 정도는 할 수 있지 않은가. 아니, 해야 하는 것 아닌가. 이렇게 어머니날에 감사를 받아야 한다는 나의 권리 의식이 싹튼 것이다.

이 주제에 관해 빌리 콜린스가 쓴 시를 소개하고자 한다. 시에서 콜린스는 수천 번의 식사와 양질의 교육 등 어머니가 그를 위해 해준 오만 가지를 회고한다. 그에 대한 보답으로 그는 어머니에게 캠프 활동 중 만든 삼색 줄 목걸이를 선물했다. 콜린스의 결론이다.

> 이제 그녀에게 말하고 싶다
>
> 여기 더 작은 선물이 있다고
>
> 그건 당신의 어머니에게 보답할 길은 없다는
>
> 닳고 닳은 진실이 아니라
>
> 그녀가 내 손에서 삼색 줄 목걸이를 받아들었을 때
>
> 난 내가 심심풀이로 만든 그 조야하고 쓸모없는 물건으로
>
> 우리 사이가 충분히 공평해졌다고 확신한 것을
>
> 이젠 후회어린 마음으로 인정한다는 거예요.

이야말로 내가 자녀들과 남편에게 하고 싶었던 말이다.

우리 사이는 결코 핸드메이드 목걸이나 어머니날 가족 나들이로 공평해지는 것이 아니었다. 그것이 있건 없건 우리는 이미 공평하다. 나는 피해자가 아니었다. 고로 보상받을 이유가 없었다. 내가 한 일은 '군이' 하지 않아도 되는 것들이었다. 한 사람 한 사람을 너무도 사랑하기에 내 '선택'으로 그 일을 했다. 가족을 향해 느끼는 이 사랑이야말로 내가 받은 최고의 선물이다. 우리 가족 안에서 어머니 노릇을 할 수 있음이 내겐 인생 최고의 기쁨이다. 난 우리 가족 모두의 존재로 인해, 우리 모두가 (함께) 공유한 것으로 인해 깊이 감사한다.

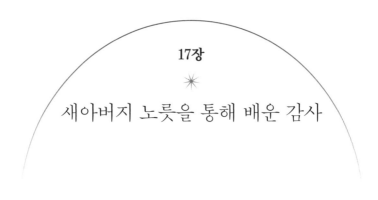

17장

새아버지 노릇을 통해 배운 감사

제러미 애덤 스미스

난 아들을 감사하는 사람으로 키우려고 애썼다. 하지만 부모 노릇을 통해 내가 어떻게 감사를 배우고, 그 감사로 힘든 고비를 넘겨왔는지는 한 번도 깊이 생각해보지 않았다. 돌아보니 난 감사를 배우기 위해 새아버지가 되었다.

내가 앨릭스와 처음 만났을 때 앨릭스는 여덟 살이었고, 지금은 아내가 된 미셸의 외아들이었다. 앨릭스는 열세 살이 된 지 얼마 되지 않아 자신이 남자도, 여자도 아닌 논바이너리nonbinary(제3의 성)임을 우리에게 알렸다. 그리고 자신을 그도 그녀도 아닌 그들(they)이라는 대명사로 칭해달라고 했다.

미셸과 나와 내 아들(앨릭스의 이복형제)은 이 정체성과 대명사 변화에 머리가 지끈거렸다. 그러나 시간이 지날수록 차차 트렌스젠더와 논바이너리로 살아간다는 게 무엇인지 배워갔다. 앨릭스가 우리에게 많은 것을 가르쳐주었다. 물론 쉽지만은 않은 배움이었다.

내 아들 리코를 키우는 일은 늘 수월했다. 리코와 난 2인용 자전거를 타고 때로는 함께, 때로는 각자 같은 길을 내달렸다. 청년기로 접어든 리코는 점점 나와 닮은꼴이 되었고, 난 그를 관찰하며 나 자신에 대해 많은 것을 발견했다. 그가 몇몇 중요한 면에서 나와 다르다는 것을 발견했고, 그 차이를 존중하는 법을 배웠다. 시간이 더 흐르면 길이 두 갈래로 갈라질 것이다. 그전에 난 그의 독립성을 존중하는 법을 배워가고 있다. 우리는 늘 우리가 보살피는 사람으로부터 가장 많은 걸 배운다.

그러나 앨릭스는 다른 방식으로 내게 도전이 되었다. 나는 매주 새로운 방식으로 새아버지 노릇에 실패한다. 대부분 혈기로 실패하고, 때로는 더 깊숙이 들어가기도 한다.

친아들 속 선의를 발견하는 일에는 노력이 들지 않지만 의붓아들 속 최상의 모습을 발견하려면 나 자신과 싸워야 하는 경우가 많다. 자녀의 성장 가능성을 믿지 못하는 것이 그에게는 재앙과도 같은 배신임을 알면서도 말이다.

물론 이런 일은 쌍방향으로 일어난다. 친자식은 날 우상화함으로써 나의 무한한 낙관에 보답한다. 반면 의붓아들은 끊임없이 나의 부족한 믿음과 허물의 증거를 물색하는 듯하다. 앨릭스는 미셸이 자신에게 분노하는 것은 불쾌하지만 자연스러운(어쩌면 예측 가능한) 열대 태풍처럼 느낀다. 미셸 역시 앨릭스에 대해 여러 차례 위기를 겪었다(내가 그녀를 지탱해주던 때도 있었다). 하지만 우리 모두 안다. 결국 그녀가 제자리로 돌아올 것이고 자기 자식을 버리는 일은 결코 없을 것을.

앨릭스 친아버지의 잘못은 세상에 허물없는 부모는 없다는 교훈으로 쉽게 잊혀졌다(물론 10대 시절에 부모의 허물에 눈뜨는 과정은 관련 당사자들에게 무자비한 경험일 수 있다). 한편 나의 잘못은 앨릭스의 상상력까지 더해져 짙은 먹구름으로 집안을 짓누를 수 있음을 가족 심리 상담을 통해 배웠다.

세월이 흐르며 내 허물이 나의 (무수한) 개인적 단점이나 앨릭스의 개인적 갈등(이 역시 무수하긴 마찬가지다) 때문만은 아님을 깨달았다. 우리는 새아버지와 의붓아들이 된다는 것이 얼마나 어려운 일인지 깨달아 갔다. 새아버지가 얼마나 배려하는지, 아빠 노릇을 잘하는지, 현명한지, 시간을 많이 쏟는지는 중요하지 않다. 설령 아이가 새아버지를 온 맘 다 해 사랑할지라도 유전적 아버지에게 느끼는 편안함은 느끼지 못한다. 새아버지는 의붓아들이 자신을 안전한 존재로 느끼게 하기 위해 더 높은 기준을 충족해야 한다.

나는 앨릭스의 주 양육자였다. 이는 앨릭스가 먹을 식사를 준비하고 뒤치다꺼리를 하며 소소한 일상을 감독하고 잠들기 전 이는 닦았는지 확인해야 함을 뜻한다. 그러나 아버지날이 되어도 앨릭스 삶 속 내 역할을 누구도 인정해주지 않는다. 어떤 감사도 인정도 없다. 새아버지인 나를 높이는 것은 친아버지를 깎아내리는 처사일 테니 말이다. 나조차도 이것이 정상이라고 느낀다.

놀랍도록 많은 연구에서 내 경험이 보편적인 수준까진 아니라도 전형적이라고 이야기한다(사례마다 차이는 있다. 개인적으로는, 새아버지가 아이의 삶 가운데로 들어갈 때 아이의 연령이 가장 큰 차이를 만든다고 생각한다). 심리학자 조슈아 골드는 『가족 저널』에서 새아버지 가정을 규정하는 가장 큰 특징이 모호성, 갈등, 고립이라고 말했다. "재혼 가정이 어떻게 기능하는지 알려주는 정규 모델이 상대적으로 적기 때문에 경계, 역할, 과제를 둘러싼 혼동이 친부모 가정보다 재혼 가정에 더 만연하다." 그의 수동적이고 건조한 언어는 재혼 가정이 가족이 되는 과정에서 겪어야 하는 피투성이의 가시밭길과 묘한 대비를 이룬다.

또 다른 연구 결과 역시 놀랍지 않다. 다른 가족 구성원들은 새아버지가 친아버지보다 훨씬 노력한다는 것을 아는 경우가 많았다. 골드는 이렇게 썼다. "친아버지는 보통 가정 경제를 책임지기 때문에 한 자녀의 삶에 크게 관여하지 않아도 무방하다고 느낀다. 하지만 재혼 가정의 경우 이런 생각은 긍정적 관계를 형성하는 데 별 도움이 되지 않는다." 확실히 난 리코의 아버지보다 앨릭스의 새아버지로서 더 많이 노력한다. 앨릭스와 나의 관계는 의도를 캐묻고 확인하는 소통과 자기 통제력을 요한다. 앨릭스와 함께할 때 당연하게 여기는 태도로 임했다가는 낭패를 당한다.

모두가 인정하는 새아버지의 노력 그리고 그들이 받는 투명인간 취급과 적대감의 간극을 어떻게 설명해야 할까? 매기 넬슨은 그녀가 2016년에 쓴 탁월한 회고록 『아르고넛츠』에서 이렇게 말했다. "새아버지는 구조적으로 미움이나 원망을 받기 쉬운 위치에 있고 그렇다 해도 참고 견디는 것 외에 할 수 있는 게 별로 없다. 어떤 부당한 일을 당해도 마음을 다잡고 선의의 씨앗을 뿌리는 데 헌신하는 수밖에 없다." 그녀는 또 이런 말도 했다. "문화적인 지지를 기대하지 말라. 친부모는 곧 성자라는 품질보증 마크지만, 새아버지는 침입자, 이기주의자, 밀렵꾼, 오염물질이라는 표시다."

부모와 자녀 간 사랑이 세상에서 가장 자연스럽고 신성한 것으로 여겨진다면, 새아버지와 의붓자식 간 사랑은 부자연스럽고 심지어 그릇된 것으로 여겨진다. 그런데 왜 제 발로 새아버지라는 역할 속에 걸어 들어가는 사람이 있는 걸까?

우리는 아이의 부모를 사랑해서 새아버지나 새어머니가 된다. 앨릭스 양육을 돕는 과정에서 난 아내와 더 깊고 풍성한 관계를 맺었다. 전처와 갈라선 후 아버지 노릇은 더욱 어려워졌다. 각자 자녀를 데리고 합가했을 때 미셸과 보낸 밤이 더 낭만적으로 변한 것도 아니었다. 우리가 했던 최악의 부부 싸움은 주로 양육 문제 때문이었다.

우리는 둘 다 첫 결혼을 안 좋게 끝냈다. 그래서 많은 이혼 남녀처럼 조심스러움과 자책감을 간직한 채 동반자 관계에 들어섰다. 우리는 무엇이 가정을 무너뜨리는지 알고 있었다. 가정이 무너진다는 게 어떤 느낌인지도 잊지 않고 있었다. 그래서 우린 싸울 때도 이기기 위해서가 아니라 이해하기 위해 싸운다. 서로 비난하지만 용서도 한다. 실수하지만 사과도 한다. 모든 갈등은 해결을 목표로 한다. 언성이 높아질 때도 있지만 여전히 귀와 마음을 열어둔 채 살고 있다.

우리가 연인 관계로 남아 공동 양육을 하지 않았다면 지금처럼 미셸에 대해 온전히 알지 못했을 것이다. 앨릭스가 그녀를 힘들게 할 때 그녀가 얼마나 놀라운 인내심과 공감력을 가졌는지 목격했다. 그녀의 약점도 알고 있다. 나 자신이 약한 순간에는 그녀의 허물에 짜증이 난다. 내가 강할 때는 그녀의 허물이 오히려 연민을 불러일으킨다. 그녀가 어머니로서 씨름할 때 나도 곁에서 같이 씨름하려고 노력한다. 그녀가 더 강해지도록 돕는 과정에서 나도 강해진다. 무엇 하나 쉬운 게 없지만 쉽거나 힘든 게 본질은 아니다. 작은 인간들이 스스로 돌볼 수 있을 만큼 장성할 때까지 그들을 돌보는 것이 본질이다.

종종 미셸과 장인 사이 관계에서도 영감을 얻는다. 그녀의 아버지 짐은 미셸을 법적으로 입양했다. 짐은 내가 앨릭스의 인생으로 걸어 들어갔던 때와 거의 비슷한 시기에 예비 새아버지로 미셸의 인생에 등장했다. 미셸을 낳아준 아버지는 좋은 사람이 아니었다. 우리는 언제나 아이들이 생물학적 부모와 사는 게 낫다고 믿지만 때로는 새아버지가 친부보다 나은 경우도 있다. 난 스스로 모자라다고 느낄 때마다 이 점을 명심하려고 노력한다.

짐과 미셸의 관계는 초기, 특히 그녀가 10대였을 때는 상당히 어려웠다. 그러나 현재 그들은 서로 사랑하는 멋진 관계다. 미셸이 잘 자란 데는 짐의 공이 적지 않다. 그는 어린 시절 학대로 상처받은 미셸의 치유를 돕기 위해 물심양면 많은 수고를 했다.

짐을 보며 부모로서 내가 가야 할 길이 얼마나 먼지 깨닫는다. 내가 보기에 짐은 차분하고, 한결같이 미셸의 곁을 지킴으로써 새아버지 노릇에 성공했다. 앨릭스와의 관계가 힘들어질 때마다 짐이라면 이렇게 했겠지, 상상하며 그렇게 하려고 노력한다. 나의 실수가 무엇이든, 내가 모르는 것이 얼마나 많든, 불확실해질 때마다 난 내 자리를 지키려고 노력하고 앨릭스로부터 계속 배우고자 한다.

이 과정이 늘 행복으로 이어지는 건 아니다. 그러나 아이는 부모를 행복하게 하기 위해 존재하지 않는다. 앨릭스는 행복보다 훨씬 큰 선물을 내게 주고 있다. 앨릭스는 내 삶을 의미 있는 것으로 만들어주었다.

주로 새아버지로서 내가 겪은 실패를 언급했지만 승리도 있었다. 물론 외부인이 보면 하잘것없겠지만 말이다. 여러 차례 앨릭스에게 인내심을 가졌고, 필요하다면 강하게 밀어붙이기도 했다. 그리고 앨릭스가 조금씩 성장하는 모습을 보며 보람을 느꼈다. 앨릭스가 인도를 걸어가다 내 손을 붙잡은 순간을 하나도 빠짐없이 기억하고 있다. 앨릭스가 멋진 비디오 게임을 디자인하고 트럼펫으로 자작곡을 연주했을 때도 뿌듯함을 느꼈다.

앨릭스를 카이저 병원 성전환과에 데려갔을 때가 기억난다. 나도 소아과 전문의이자 내분비학자였지만 신체와 내면 자아상을 일치시키고자 대기실을 가득 채운 성인들을 보며 놀랐다. 그때야 비로소 앨릭스의 성전환이 단지 '지나가는 한 때'가 아니라 자신을 찾는 과정임을 구체적으로, 절절히, 진실로 이해했다. 그때 앨릭스에 관해 새로운 무언가를 발견했다. 앨릭스는 용감하고 투지가 있는 사람이었다. 그리고 그때 인류의 생물학적, 영적 차원에 관해서도 많은 것을 배웠다.

이와 같은 경험으로 의붓아들을 사랑하는 법을 배웠다. 사랑 없이 누군가를 양육할 수 없다. 그러나 인생은 다양한 모양으로 우리를 찾아온다. 사랑 역시 여러 그릇에 담겨야 한다. 내 친아들은 머리가 아닌 두 발이 먼저 세상으로 나왔다. 나 역시 그 자리에 있었다. 한 번도 지구별에 닿은 적 없는 자그마한 피투성이 두 발이 지구에 착지하는 걸 내 눈으로 본 순간이었다.

의붓아들은 다른 경로로 왔다. 앨릭스는 자신의 어머니와 함께 수년간 낯선 존재로 다른 길을 가다가 내게 왔다. 앨릭스 곁에 내 자리를 만들기 위해서는 틈을 비집고 들어가야 했고, 날마다 새롭게 노력해야 했다. 그건 아무리 불완전한 모습일지라도 앨릭스가 성장하도록 돕기 위해 곁을 지키고 얼굴을 비추는 일이었다. 내 삶이 의미 있는 것은 앨릭스 덕분이다. 그래서 난 아버지날에 앨릭스로부터 감사를 기대하지 않는다. 감사는 새아버지가 될 기회를 준 앨릭스에게 돌아가야 한다.

.

5부

학교와 직장에서 감사하는 법

5부에서는 조직에서 감사하는 법을 다룬다. 학교와 직장에서 감사를 강요할 수는 없지만 감사를 장려하는 환경을 조성할 수는 있다. 이런 실천으로 직장과 학교 내 결속도 강화될 것이다.

안타깝게도 학교와 직장에서 감사를 잊어버리는 사람이 많아진다. "감사해요"라는 말을 하거나 들으면 자신의 약점이 드러난다고 생각하기 때문이다. 이런 상황을 바꾸기 위해 무엇을 해야 할까?

먼저 학교와 직장에서 감사 실천을 확대할 방법을 살펴볼 것이다. 여기에는 여러 연구 결과를 정리한 글과 감사 문화를 정착시키기 위해 현장에서 힘겹게 수고하는 이들의 에세이가 포함된다. 학교를 단지 좋은 직장을 위해 학점과 졸업장을 따는 수단으로 보는 사람은 감사를 또 다른 부담으로 여길 수도 있다.

그래서 이 책에서 제시하는 증거가 제도적 변화를 뒷받침하는 데 긴요하게 활용될 것이다.

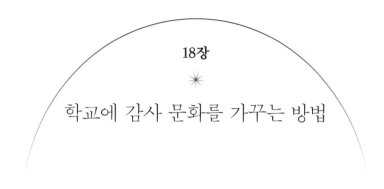

18장

학교에 감사 문화를 가꾸는 방법

제프리 프로, 자코모 보노

우리는 교육 현장에서 청소년에게 감사하는 힘을 길러줄 방법을 연구했고, 매우 긍정적인 결과를 얻었다. 이 연구는 교육자들이 교실 현장에 도입할 수 있는 구체적 실천과 원칙을 제시한다. 그중 가장 많이 사용된 감사 강화 기법은 (성인과 청소년 모두) 감사 일기이다.

초기 조사에서는 중학생들에게 2주간 매일 감사거리를 다섯 가지씩 기록해달라고 요청했다. 그리고 삶의 골칫거리나 일상적 사건에 관한 글만 쓴 학생들과 이들을 비교했다. 감사 일기를 쓴 학생들은 삶의 만족도와 낙관성은 높게, 신체 불만 등 부정적 정서는 낮게 나타났다. 특히, 2주간 감사 일기를 쓴 학생들이 대조군보다 실험 직후 학교생활에 더 큰 만족감을 보였다. 이 결과는 약 3주 후까지 지속됐다.

감사 일기는 일단 쓰기가 쉽다. 어느 교과목이든 교사가 수업 전 학생들에게 감사거리를 작성하게 하면 된다. 왜 감사하는지 이유를 설명하게 하면 효과가 배가된다. 작성한 내용을 교실 벽에 게시하면 미화 효과와 기억을 상기하는 효과도 덤으로 얻을 수 있다. 이런 실천이 반 분위기를 끌어올리고 사고의 폭을 넓히며 배움의 활력소가 된다는 탄탄한 과학적 증거도 있다.

우리가 연구한 또 다른 실천은 감사 방문이다. 학생들이 제대로 감사를 표하지 않았던 도움 제공자에게 감사 편지를 쓰고 직접 만나 편지를 낭독한다. 그 후 학생들이 함께 방문이 어땠는지 이야기하는 시간을 가지게 했다. 초반에는 낮은 수준의 긍정적 정서를 보고한 학생들이 조사 직후 더 높은 감사와 긍정적 정서를 보고했다. 이러한 효과는 두 달 후까지 지속되었다.

이 연구와 다른 동료들이 수행한 여러 연구 결과를 기초로 우리는 교육 현장에서 학생의 감사 역량을 강화하는 데 도움이 될 만한 지도 원칙을 몇 가지 정리했다(우리는 이 원칙들을 자체 개발한 감사 커리큘럼에 반영했다). 이 커리큘럼은 감사에 노골적으로 집중하지 않으면서도 감사하는 사고가 가랑비에 옷 젖듯 스며들게 하는 것을 목표로 한다.

의도를 주목하도록 지도하라

학생이 선물 이면에 있는 배려, 즉 누가 그들의 필요에 관심을 가지고, 그 관심을 어떻게 실천에 옮겼는지에 감사하도록 지도하라. 그렇게 할 때 어린이와 성인 모두 감사 함양에 큰 진전을 보였다. 학생의 경우 누군가가 자신과 자신의 잠재력을 믿고 있음을 알았을 때 자기계발하려는 동기 부여가 일어났다. 교사는 학생이 받은 선물 이면에 있는 의도를 반추하도록 이런 질문을 할 수 있다. "친구(또는 부모, 교사, 코치)가 여러

분이 필요로 하는 (예를 들어 점심 등) 무언가를 알아채고 여러분이 좋아하는 것을 기억했다가 준 적이 있나요?" 학생들이 사례를 제시하면 교사는 더 자세히 물어볼 수 있다. "그가 일부러 도왔다는 것을 어떻게 알죠? 도움을 받은 후 어떤 기분이 들었나요?"

비용을 인정하도록 지도하라

도움을 준 누군가가 그 일을 위해 자기 시간이나 노력을 들였다는 점을 강조하는 게 중요하다. 교사는 이렇게 물어볼 수 있다. "친구가 널 돕기 위해 무엇을 포기했을까?" 놀이터 보조교사라면 "우와, 친구가 너와 술래잡기를 하려고 제일 좋아하는 축구를 포기했구나"라고 말할 수 있다. 도서관 사서라면 "저 학생이 컴퓨터 자리를 내주다니, 친절도 해라!"라고 말할 수 있다.

유익의 값어치를 인식하도록 지도하라

교사는 학생에게 타인이 우리를 도울 때 우리에게 '유익'을 제공한다는 것을 일깨움으로써 감사 의식을 고취할 수 있다. 이러한 이유로 우리 커리큘럼은 타인이 베푼 친절의 값어치에 주목하도록 유도한다. 교사는 학생에게 "나의 하루(또는 삶)는 ○○ 덕분에 더 좋아졌다"라는 문장을 완성하게 하여 친절의 가치를 일깨울 수 있다. 교사가 "내가 모르는 문제를 도와주신 선생님" 또는 "좋은 농구 선수가 되도록 지도해주신 코치님" 같은 예시를 먼저 제시할 수도 있다.

이 커리큘럼은 어린이의 감사 역량을 강화하며 기분 개선에 도움을 주었다. 이는 이 커리큘럼을 주1회씩 5개월 실행한 후 나타난 결과였다. 매일 시행하면 이틀 후 즉각적 효과를 나타냈다. 그 결과 아이들이 학부모교사연합회(PTA)에 보내는 감사 카드가 80퍼센트 이상 증가하였다. 교사도 더 행복해졌다. 이 커리큘럼은 조금만 수정하면 친절과 이타심, 친사회적 행동 함양 등 모든 프로그램에 접목할 수 있어 실용적이다. 감사가 주는 유익은 학생뿐 아니라 교직원에게까지 확장된다. 이는 교육 인력이 수행하는 업무의 질적 향상과 탈진 예방에도 도움이 될 것이다. 감사 커리큘럼은 어떻게 아이들을 도울 수 있는지 알려줌으로써 학부모에게도 도움이 된다.

핵심 정리

1. 감사 일기와 감사 방문은 학교에서 감사 문화를 가꾸는 데 도움이 된다.
2. 학생이 선물 이면의 배려, 즉 누가 그들의 필요에 관심을 가지고, 그 관심을 어떻게 실천으로 옮겼는지 감사하도록 지도하라.
3. 도움을 준 누군가가 그 일을 위해 자기 시간이나 노력을 들였다는 점을 강조하는 게 중요하다.
4. 교사는 학생에게 타인이 우리를 도울 때 유익을 제공한다는 것을 일깨움으로써 감사 의식을 고취할 수 있다.

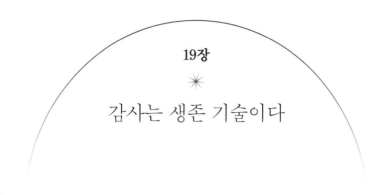

19장

감사는 생존 기술이다

숀 테일러

난 성장기에 제대로 감사하거나 감사에 관해 성찰할 기회를 갖지 못했다. 내가 감사 인사를 깜빡 잊거나 미적거리면 어디선가 따귀가 날아들거나 허리띠로 엉덩이를 맞았다. 감사에 대한 일깨움은 주로 그렇게 완력과 강요로 이루어졌다. 어머니는 그녀가 내게 해준 모든 것에 감사하길 원하셨다.

결과는 어땠을까? 점점 어떤 것도 요구하지 않게 되었다. 숙제를 도와달라고 하지 않았다. 어머니에게 뭔가를 건네달라고 부탁하지 않았다. 점점 자급자족형 인간이 되어갔다. 무언가를 요구하거나 적절한 감사 표현을 깜빡하면 고통스러운 대가를 치러야 한다는 생각이 내 속에 굳게 자리 잡았다.

유치원부터 6학년까지 내 성적이 형편없었던 건 이 때문이라고 단언할 수 있다. 선생님에게 어떤 도움이라도 청하면 선생님이 내게 상처를 줄 거라고 생각했다. 선생님이 죽도록 무서웠다. 때로는 어린 시절을 돌아보며 나도 친구들처럼 선생님께 도움을 청했으면 어땠을까 상상해본다. 그럼 지금 다른 모습이지 않을까? 난독증을 더 조기에 진단받지 않았을까? 수학을 더 잘하지 않았을까? 사람들이 뭔가 호의를 베풀 때 내가 충분히 감사하지 못한 건 아닌가 하는 이 꺼림칙한 감정에서 자유롭지 않았을까?

한참이 흐른 1990년대 초, 내가 일한 그룹홈(사회에 적응하기 힘든 이들이 자립할 때까지 소규모 시설에서 공동으로 생활할 수 있게 하는 제도―편집자)은 악몽과도 같았다. 이곳은 폭력, 고통, 두려움이 가득했다. 그곳에 선데이란 여자아이가 있었는데(이 글에 등장한 이름은 모두 가명이다) 한 주에도 네다섯 번씩 자살을 시도했다. 그냥 보여주기식 자해가 아니라 진짜 자살 시도였다. 그녀의 사연은 믿기 힘들 정도로 비극적이었다. 아버지가 그녀를 성적으로 이용했을 뿐 아니라 마약으로 정신이 몽롱한 친구들에게 딸을 성매매했다. 가해자들은 대부분 남자들이었다. 그럼에도 그녀는 영국 팝 음악과 공상과학 소설을 좋아한다는 공통분모 덕분에 나와 친하게 지냈다.

내가 시골에 가기 위해 그 일을 관두면서 선데이와도 연락이 끊겼다. 2004년에 그녀가 전화를 걸어왔을 때 그녀를 금세 기억해내지 못했다(지난 세월 함께 작업한 청소년이 한둘이 아니었기 때문이다). 그녀는 내게 부탁이 하나 있다고 했다. 선데이는 대학 졸업 후, 취업을 했고 이제 곧 결혼할 참이었다. 그녀는 생물학적 가족과 어떤 접촉도 없었기에 나에게 식장에 같이 입장해줄 수 있느냐고 물었다. 그녀와 일한 지도 10년이 훌쩍 넘었지만 그러겠다고 했다.

하지만 왜 하필 나인지가 궁금했다. 그녀는 내가 한결같았기 때문이라고 말했다. 난 그녀와 함께 음악을 들었고 그녀에게 책을 선물했다.

책 한 권을 통째로 주면 자해 도구로 쓸 수 있다는 그룹홈 관리자의 우려로 한 번에 네 장씩 복사해서 주었다. 선데이는 내가 한 번도 그녀를 포기한 적이 없다고 했다. 그래서 자신이 구제불능이 아니라 소중한 존재라는 느낌을 받았다고 했다.

아름다운 결혼식이었다. 내 인생에서 내 결혼식과 딸이 태어났을 때를 빼곤 그렇게 울어본 적이 없었다. 선데이의 결혼식에서 난 감사가 무엇인지 온전히 이해하게 되었다. 그녀는 내가 그녀 삶에 미친 영향을 결혼식 초대로 인정해주었다. 형식적 감사 인사가 아니라 행동으로 인정했다. 그녀는 자기 삶 가운데 내 존재가 가치 있었음을 인정했다. 그녀는 내가 변화한 삶의 증인이 되어주길 바랐고, 그만큼 날 신뢰하고 소중하게 여겼다. 내가 그녀에게 했던 행동과 생각, 그녀와의 상호작용이 자신에게 적잖은 변화를 일으켰다고 알려주었다. 난 결코 그 결혼식을 잊지 못할 것이다.

누군가가 내게 친절을 베풀고 무언가를 해주어 내가 어떤 식으로든 변하도록 도왔다면, 이제는 그저 말로만 감사하는 것으로 그치지 않으려 한다. 그들의 행동이 내게 어떤 의미가 있었는지, 그리고 내가 그 행동으로 어떤 변화를 겪었는지 말해줄 참이다. 그들이 내게 베푼 친절에 보답할 기회를 기다리고 있다고 말이다. 주고받기식 거래라는 말은 아니다. 그저 그들이 내게 쓴 시간과 에너지에 대한 벅찬 감사를 전하려한다. 선데이가 보여준 감사는 그렇게 내 삶을 바꾸었다. 난 예의상 감사하는 것과 진심으로 감사하는 것의 차이에 눈뜨지 않을 수 없었다.

단순한 감사 인사와 진정한 감사는 다르다. 전자는 예의이자 교양이다. 누군가가 당신을 위해 무언가 해주었음을 수긍하는 것이다. 난 이런 인사가 왠지 겉치레처럼 느껴진다. 이것은 일종의 거래다. 진정한 감사는 내면과 외면 둘 다에 초점을 맞춘다. 당신을 향해 또는 당신을 위해 행한 무언가를 인정하고, 그 도움이나 경험을 제공한 사람이나 대상을 인정하고, 짧은 순간이라도 어떻게 당신의 삶이 나아졌는지를 깨달아야 진정한 감사다.

우리는 사회적 편견과 경멸에 기인한 소소한 사회적 비행, 즉, 작은 공격성에 관해 많은 토론을 한다. 하지만 작은 연대micro-alliance에 관해 얘기하는 경우는 드물다. 작은 연대란 진정성 있는 감사처럼 사람을 변화시키는 호혜적 상호작용을 위해 기꺼이 힘을 합치는 방식이다.

이런 이유로 결국 청소년 정신 건강 및 미성년 형사보호제도 관련 일을 그만두었다. 이 일에서 어떤 감사도, 미세연대도 발견하지 못했기 때문이다. 어느 시점에는 더 이상 이 일이 효과적이지 않았고 활력도 주지 못함을 느꼈다. 난 공감피로compassion-fatigue 증후군으로 고갈된 상태였다. 정서적 투자수익률이 마이너스가 되었을 때가 바로 떠날 때다.

현재는 대안고등학교에서 프로그램 디렉터로 일하고 있다. 내가 운영하는 프로그램은 성적 부진자와 '제때' 졸업이 힘든 학생을 대상으로 한다. 참여자 대부분이 빈곤층 또는 극빈층 출신의 유색 인종이다. 다수가 자신의 성별 정체성을 '퀴어'(성소수자)라고 밝힌다. 불법체류자도 많다. 이전 직장에서 품행과 정서에 문제가 있는 형사보호관찰 대상 청소년들과 작업했던 경험 그리고 나 스스로 청소년기의 끈질긴 트라우마를 극복하는 과정에서 배운 기술이 적잖이 도움이 되었다. 내게 그런 기술이 없었다면 결코 이 일을 감당하지 못했을 것이다.

난 이 프로그램을 '인생 리셋 프로그램'이라고 생각한다. 다 털고 새 출발한다는 의미이다. 우리 학생들에게 리셋은 비단 학업 성적 향상뿐 아니라, 자신을 바라보는 방식, 세상을 바라보는 방식, 세상 속 자신을 바라보는 방식을 바꾸는 것을 의미한다. 스텝진은 학생들이 우리 프로그램의 문을 열고 들어올 때마다 새 삶으로 입장함을 안다.

이 작업에서 학생들을 변화로 초청하는 것이 가장 어렵다. 너무 많은 아이가 비극적 상실, 성폭력, 암담한 지역사회 상황 등으로 중도하차한다. 매 학기 젠트리피케이션gentrification(물가상승으로 원주민이 외곽으로 밀려나는 현상)으로 더 이상 오크랜드나 베이에리어 물가를 감당하지 못해 전출하는 학생도 나온다. 난 기회가 닿을 때마다 너희들은 학교에 출석하는 것만으로도 대단한 회복탄력성을 보여주고 있다고 칭찬한다. 그러나 변화로 초대하는 것은 하나의 과정이다. 그들에게 질문하고 답을 경청하고 (조언이 아닌) 대안을 제시하는 과정, 특히 소모임을 통해 이런 활동을 하는 것이 효과가 있었다.

프로그램 3년차에 우리 팀은 졸업률과 학기말 진학률 상승, 학기 중 학업 중단율 감소라는 결과를 거두었다. 내가 부임할 때만 해도 이 프로그램은 실패로 여겨졌다. 하지만 이젠 그렇지 않다. 난 이 프로그램을 전통적 학교가 아닌 엄격한 교육 요소를 갖춘 그룹홈으로 접근했고, 이때부터 성공을 거두기 시작했다. 우리는 출석과 부모 참여를 강조했고 벌칙보다는 보상 중심으로 운영했다. 그러자 고등학교에 적응하지 못한 학생들의 최후 도피처로 여겨졌던 프로그램이 성적 부진자들의 학업적 돌파구로 탈바꿈했다.

우리가 이런 수확을 거둘 수 있었던 건 감사에 특별한 가치를 부여했기 때문이다. 고통스럽게 감사를 쥐어짜야 했던 성장기 나의 가정과 달리 감사가 학교 문화에 자연스럽게 녹아들어가게 하려고 노력했다. 출발점은 "부탁해요"와 "고마워요" 같은 단순한 표현을 생활화하는 것이었다. 그다음 친사회적 행동에 대한 무작위 보상으로 차차 반경을 넓

혀갔다. 운영진이 먼저 시작했지만 학생들도 차차 감사 표현을 생활화하기 시작했다.

많은 학생이 감사에 익숙지 않다. 메니를 예로 들어보자. 메니의 성정체성은 (남성도 여성도 아닌) 논바이너리nonbinary였고, 한 번도 학교를 좋아한 적이 없었다. 메니는 우리 학교를 졸업하기 전 오클랜드에 있는 거의 모든 학교에 다녔다. 메니의 입학 심사 인터뷰에서는 서류를 보며 우리 학교에서는 용인되지 않을 행동에 경계를 정해주었다. 난 메니가 자신과 주변 사람을 위해 안전한 선택을 하리라 믿는다고 말했다.

메니는 처음 몇 개월간 힘겨운 시간을 보냈지만 어떤 문제 행동도 일으키지 않았다. 하루를 무사히 마친 날에는 한 번도 빠지지 않고 메니에게 퇴보 대신 성공을 선택해줘서 감사하다고 말했다. 메니는 "내게 기대하는 건 그저 다른 사람을 괴롭히지 않는 거죠?"라며 내게 진정성이 없다고 비난했다. 난 물론 그 이유도 있다고 인정했다. 그리고 행동을 개선하기로 선택한 것에 감사하는 마음도 진심이라고 강조했다. 내 칭찬을 들은 메니는 뿌듯해했고, 그 뿌듯함이 내가 메니를 비롯한 학생들을 위해 더 노력하는 원동력이 되었다. "내가 매일 출근하고 싶게 만들어줘서 고마워"라고 메니에게 말했다. 결국 메니는 평점평균 3.5로(예전에는 0.34였다) 졸업했고 현재 4년제 대학에 다니고 있다.

난 메니와 같은 학생들을 일대일 혹은 소그룹으로 만난다. 이런 소그룹은 아무리 미미해 보여도 늘 관점의 변화를 촉발한다. 하지만 올해 초 맡은 소그룹에서는 큰 서글픔을 느꼈다.

소모임 첫날이었다. 고등학생 열아홉 명이 줄지어 입장하여 둥그렇게 배치된 자리에 앉았다. 나와 눈을 맞추는 학생도 있었고, 눈 맞춤을 피하는 학생도 있었다. 난 원 한가운데 앉아 모두 앉을 때까지 침묵을

지켰다. 늘 이렇게 조용히 앉아 여기저기 웅성대는 소리를 들으며 그들이 준비될 때까지 기다린다. 그들의 시간이기에 그들에게 어느 정도 주도권을 주고 싶었다.

이 소모임에서 우리는 몸의 소중함과 주권, 인종과 성별에 대한 언론기사부터 왜 내가 평생 술, 담배, 마약을 입에 안 댔는지, 온갖 주제에 관해 이야기했다. 존중과 공감으로 임하면 어떤 주제든 논의 못할 주제는 없다.

일 년 전 우리 학교 학생 하나가 살해당한 사건이 있었다. 소모임에 참여한 많은 학생이 그 친구를 개인적으로 알고 있었다. 그 학생의 기일이 임박했던 어느 날, 이 소그룹 분위기에 전혀 어울리지 않는 화두를 던졌다. "무엇에 감사하나요?"

마치 내가 때와 장소에 맞지 않는 끔찍한 농담이라도 한 듯했다. 일순간 완벽한 정적이 임했다. 적극적으로 발언하던 학생들조차 입을 닫았다. 평소 침묵에 잘 대처하는 편이지만 그날의 침묵은 뭔가 이상했다. 내가 몇 가지 화두를 건네도 여전히 발언자가 없었다. 질문을 좀 다른 방식으로 표현해봤다. 여전히 답이 없었다. 겨우 학생 하나가 자신이 좋아하는 것을 얘기했다. 난 여기에서 감사로 대화의 물꼬를 터보려고 시도했지만 잘 되지 않았다.

그때 다른 학생이 성난 얼굴로 속사포처럼 쏟아냈다. "뭐에 감사하란 말이죠? 가난에 대해 감사할까요? 형이 교도소에 있는 것에 대해? 엄마가 이것저것 가리지 않고 닥치는 대로 일하는 것에 감사해요?" 난 일단 그의 말에 수긍한 뒤 계속 밀어붙였다. "네가 여기 있는 것에 감사할 수 있잖아. 넌 스스로 삶을 바꿔보려고 노력하고 있잖아, 그렇지?" 그가 반박했다. "나 스스로 발전하려고 노력하는 것에 왜 내가 감사하죠? 날

도와주는 사람 하나 없는데요?" 많은 학생이 동조하듯 고개를 끄덕였고 여기저기 웅성거리는 소리가 들렸다.

슬프고 참담했다. 어디서 많이 들어본 듯한 말이었기 때문이었다. 그 학생이 왜 그렇게 느끼는지, 왜 다른 학생들이 동조하는지 알고 있었다. 세상은, 적어도 그들이 사는 세상은, 살기 힘든 곳이다. 앞으로 한 발짝 나아가려고 할 때마다 세상 모든 것이 그들을 끌어내리려고 공모하는 듯한 세상이다. 절망, 원망, 복수만이 유일한 길처럼 다가온다.

난 그게 어떤 마음인지 알았다. 나도 얼마든지 그런 길로 빠질 수 있었다. 내 어릴 적 트라우마는 여전히 수면 바로 밑에, 그리 깊지 않은 곳에 있었다. 난 왜 직원들과는 잘 지내면서 학생들과는 이렇게 서투른 걸까? 그들은 받은 친절이 부족했고 조건 없이 친절로 반응할 능력이 부족했다. 그들을 탓할 마음은 없었다. 난 그들 모두의 눈빛에서 젊은 시절 나를 보았다. 그들은 '나 자신'이 가장 중요한 세상에 살고 있다. 그 세상에서는 내가 내 몫을 챙겨야 한다. 아무도 대신 챙겨주지 않는다. 하지만 이걸 이해한다고 해서 마음의 슬픔과 고통이 가시진 않았다.

말로 다할 수 없는 어색한 침묵이 몇 분 더 지속된 후 우리는 모임을 마쳤다. 이 경험은 내 마음을 깊이 휘저어 놓았다. 아무리 노력해도 여전히 감사는 나의 강점이 아니었다는 깨우침을 외면할 길이 없었다. 노력해도 마음처럼 되지 않았다.

난 감사가 사치품이라고 생각하지 않는다. 내게 감사는 하나의 생존 기술이다. 좋은 것을 알아보고 인정하며 고마워할 줄 아는 능력은 뒷덜미나 발목을 잡는 무거운 것을 떨쳐버리는 데 도움이 된다.

그래서 난 계속 학생들을 친절히 대하려고 노력한다. 선데이가 내게 롤모델이 된 것처럼 나도 그들에게 감사가 무엇인지 보여주는 롤모델이 되고 싶다. 그날 소모임에서 학생들이 그랬던 것처럼 때론 감사하기 어려운 날도 있다. 그런 날조차 친절하게 반응하는 법을 가르치고자 한다. 세상 속 연결성을 볼 수 있는 능력은 위력적이다. 당신의 언행이 누군가에게 의미가 있으며, 당신이 누군가에게 가치 있는 존재임을 깨달을 때 협력과 관계를 소중히 여길 수 있다.

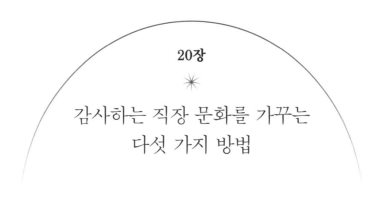

20장

감사하는 직장 문화를 가꾸는
다섯 가지 방법

제러미 애덤 스미스, 키라 뉴먼

2013년에 존 템플턴 재단이 미국인 2천 명을 대상으로 한 설문조사를 통해 사람들이 가장 감사를 덜 느끼고 덜 표현하는 곳이 직장임이 드러났다. 그만큼 사람들의 직업 감사도가 낮다. 그렇다고 직장 내에서 감사를 주고받는 문화에 대한 갈망이 없는 것도 아니었다. 응답자의 93퍼센트는 감사를 잘하는 상사가 성공 가능성이 더 크다고 답했으며, 감사가 상사에게 '약점'이 된다고 생각한 사람은 18퍼센트밖에 없었다. 직장인 대부분은 "감사해요"라는 말을 들을 때 직장 생활이 즐거워지고 동기부여가 된다고 보고했다.

그러나 여기 알다가도 모를 흥미로운 반전이 있다. 거의 모든 응답자가 동료에게 감사 인사를 하면 "스스로 더 행복과 보람을 느낀다"라고 답했다. 그런데 조사 당일 감사하는 마음을 표현한 사람은 10퍼센트에 불과했다. 놀랍게도 60퍼센트가 "직장에서는 절대 감사를 표하지 않으며 하더라도 일 년에 한 번 정도 한다"라고 답했다. 직장인들은 자신의 행복을 박탈하면서까지 적극적으로 감사를 억누르고 있었다.

왜 그럴까? 직장에는 공짜가 없기 때문일 수 있다. 근본적으로 모든 교환이 계약과 경제적 득실에 달려 있다. 당신이 세시 정각에 상사에게 서류를 올린 이유는 마음에서 우러나오는 선의 때문이 아니다. 그게 직무기술서에 기재된 내용이고 그걸 해야 월급을 받기 때문이다. 직장에서는 월급이 곧 감사 표현이다. 요청받은 일을 못하면 다음 월급은 입금되지 않을지 모른다.

"우리는 조직을 '프로답게' 행동해야 하는 거래 공간이라고 생각하는 경향이 있다"라고 워싱턴대학교 경영학과 교수 라이언 페르는 말한다. "우리는 용서나 감사, 공감을 직장에 도입하는 것이 프로답지 못한 처사라고 생각한다."

의미심장하게도 템플턴 설문조사에서 자신의 직업에 감사를 표한 사람 상당수가 연봉 15만 달러 이상이었다. 이를 통해 직장 생활에서 감사를 저해하는 요인 하나를 짐작해볼 수 있다. 바로 권력과 월급의 불균형이다. 2012년 M. 에나 이네시와 동료들의 조사에서는 권력을 가진 사람일수록 상대가 진심이 아니라 윗사람에게 잘 보이기 위해 감사한다고 생각했다(그리고 이 냉소성은 상급자 스스로 감사 표현을 자제하는 결과를 초래했다).

템플턴 설문조사에 따르면 응답자 35퍼센트가 감사를 표현하면 '호구'가 된다고 생각했다. 상호의존성을 인정하는 것이 곧 스스로 연약함을 드러내는 처사라고 본 것이다(사실 근원적 불평등이 존재하는 상황에서 좋은 것을 받았다고 감사하는 게 늘 최상의 반응은 아닐 수 있다. 이에 관해선 3부 아미 고든의 「때로는 감사도 역효과를 낸다」를 참조하라).

결과적으로 감사를 모르는 문화가 깊이 뿌리내려 악순환을 일으키고, 이는 직장의 사기와 단합에 끔찍한 영향을 준다. 왜 그럴까? 우리가 단지 월급 때문에 출근하는 건 아니기 때문이다. 돈벌이가 직장 생활의 유일한 이유는 아니다. 우리는 존중과 성취감, 목적 의식을 얻고자 일한다. 우리는 일에 혼신을 다하고 일은 정서에도 영향을 미친다.

감사는 이런 동기 부여를 뒷받침하는 비금전적 방식이다. 단순한 감사 인사라도 된다. 돈 한 푼 안 들지만 감사 인사는 측정 가능한 순기능을 한다. 심리학자 애덤 그랜트와 프란체스카 지노는 네 번에 걸친 실험을 통해 상사로부터 감사 인사를 받았을 때 직장인이 느끼는 자기가치감과 자기효능감이 증가함을 발견했다. 때마다 감사를 표현하면 신뢰가 쌓여 향후 서로 도와줄 가능성이 커진다.

감사의 유익은 자존감과 자기효능감, 직원 간 신뢰에 그치지 않는다. 쌍방향 일기 플랫폼 Thnx4.org에 올라온 데이터를 분석한 결과, 참가자가 감사를 많이 경험한 날일수록 전반적 기분이 향상되었음을 발견했다. 최소한 2주간 감사 일기를 작성한 사람은 훨씬 행복감과 삶의 만족감이 컸고 스트레스에 대한 회복탄력성이 높았다. 심지어 이 집단은 두통과 질병도 더 적다고 보고했다. 직장 내 감사 문화 구축이 쉽지는 않겠지만 충분히 그럴 만한 가치가 있다는 것이 과학적으로도 입증되었다. 여기 연구로 입증된 감사하는 직장을 만들기 위한 다섯 가지 비결을 소개한다.

꼭대기부터 시작하라

첫 단추는 상사가 직원에게 감사 인사를 하는 것이다. 이야말로 직장 내 감사에 관한 연구에서 결과가 가장 뚜렷한 항목 중 하나다. 왜 그럴까? 어떤 사람에게는 감사 표현이 안전하지 못한 일로 느껴지기 때문이다(특히 감사하지 않는 전통을 가진 직장에서 그렇다). 감사를 회사의 표준으로 정립하는 일은 권력을 가진 윗사람이 공석이나 사석에서 명백하게, 일관되게, 진정성 있게 감사 인사를 하는 것에 달려 있다.

이런 노력을 차차 정책으로 만들 수 있다. 퇴사하는 직원에게 감사 파티를 열어주거나 그들의 자질과 기여를 인정하는 자리를 마련할 수도 있다. 아울러 감사를 평가와 회의에 녹일 수도 있다. 회의 중 5분을 할애하여 서로 감사하는 시간을 가지면 된다.

사우스웨스트 항공은 (5년 또는 10년 등) 기념비적 근속년수를 달성한 직원들에게 핀을 보내는 전통이 있다. 리더가 핀을 수여하는 특별한 방식으로 직원에게 감사를 표함으로써 관계를 구축한다. 리더의 참여가 감사의 중요성을 모든 사람에게 알리는 데 주효했다.

감사받지 못한 사람에게 감사하라

모든 조직에는 영광을 독차지하는 계층이 있다. 병원에서는 의사들이 그렇고, 대학에서는 교수들이 그렇다. 그런데 송장을 발송하고 바닥을 닦고 카피 문구를 작성하는 사람들은 어떤가? 주목받지 못하는 직무를 수행하는 사람을 인정하는 게 중요하다. 그래야 모든 조직 층에 감사 기반이 형성되기 때문이다. 맞다. 대학의 사명은 연구하고 가르치는 것이고, 그 일은 교수가 한다. 그러나 그들 뒤에 직원이 없다면 교수가 월급을 마련하기 위해 직접 후원금을 조성하러 뛰어다니고 자기 쓰레기통을 스스로 비워야 할 것이다. 행정 직원과 육체노동을 하는 직원들에게 공개적으로 감사를 표하면 사람들이 어떻게 조직이 돌아가는가에 더 관심을 가지고 이해도 깊어질 것이다. 이는 말할 필요도 없이 조직의 사기 진작과 신뢰 증진으로 이어진다.

워싱턴대학교의 라이언 페르 교수가 보는 성공적 감사 프로젝트의 관건은 일관성이다. 그는 "결국 관건은 감사를 조직 문화 중심에 두는 것이다"라고 말한다. "가장 기본적으로 조직이 할 일은 직원을 잘 대우하는 것이다. 그다음에 조직원이 긍정성을 발견하도록 돕는 프로그램을 개발해야 한다."

컨설턴트 스테파니 폴랙은 "사람들의 배려와 노력을 감사로 수긍하는 것은 사람을 귀히 여긴다는 표시다"라면서 "이것이 효과를 발휘하는 것을 보고 내 삶도 바뀌었다"라고 말한다.

양보다 질을 겨냥하라

사람들에게 감사를 강요해봐야 소용없다. 이는 도리어 근본적으로 감사를 저해하는 권력 불균형을 강화하며, 사람들이 감사 표현을 가식처럼 느끼게 할 뿐이다. 핵심은 자발적으로, 자연스럽게 감사 표현이 피어날 시공간을 창출하는 것이다. 감사도 과유불급임을 보여주는 조사 결과도 있다(날마다 감사하려고 애쓰다 보면 감사 피로 증후군을 야기할 수도 있다).

당신은 어떻게 진정성을 전달하는가? 사소한 디테일이 결정적이다. 당신이 구체적으로 어떤 사람이나 행동이나 대상의 유익에 관해 감사하는 이유를 밝힐 때 스스로 느끼는 감사가 더 커진다(그리고 당신이 감사하는 척하는 게 아니라 진심이라는 것이 상대에게도 전달된다).

아울러 우리는 사람들이 '어떻게' 감사받길 원하는지 생각해봐야 한다. 폴랙은 감사를 사랑의 언어에 비유한다. 사람마다 인정의 언어가 다르다. 모든 사람이 감사 카드나 커피 선물, 공개적인 칭찬을 좋아한다고 생각한다면 실패에 직면할 수 있다. 직장에는 다양한 소통 유형과 출신, 전문성을 가진 사람이 모여 있다. 우리가 할 일은 동료의 강점이 우리 자신의 강점과 다를 때도 그 강점을 인정하는 것이다.

폴랙은 말한다. "핵심은 서로 배울 점이 있다는 것이다. 저 사람은 어떤 방식으로 사물을 보는지 확인하고 장점을 고마워 하면 된다. 이런 차이에 답답해하지 말고 기뻐하는 것이다. 그래야 다름을 인정하는 법을 배울 수 있다."

풍성한 감사 기회를 마련하라

모든 사람이 공개석상에서 감사받기를(또는 감사하기를) 즐기는 건 아니다. 낯가림이 있거나 겸손하여 자기를 드러내길 원치 않는 사람도 있다. 이 때문에 다양한 기회를 마련하는 것이 중요하다.

사무실에서 감사 일기를 쓸 수 있을까? 물론이다! 미국 UC버클리 대학교의 행정과와 총무과는 교직원들이 서로 노고를 칭찬하는 온라인 플랫폼을 만들었다. 이 게시판은 '칭찬합니다' 홈페이지와도 연결된다. 꼭 홈페이지를 구축하지 않아도 된다. 벽 한 켠에 '감사 게시판'을 마련하는 것으로도 충분하다. 더불어 이런 프로젝트는 감사 인사가 사물이 아닌 인간을 대상으로 할 때 가장 큰 효과를 낸다. 우리 모두 아침 커피 한 잔에 감사하지만 감사 인사는 매일 아침 커피를 준비한 행정 직원 메리에게 돌아가야 한다.

선물은 감사를 북돋우는 또 다른 방식이다. 선물이 직장 내 인간관계와 상호성에 중요한 영향을 미친다는 연구 결과가 있다(특히 비금전적 선물이 효과가 컸다). 혜택 제공도 좋은 감사 방식이 될 수 있다(특히 대상자가 낯을 가리는 성격일 경우 그렇다). 허드렛일을 대신 해주거나, 주차 공간을 빌려주거나, 휴가를 주는 것도 감사 표현이 된다. 이런 비금전적 선물은 직장 내 인간관계의 신뢰도를 높인다(이런 선물이 상호적이고 진정성이 있으며 이타적 동기로 주어진다는 조건을 충족한다면 말이다).

감사 문화를 북돋우는 (까다로운) 방법이 또 하나 있다. 감사가 조직 내 갈등을 해소하는 데 긍정적으로 기여함으로써 조직과 직장 내 인간관계에 보탬이 된다는 연구 결과가 있다. 어떻게 그럴 수 있을까? 우선 감사의 출발점은 갈등을 중재할 책임을 맡은 사람이어야 한다. 상사가 회의 서두에 앙숙인 두 직원 각각에 대해 진심 어린 감사를 표하는 것이다. 아울러 중재 과정 내내 기회가 생길 때마다 적극적으로 갈등 당사자들에게 감사해야 한다. 이런 태도가 당장에는 가시적 결과를 내지 못해도 차차 긍정적 피드백 효과를 일으킨다.

위기가 지나간 후 감사의 시간을 가지라

감사 문화를 가꾸는 것은 직장 생활에 수반되는 변화, 갈등, 실패가 주는 스트레스에 대한 가장 좋은 방책일 수 있다. 13장에서 로버트 에먼스는 감사를 정책화하고 습관화하면 "넘어질 때 완충작용을 하는 심리적 면역체계가 구축된다"라면서 "감사하는 사람이 사소한 일상적 괴로움이나 커다란 격변, 스트레스에 대한 회복탄력성이 더 높다는 과학적 증거가 있다"라고 했다.

감사는 재앙 너머로 눈길을 돌리게 하며 재앙의 긍정적 측면을 주목하게 만드는 데 도움이 된다. 이상적으로 감사는 손실을 잠재적 이득으로 재구성하는 도구다. 직장이 위태로운 지경에 있다면, 사태에 대해 새로운 관점을 획득하기 위한 회의를 소집해보라. 도움을 주기 위해 에먼스가 제안했던 질문을 직장 환경에 맞게 바꾸어보았다.

- 이 경험이 우리에게 가르쳐준 교훈은?
- 사건 당시에는 감사하지 못했더라도 현재 우리에게 일어난 일에 대해 감사할 방법을 찾을 수 있을까?
- 이 경험 덕분에 발견한 우리가 가진 의외의 저력은 무엇인가?
- 이 경험으로 우리 조직이 더 발전한 면이 있는가?
- 이 경험으로 과거 감사를 가로막은 장애물이 제거되었는가?

과학은 우리가 직장에서 감사 기피증을 극복해야 한다고, 감사를 소통, 공감, 용서와 더불어 연마해야 할 하나의 직업적 기술로 봐야 한다고 가르친다. 누구나 감사하는 법을 배울 수 있고, 그 유익은 모두에게로 돌아갈 것이다.

핵심 정리

1. 2013년 존 템플턴 재단이 미국인 2천 명을 대상으로 조사한 결과, 사람들이 가장 감사를 느끼지 못하고 표현도 적은 곳이 직장이었다.
2. 직장에서 감사 문화를 만드는 첫 단추는 상사가 직원에게 먼저 감사 인사하는 것이다.
3. 평소에 주목받지 못하는 사람들에게 감사하라.
4. 감사의 양보다 질이 중요하다.
5. 게시판 등을 활용해 감사할 다양한 기회를 마련하라.
6. 위기가 지난 후 서로 감사하는 시간을 가지면 위기가 기회로 바뀐다.

감사하는 조직은 어떤 모습일까?

◯ 에밀리 나우만 ◯

그레이터 굿 사이언스 센터는 '감사의 과학과 실천 확장' 프로젝트 연구진, 미시간대학교 로스경영대학원 '긍정조직학 연구소'Center for Positive Organizational Scholarship 킴 카메론 교수와 협업하여 조직 내 감사 수준을 측정하는 설문 양식을 개발했다. 이 설문 양식은 최고 직급부터 하위 직급까지 직장 생활 중 얼마나 많은 감사를 발견하고 받았는지를 묻는다.

먼저 답변을 제출한 응답자 600명을 분석했다. 응답자 약 30퍼센트가 미국인이 아니었고, 나머지는 미국 전역 다양한 곳에 거주하고 있었다(서부와 중서부 출신이 가장 많았다). 응답자들은 다양한 조직에 몸담고 있었으나 거의 절반이 영리 사업체였다. 다음은 『그레이터 굿 매거진』 독자들이 밝힌 조직 감사 문화에 대한 그들의 생각과 경험을 분석한 결과에서 우리가 배운 점이다.

조직 유형을 보면 조직 구성원이 느끼는 감사 지수를 예측할 수 있다

비록 많은 조직이 비슷한 감사 지수를 보였지만, 지역사회를 대상으로 봉사하는 조직의 감사 지수가 가장 높았다. 이는 영리 사업체, 의료 기관, 관공서(마지막 두 부류의 감사 지수가 가장 낮았다)보다 월등히 높은 수치였다. 킴 카메론은 조사 결과에 대한 평에서 "이 결과는 의미 있는 기여를 할 기회가 감사 지수와 연관성이 있음을 보여준다"라면서 "의미 있는 기여를 할수록 감사에 더 적극적이다"라고 말했다.

회사 내 위치가 중요하다

높은 직급이 낮은 직급보다 조직 내 감사 지수가 더 높았다. 흥미롭게도 응답자가 높은 직급이거나 임원이 아닌 경우, 나이가 들수록 조직 내 감사 지수가 떨어졌다. 이는 높은 직급과 임원들은 감사를 주고받을 확률이 높은 반면, 사다리 아래쪽에 있는 직원들은 나이가 들수록 감사할 기회가 줄어든다는 것을 보여준다. 젊은이는 낮은 직급이라도 승진하여 잠재적으로 중요한 기여자가 될 여지가 있지만 나이가 들수록 진급 가능성이 그리 크지 않음을 깨닫고 조직에 대한 인식이 나빠졌다.

스트레스 수준을 보면 감사 수준을 예측할 수 있다

스트레스 지수가 높은 조직일수록 감사 지수는 낮은 경향을 보였다. 50인 이상 조직 역시 더 영세한 조직보다 감사 지수가 낮았다. 하지만 스트레스 변수를 통제하자 이 효과도 사라졌다. 달리 말하면 대규모 조직 환경이 스트레스가 더 심하고, 바로 이러한 이유로 감사 지수가 낮게 나타난다. 엄격한 마감 기한이 있는 조직일수록 스트레스가

심했다. 시간에 쫓긴다는 느낌 때문에 잠시 일을 멈추고 감사를 표현할 여유가 없었다. 감사 부족이 스트레스를 가중할 수도 있다. 작업량이 많은 사람은 가뜩이나 힘든 일인데 인정도 못 받는다고 느낄 때 더 힘들다고 느낄 수 있다.

감사를 통해 직장 내 긍정적 정서를 가꾸는 방법

(키라 뉴먼)

감사 외에도 현대 기업에 가치 있는 여러 정서적 기술이 있다. 우리는 직원들이 정서 지능과 공감력을 함양하여 연민과 용서를 실천하는 직장을 구축하길 바란다. 피터 보나노는 개인과 팀 차원에서 마음챙김과 정서지능 훈련을 제공하는 비영리기구 '내면 탐색을 통한 리더십 함양 연구소'Search Inside Yourself Leadership Institute의 프로그램 기획 책임자다. 그는 감사야말로 정서 지능, 공감, 연민, 용서 같은 목표(그리고 이보다 더 힘든 목표)에 도달하는 경로라고 말한다. 대부분은 감사 실천이 매력, 실용성, 즐거움, 재미를 다 충족시킨다고 느꼈다. 단 15분이라는 짤막한 감사 일기 쓰기로도 긍정적 정서가 대폭 강화되었다는 조사 결과도 있다.

이게 다가 아니다. 당신을 도와준 누군가에게 감사하는 것은 친절 이면에 있는 선한 의도와 수고를 인정한다는 의미다. 이는 연민에 필요한 '타인의 입장에서 생각해보기'를 실천하는 좋은 방법이다.

보나노는 연구소 수련회에서 종종 10분 감사 명상을 인도한다. 참가자들은 감사하고픈 사람을 떠올린 후 그 사람이 자신에게 준 영향에 초점을 맞추어 감사 정서에 젖어든다. 그 후 그들은 감사를 표현하는 문자 메시지를 상대에게 보낸다. 보나노는 "이 과정에서 다들 마음이 활짝 열린다"라면서 "많은 사람이 이 시간을 통해 그간 하고 싶었지만 미루었던 중요한 대화를 동업자나 배우자와 나눈다"라고 했다.

보나노는 또 다른 워크숍에서 감사가 어떻게 직장에서 친절과 너그러운 마음을 북돋우는지 실감했다. 테크 대기업에 다니는 참가자들은 감사 실천 시간에 죄책감을 느꼈다고 보고했다. 그들은 삶에 주어진 좋은 것에 초점을 맞추는 활동을 통해 그들이 누리는 온갖 혜택(남들이 부러워하는 직장, 직장의 취미활동 지원, 고액 연봉 등)을 재발견했다. 이런 정서를 나누고 논의한 후 그들은 더 어려운 처지에 있는 사람들에게 받은 혜택을 나눌 방법을 찾겠다고 다짐했다.

감사 지수가 높은 직원일수록 사회적 책임 의식이 강하다는 조사 결과도 있다. 감사가 관계를 강화하고 눈에 띄지 않는 기여에 관심을 기울이게 하기 때문이다. 감사 지수가 높은 직원은(아울러 더 많은 감사를 받는 직원은) 조직 안에서도 시민 의식에 입각한 행동을 더 많이 한다. 신입사원을 환대하거나 동료의 빈자리를 채우는 등 직무기술서에 기재되지 않은 배려를 행하는 것이다. 감사와 친절은 직장에서도 긍정적 선순환을 생성한다. 이 책 다른 에세이에서 설명한 뇌 속 감사의 선순환이 직장에서도 똑같이 일어나는 것이다.

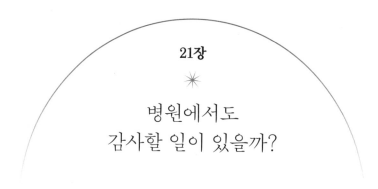

21장

병원에서도
감사할 일이 있을까?

레이프 하스

90세 나이와 38킬로그램의 몸무게에도 불구하고 Z부인은 상당한 존재감을 보였다. 그녀의 주치의인 나는 그 작은 체구에서 어떻게 그런 강인함이 느껴지는지 놀라웠다. 그녀는 젊은 시절 앓았던 결핵의 후유증인 호흡 곤란으로 최근 병원에 입원했는데, 입원하기 전만 해도 혼자 살아왔다.

병원에 있는 동안 Z부인의 호흡은 나아졌지만 기력은 돌아오지 않았다. 누가 봐도 퇴원 후 곁에서 돌볼 사람이 필요했다. 그녀는 요양원에 가길 원하지 않았고, 난 가족과 상의하여 그녀가 집으로 갈 수 있는 방도를 찾았다. 그녀가 퇴원하던 날, 나는 살짝 지친 상태로 이렇게 작별 인사를 건넸다. "환자분이 집으로 돌아갈 수 있게 되어 좋습니다. 행운을 빌어요. 그리고 감사했어요."

그녀에게 인사를 건넨 후 복도로 나가 숨을 깊이 들이마셨다. 가족들이 앞으로 매일 Z부인을 돌보느라 얼마나 힘들지를 생각했고 여러 감정이 올라왔다. 마지막 가는 길의 고통을 덜어주고, 또 집으로 돌아가고 싶다는 간절한 소원을 들어줄 수 있었음이 감사했다. 그녀를 돌볼 수 있었던 것이 내겐 큰 특권이었다. 난 다시 그녀의 병실로 돌아갔다. 잠든 Z 부인을 둘러싸고 자식들이 병원비 정산을 하고 있었다. 난 다시 한번 깊이 숨을 들이마셨다.

"참 아름다운 가족이세요. 이 말씀을 드리고 싶었어요. 어머니를 돕는 데 제가 어떤 역할이라도 할 수 있어 감사해요."

병실 문을 나서자 가슴 깊은 곳에서 뭔가 울컥 올라왔고 머리가 핑 그르르 도는 느낌이 들었다. 눈시울이 뜨거웠다. 이렇게 강렬하게 온몸으로 경이로운 감정을 느끼게 한 실체가 무엇일까 궁금했다.

왜 같은 가족에게 건넨 인사가 내 안에서 이렇게 다른 반응을 불러일으켰을까? 감사에 관한 연구 자료를 공부하다가 그 답을 찾았다. 연구는 감사가 심신 건강에 중요한 유익을 미친다는 점을 명백하게 밝혔다. 감사는 우리 기분과 삶의 만족감을 끌어올린다. 감사가 심장병 위험이 있는 사람들의 심혈관계 건강을 증진한다는 증거도 있다. 하지만 내가 감사 연구에서 배운 가장 중요한 교훈은 이런 감사의 유익을 누리려면 먼저 효과적으로 감사를 표현해야 한다는 것이다. 이런 진실한 감사 경험이 나와 같은 의료 전문인에게 새로운 활력을 제공한다(그리고 지금처럼 활력이 절실한 때도 없다고 본다).

의료 기관 내 감사의 필요성

난 가정의학과 입원환자 전담의로(외래환자는 보지 않고 입원환자만

돌본다), 숱한 동료 의사들이 번아웃으로 괴로워하는 모습을 가까이서 지켜보았다. 거의 40퍼센트가 번아웃에 시달린다. 이들은 신체적, 정신적 고갈을 느끼고 환자와의 연결 능력이 떨어져 더 이상 일에서 보람을 찾지 못한다. 의료진은 현장의 막중한 기술적, 정서적, 시간적 요구로 쉽게 혼란을 느끼고 그 결과 환자에게 필요한 연민과 돌봄을 제대로 제공하지 못한다. 난 자기 일에서 감사하는 방법을 찾아보고 표현하는 것이 번아웃 해결의 지름길이라는 신념을 가지고 있다. 그 신념에 이른 구체적 계기가 바로 Z가족과의 경험이었다.

젊은 의사 시절에는 직장에서 전달하는 감사 인사가 뭔가 억지스럽고 비인격적인 고객 서비스처럼 다가왔다. 사회학자 알리 호쉬차일드가 저서 『관리된 마음Managed Heart』에서 묘사한 것처럼 그저 감사를 '감정노동'이라고 생각했다. 하지만 십여 년간 의료 현장에서 일한 후 환자는 병원에 있을 동안 의료진의 정서적 지원을 필요로 한다는 것을 깨달았다. 특히 고령 환자들이 쉬운 말로 격려하는 의료진에게 큰 위안을 얻음을 발견했다. 그래서 한편으론 회의감이 들면서도 환자의 안위를 위해 감사 표현을 하기 시작했다.

감사 표현은 단지 환자에게만 힘을 주는 게 아니었다. 감사는 나에게 즉각적이고도 강력한 활력소가 되었다. 일에 대한 열정이 되살아나기 시작했다. 환자와 나 모두 짧은 감사 대화 후 기분이 좋아졌다. 한동안은 그 이유가 무엇인지, 그리고 어떤 요소가 효과적인 감사를 가능케 하는지 고민하지 않았다. 그러나 시간을 들여 공부한 후 얻은 깨달음은 나를 변화시켰다. 핵심은 로버트 에먼스가 이 책 1장에서 감사를 정의한 방식에 있다. 감사는 타인이 우리에게 준 선물의 원천과 선물 자체를 인정하는 것이다. 이런 감사를 경험한 사람은 종종 사회 환원으로 받은 선물에 보답한다.

에먼스가 이끈 유명한 연구 결과에 따르면, 감사 일기를 쓴 사람들이 삶 속에서 더 지속적인 안녕감을 누렸고 이타적 동기 부여도 더 컸다. 그러나 의료 현장에서 이것을 실천하는 일은 쉽지 않다. 반(反)직관적이기까지 하다. 누가 선물을 주는 자인가? 그리고 정확히 무엇이 선물인가?

선물 인식하기

중병에 걸린 환자와 가족은 필사적 투쟁에 돌입한다. 이런 환경에서 치유가 일어나면 그 풍성한 경험이 놀라운 특권과 선물로 승화된다. 그런데 시간을 들이고 주의를 기울이지 않는다면 이 선물을 인식하지 못하고 지나치기 십상이다.

선물의 원천은 우리가 자기 삶 속에 들어오도록 문을 열어준 환자의 열린 마음과 신뢰다. 나는 들어가는 거의 모든 병실에서 아름다운 사연을 발견하는 법을 배웠다. 노부부의 사랑, 딸의 헌신적인 간병, 사망선고를 받은 이들의 신앙과 낙천성…. 병실에 들어갈 때마다 가장 근원적인 인간의 감정과 실존적 몸부림을 가까이서 들여다볼 기회를 허락받는다. 실로 소중한 선물이다.

난 환자와 만나기 직전 심호흡을 하며 마음의 속도를 늦추고, 투병 이야기 속에 있는 아름다움을 발견할 정신적 여유를 마련한다. 아울러 회진이나 진찰 전에 긍정의 묵념 시간을 가지려고 노력한다. "잠시 멈추어 우리가 돌보는 이들의 고통과 날마다 우리가 서로와 환우에게 제공하는 사랑과 노력에 주목하는 시간을 갖겠습니다."

선물 인정하기

촉박한 시간과 생사가 오가는 급박한 상황에서 많은 의료진이 온종일 동분서주한다. 난 Z가족에게 두 번째 감사를 전하기 직전 잠시 멈추고 심호흡을 하며 생각을 정리했다. 이는 감사를 위한 준비뿐 아니라 신체적 준비도 된다. 심호흡은 스트레스가 주도하는 교감 신경계를 진정시키고 옥시토신이라는 호르몬을 분비하며 우리가 타인과 유대를 맺는 데 도움이 되는 부교감 신경계를 활성화한다. 신경계가 차분하게 진정되었기에 Z가족이 내게 준 선물을 인식하고 인정할 수 있었다. 마음에 감사가 밀려왔고 눈시울이 뜨거워졌다.

정신적, 신체적으로 민감한 수용 상태를 준비함으로써 더 깊은 감사를 경험할 수 있다. 감사 문화의 리더가 되어 동료들이 선물을 인정하도록 도울 수 있다. 팀 동료들이 보여준 연민과 돌봄에 감사하고 수긍한다. 이 맥락에서 내 성공에 기여한 이들이 준 선물을 구체적으로 언급함으로써 솔선수범한다.

사회 환원

번아웃은 정서적 고갈, 비인격화, 개인적 성취감 감소를 가져온다. 나 역시 그 하향성 소용돌이에 갇혀 의기소침하던 시기가 있었다. 감사는 종종 긍정적 선순환을 생성한다. 한 조사에서 의료진 중 주2회 감사 거리를 기록한 이들은 스트레스와 우울증이 덜하다고 보고했다. 한편 직장에서 겪은 고충을 기록한 이들은 오히려 답답함만 가중되었다. 이 뿐만이 아니다. 사람들은 선물을 받을 때 종종 긍정적 감정이 강하게 올라오는 것을 경험하며 보답하고 싶다는 욕구를 느낀다.

　Z부인의 가족에게 두 번째 감사 인사를 건넨 후, 낯선 사람에게 그 선물을 되갚을 수 있었다. 다음 환자인 J가 맞은편 병실에 있었다. 그는 전날 밤 폐렴으로 입원했다. 그의 아들이 낙담하여 병실을 초조하게 왔다갔다하는 모습을 보았다. 밤새 호흡이 더 가빠졌고 섬망증도 있어 침대에 결박하고 신경안정제를 놓아야 했다. 다음날 아버지가 양손이 침대에 묶인 채 축 늘어져 있는 모습을 보고 아들이 느꼈을 혼돈과 분노를 헤아렸다. 난 Z가족과의 경험으로 J환자 아들의 답답한 마음과 걱정을 인내심을 가지고 공감하며 경청할 수 있었다.

　Z가족을 만난 이후 나는 감사의 위력에 종종 감탄한다. 감사의 작동 방식을 이해한 것이 의료인으로서 내 일을 대하는 방식을 완전히 바꾸어놓았다. 이제 환자가 퇴원할 때 눈물이 안 나면 그날 내가 놓친 선물은 무엇이었을까 의문이 든다. 통념과 달리 감사로 인해 약해지지도 않았고 오히려 더 강한 의사가 되었다고 믿는다.

병원에 감사 문화를 정착시키려면

캐서린 브로지나

미국 캘리포니아 샌디에이고에 있는 스크립스 헬스 네트워크는 일 년 내내 의료 현장에 감사 문화를 조성하기 위해 노력했다. 스크립스 지역 의료 체계에 속한 기관은 5개의 대학 캠퍼스 안에 자리한 병원 4개와 외래 센터, 진료소로 이루어져 있다. 의사 3천 명과 직원 1만 5천명으로 이루어진 스크립스 네트워크는 규모는 작지만 의료 현장 내 감사 문화를 구축하는 일에 앞장서고 있다.

스크립스 조직은 직원과 경영진 간에 감사 표현을 공유하는 온라인 칭찬 플랫폼을 도입했다. 사용자는 이 온라인 '명예의 전당' 플랫폼에서 자기 직무를 훌륭하게 수행한 의료진과 직원들에게 감사 쪽지를 보낼 수 있다. 스크립스 조직은 감사 인센티브제도 마련했다. 의료진과 직원들은 받은 감사를 포인트로 전환하여 선물과 복지 혜택으로 바꿀 수 있다. 이 플랫폼의 주사용자는 직원들이지만, 환자 역시 손 카드 형태로 그들이 받은 의료 서비스에 감사를 표할 수 있다. 환자의 감사 카드는 모두 온라인 시스템에 입력된다.

직원 지원 프로그램 담당자인 폴 랜돌프는 시간에 쫓기는 사람도 감사할 수 있는 방법을 강구했다. "환자를 돌보는 의료진은 컴퓨터에 접속할 짬을 못 내는 경우가 많아요. 그래서 그들도 쉽게 감사 카드를 쓸 수 있도록 병동 복도에 카드함을 비치했어요. 수거한 종이 카드는 의료진과 직원 회의에 반영하고 온라인 시스템에 입력하죠."

경영진이 감사의 중요성을 인식하게 하고 병원 경영에 감사 문화를 적극 도입하기 위한 경영진 교육 프로그램도 있다. 또 의료 시설 곳곳에 게시판을 마련하여 환자나 직원들이 공개적으로 감사를 전달할 수 있게 했다. "감사 문화가 성공적으로 정착된 비결 중 하나는 사람들이 서로의 수고에 대해 실시간으로 감사를 공유하는 루틴을 만들고 이것이 문화로 자리 잡게 한 거예요"라고 랜돌프는 말한다.

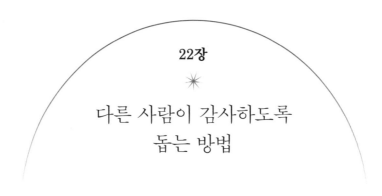

22장

다른 사람이 감사하도록
돕는 방법

톰 길로비치

우리는 대부분 일상에서 권리 의식을 내세우거나 섭섭함을 토로하기보다는 감사하는 삶을 살길 원한다. 그러나 알다시피 감사는 모호하고 섭섭한 반면, 권리 의식은 생각보다 쉽게 우리 정서 속으로 파고든다.

그래서 지난 20여 년간 감사 연구는 어떻게 해야 건강하고 생산적인 감사 정서를 더 많이 경험할 수 있느냐에 초점이 맞추어졌다. 대부분 감사 연구의 목표가 '감사 장려'였다는 얘기다.

그런데 사회심리학의 아버지 쿠르트 레빈이 말한 것처럼 이미 높은 동기 부여 수준에 도달한 사람을 새롭게 동기 부여하는 건 쉬운 일이 아니다. 예를 들어 호흡곤란 증상을 가진 사람은 이미 높은 수준의 금연 동기를 가지고 있다. 다만 습관이 동기보다 강하기에 담배를 못 끊는 것이다. 레빈에 따르면 이런 상황에서는 금연 저해 요인이 무엇인지 파악한 다음 그 장벽을 제거하는 것이 더 효과적이다. 감사 연구에서도 사람들이 감사를 느끼지 못하도록 막는 장벽이 무엇인지에 초점을 맞춤으로써 더 많은 결실을 얻을 수 있지 않을까?

이 가설을 믿고 학생들과 함께 '감사의 적'을 파악하는 연구를 진행했다. 첫 번째 적은 파악하기 쉬웠다. 바로 적응력이다. 단순하게 말하면 우리는 시간이 흐를수록 모든 것을 익숙하고 당연하게 여긴다. 우리 팀은 개인적, 사회적 차원에서 이 장벽을 극복할 방법을 발견했다.

감사가 지속되게 하려면

사람은 어떤 일이 닥치든 놀라운 적응력을 발휘한다. 부정적 경험을 할 때는 이 적응력이 대단한 자원이다. 우리는 적응력 덕분에 트라우마를 비롯해 '결코 예전과 같이는 못 살 것만 같았던' 난관을 극복하고, 다시 좋은 기분과 충만함을 느낄 수 있다.

하지만 적응력은 긍정적 사건을 지속적으로 누리지 못하게 하는 막강한 적이다. 우리는 저 회사에 들어가기만 하면, 저 자리로 승진만 하면, 저 사람과 사귀기만 하면 모든 게 달라지리라 생각한다. 그리고 실제로 달라진다. 하지만 대개 한때로 그친다. 우리가 이룬 진보는 다시금 새로운 기준점이 되고 얼마 못 가 동일한 수준의 만족과 설렘과 기쁨을 더 얻으려, 또 무언가를 더 가지려 한다.

이 적을 어떻게 해야 할까? 사람들은 모든 것에 동일하게 적응하지 않는다. 고로 사람들이 어떤 것에 더 적응하기 어려워하는지를 살피는 게 도움이 된다. 우리는 이 관점에서 사람들이 구매 후 느끼는 감사함의 정도를 조사했다. 사람들이 물건 구매(책장, 재킷, 보석 등)와 경험 구매(좋아하는 밴드의 콘서트 관람, 존경하는 코치나 교사의 강의 수강, 어린 시절

꿈꿨던 먼 나라 여행 등) 중 어느 쪽에 더 큰 (혹은 지속적인) 감사를 느끼는 지 조사했다.

가장 단순한 방법으로 테스트하기 위해 설문 응답자들에게 최근 100달러 넘게 구매(물건 또는 경험)한 사례를 떠올려보고 거기서 얼마나 큰 행복감과 감사를 느꼈는지 점수를 매겨달라고 했다. 조사 결과 응답 자들은 물건보다 경험에 월등히 큰 감사를 느꼈다. 즉, 경험 적응력이 물 건보다 떨어졌다.

추가 증거는 온라인 구매 후기 분석을 통해 얻었다. 물건만 파는 사 이트(CNET, 아마존)와 여행을 비롯한 경험을 판매하는 사이트(엘프, 트 립어드바이저)에서 총 1천2백 건의 구매 후기를 다운받았다. 그다음 (조 사의 목적을 알지 못하는) 평가자들에게 각 후기를 보고 구매자가 느낀 감 사의 감정을 점수로 평가해달라고 요청했다. 결과는 경험 위주 사이트 에 올라온 후기의 감사 점수가 월등히 높았다.

감사 연구자들은 감사할 때 우리 선한 모습이 드러나며 이기적 충 동을 물리치고 이타적 행동을 하려는 자발성이 발현됨을 발견했다. 그 래서 우리는 경험 구매가 물건 구매보다 더 큰 나눔을 촉발하는지 실험 해보기로 했다.

우리는 사람들에게 과거 5년간의 구매 중 가장 중요한 물건 구매 나 경험 구매를 떠올리고 이에 반추하는 시간을 가지게 했다. 그다음 참 가자들은 연구진이 준 보너스의 일부는 자신이 가지고, 일부는 일면식 도 없는 다른 참가자에게 익명으로 기부하는 놀이 실험에 참여했다. 그 결과, 물건 구매에 관해 반추한 사람보다 경험 구매를 반추한 사람이 더 넉넉하게 기부했다. 경험 구매는 사람의 관심을 외부로 돌림으로써 친 절과 이타성을 증가시켰고, 물건 구매는 사람의 관심을 자신에게로 돌리고 이타적 베풂이 줄어드는 결과를 낳았다.

경험을 위해 살라

왜 경험이 물건 소유보다 더 큰 감사를 유발할까? 여기에는 중요한 두 가지 이유가 있다. 첫째, 경험은 우리 정체성에서 큰 부분을 차지한다. 우리가 아무리 소유를 귀하게 여겨도 물건은 우리와 분리되어 있다. 반면 경험은 우리와 떨어져 있지 않다. 어떤 면에서 우리는 경험의 총합이다. 우리가 내면에 한 층 한 층 쌓아올린 경험은 오래 지속된다. 시간이 흐른다고 줄어들지 않는다. 둘째, 소유보다 경험이 우리와 타인을 연결한다. 우리는 경험에 참여하는 과정에서 동일한 경험을 한 이들과 더 큰 유대감을 느낀다. 이런 사회적 연결감은 적응에 대한 저항력이 크기 때문에 경험에서 얻는 쾌락의 지속성도 크다.

그 교훈은 명백하다. 당신이 감사하는 성향을 기르고 싶다면, 경험을 더 구매하고 물건은 덜 구매하라. 그렇다고 모든 재화 거래를 끊고 금욕주의자로 살라는 말은 아니다. 계속 소유를 누려도 좋다. 그저 경험에 지출하는 비중을 약간 더 늘리고 소유에 지출하는 비중을 줄이라는 말이다. 그러면 더 감사하게 되고 이로 인해 더 많은 심리적 유익을 누리게 될 것이다.

환경에 대한 새로운 접근으로 소비 절제가 이 시대의 새로운 트렌드로 부상하고 있다. 사람들이 물건 구매보다 경험 구매에서 더 큰 감사와 만족을 얻는다는 연구 결과가 이 새로운 목소리에 힘을 더한다.

이런 발견을 계량화할 방법에 관한 연구는 미완성 과제로 남아 있다. 예를 들어 지역사회에서 경험 인프라(공원, 산책로, 해변, 야외 원형공연장)에 투자하면 지역주민 전체의 삶의 질과 감사 지수에 어떤 효과가 있을까? 아울러 로봇 과학과 인공지능의 발전으로 (소비자에게 재화를 공급하는) 제조업 일자리가 점점 줄어드는 추세 속에서 새로운 경험 산업이 일자리 공백을 메울 수 있을까?

소유보다 경험에 집중하는 경제가 탄생함으로써 이어질 사회 운동의 성장 가능성과 이에 기여하고픈 생각에 가슴이 설렌다.

핵심 정리

1. 적응력은 감사의 적이다. 적응력은 부정적 사건을 극복하는 데 굉장한 자원이지만, 긍정적 사건을 지속적으로 누리지 못하게 하는 막강한 적이기도 하다.
2. 물건 구매보다 경험 구매가 더 지속적인 감사를 낳으며, 이후 더 큰 나눔을 촉발한다.
3. 경험은 우리 정체성의 큰 부분을 차지하며, 소유보다 경험이 우리와 타인을 연결한다.

6부

감사가 뿌리내린 사회

우리는 연결을 갈망하면서도 한편으로는 타인에 대한 극심한 두려움을 가지고 있다. 우리는 누군가에게 의존하는 삶을 원하지 않는다. 이것이야말로 여러 집단 간 들끓는 분쟁의 본질이며, 동시에 우리 머릿속에서 들끓는 갈등이기도 하다.

감사하는 자세는 더 건강한 선택을 하게 함으로써 개인의 삶을 넘어 훨씬 넓은 반향을 일으킨다. 우리는 "감사해요"라는 말을 들을 때 스스로 가치 있는 존재라고 느낀다. 또 그 경험을 통해 무의식적으로 감사의 효과를 깨우친다. 이는 모든 사람을 더 행복하고 건강하게 만드는 감사의 연쇄 반응을 불러일으킨다.

우리 사회는 앞으로도 계속 지구 온난화와 불평등 같은 심각한 문제와 씨름할 것이다. 하지만 우리가 서로 더 큰 연결감을 느끼고 가진 것에 감사한다면, 그런 문제에 대처할 힘과 회복탄력성을 얻을 수 있다.

여기에 소개된 몇몇 에세이는 물질주의를 약화시키고 사회적 신뢰를 회복하며 정치 참여를 독려할 감사의 잠재성을 살펴본다. 기고자들은 잭 콘필드, W. 카마우 벨, 데이비드 스타인들 라스트 수사 같은 사상가들과의 대화를 통해 어떻게 감사함으로써 전 세계적 어려움을 극복하고 더 나은 세상으로 나아갈지를 모색할 것이다.

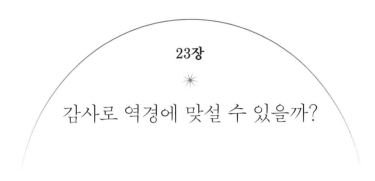

23장

감사로 역경에 맞설 수 있을까?

잭 콘필드 대담 (질문: 질 서티)

날마다 쇄도하는 온갖 나쁜 뉴스를 접하다 보면 자칫 낙담에 빠지거나 우울해지기 십상이다. 그러나 심리학자 잭 콘필드는 절망이 자신과 공동체, 세상 누구에게도 보탬이 되지 않는 반응이라고 말하며, 연민compassion과 배려caring, 평정심equanamity을 좇아야 한다고 주장한다.

『마음의 숲을 거닐다』와 『지혜로운 마음』을 집필한 유명 작가 잭 콘필드는 이 대담에서 고난에 대한 자신의 관점을 제시하고 배려하는 마음을 유지하는 법을 설명한다. 또 고대 지혜 전승을 통해 수천 년간 명맥을 이어온 실천법도 소개한다. 그중 상당수는 다수의 현대 과학자들도 함께 확인한 방법이다. 이는 고대 전통과 현대 과학의 흥미진진한 융합을 시사한다.

질 서티: 행복을 어떻게 정의하시나요?

잭 콘필드: 행복에는 여러 의미가 있어요. 우리는 삶에 안전과 안정

이 있을 때 행복을 느껴요. 타인과 연결감을 느낄 때도 주변 아름다움을 볼 때도 심오한 행복감을 경험합니다. 또 목적과 의미를 발견할 때도 그렇고요. 삶의 우여곡절 속에서 마음과 정신을 수련하여 내적 안녕과 평화와 기쁨을 누릴 때도 행복하죠.

가장 깊은 의미의 행복은 어떤 감정이나 쾌감의 지속이 아니에요. 이는 깊은 안녕과 온갖 신비, 변화를 아우르는 삶 자체에 대한 인정에서 비롯됩니다.

질: 이렇게 고난이 많은 세상에서 어떻게 행복을 발견할 수 있죠?

잭: 모든 삶에는 필연적으로 고난이 있어요. 그 어떤 것도 고난의 방파제가 될 수 없어요. 아무리 돈, 성공, 명성, 성취가 있다고 해도 고난을 막을 순 없어요. 그러나 시련의 한복판에서도 깊은 안녕, 기쁨, 행복, 자존감을 키울 수 있어요. 저는 난민촌에 사는 극빈층 가운데서도 막대한 부와 번영을 누리는 사람보다 더 큰 기품, 타인과의 연결감, 사랑을 가진 사람들을 발견했어요.

당신이 우울하거나 불행하면 난민촌에 가서 그들을 도우려 해도 할 수 없어요. 어려운 형편에 처한 사람들은 당신이 그들과 함께 일할 때 두려움과 혼돈을 끌고 오는 걸 좋아하지 않아요.

연민이 중요하지만, 기쁨도 중요하니까요. 프랑스 철학자 앙드레 지드는 기쁨이 '도덕적 의무'라고 했어요. 우리가 세상에 줄 수 있는 선물은 우리가 행하는 구체적인 일을 통해 임하기도 하지만, 우리의 존재, 미소, 접촉, 인간의 가능성과 신비에 대한 인식을 통해 임하기도 해요. 우리는 어디를 가든 안녕, 사랑, 배려의 등대가 될 수 있어요. 이는 우리가 마주치는 사람들에게 감동과 희망이 되죠.

불교 심리학은 인간의 안녕에 초점을 맞추고 역경의 한복판에서도 기쁨과 배려, 연민, 평화, 해탈, 내면의 자유를 구축할 실제적인 방법을 제시하죠. 진단과 병리 현상 치료에 초점을 맞춘 의학적 서구 심리학 모델과는 상극이에요.

우리가 체계적인 방식으로 주의를 집중하면 차분한 사고와 열린 마음에 도달하는 법을 배울 수 있다는 사실이 현대 신경과학으로도 확증되었어요. 마음챙김, 감사, 용서, 기쁨, 연민의 단순한 실천이 우리 건강과 안녕에 긍정적 영향을 미치고 마주치는 모든 사람에게 유익한 영향을 미쳐요. 이런 상태는 우리의 천부권이기도 해요. 인간이라면 누구나 이런 일이 가능하니까요. '그레이터 굿 사이언스 센터'는 서구 심리학계의 새로운 운동을 반영하지요. 이 운동에는 고대 지혜가 담긴 여러 도구가 있고요.

질: 하지만 기쁨으로 충만한 삶을 사는 게 말처럼 쉽나요? 어떻게 기쁨을 가로막는 도전을 극복하죠?

잭: 세상은 불공정이 지속되고 있죠. 한편에서는 아이들이 기아로 죽어가는데 한편에서는 곡물을 산더미처럼 쌓아두고 있어요. 한편에서는 분쟁과 테러의 두려움에 떨고 있고 한편에서는 지구 곳곳으로 무기수십억 달러를 수출하고 있죠. 우리 모두 뭔가 잘못되었음을 알아요.

세상에 더 많은 식량이 필요한 건 아니에요. 우리에게는 이미 충분한 식량이 있어요. 무기가 더 필요한 것도 아니에요. 세상에 필요한 건 배려와 연결이에요. 더 많은 사랑이 필요해요. 우리는 이 점을 확실히 알죠. 그럼에도 이 모든 것을 한순간에 바꿀 순 없기에 우리는 죄책감, 수치심을 느껴요. 이런 불완전한 세상에서 행복을 느끼는 건 옳지 않다고 느끼죠.

잭 길버트의 「피고를 위한 변론」이라는 놀라운 시에 이런 구절이 있어요. "우리는 세상이라는 무자비한 용광로 속에서 우리의 기쁨을 고집스레 받아들여야 하네. 그저 불의에만 정신을 쏟는다면 악마를 칭찬하는 것일 뿐."

세상을 바꾸기 위해 최선을 다하지 말라는 얘기가 아니에요. 좋은 씨를 심고 정의를 수호하고 망가진 것을 고치려 두 팔 걷어붙이고 노력해야죠. 우리에게 주어진 역량으로 변화를 도모해야죠. 이 과정에서 우리는 또 보람과 안녕을 얻어요. 그러나 분노, 죄책감, 두려움, 절망감으로 행동하는 것과 기쁨으로 행하는 것은 아주 달라요.

질: 어려운 시기에 행복을 발견하는 데 감사가 어떤 역할을 할까요?

잭: 감사와 인정은 행복의 심오한 차원이에요. 뉴스는 폭격, 지진, 살인, 분쟁 등 문제에만 초점을 맞추는 경향이 있어요. 하지만 안 좋은 뉴스가 보도될 때도 동시에 수억 건의 선행이 일어나요. 자녀들에게 스파게티를 요리해서 먹이는 사람이 있고, 행인이 안전하게 횡단보도를 건너도록 빨간 신호에 맞춰 차를 멈추는 사람이 있고, 정원을 가꾸고 새 집을 설계하는 사람도 있어요. 이렇게 수백만 가지의 좋은 일이 일어나죠. 아울러 인생 자체의 아름다움도 있어요. 태풍 후에도 물웅덩이에 비친 석양과 라벤더 꽃이 우리 눈에 들어오잖아요.

우리가 말랑말랑한 마음으로 유심히 관찰하면, 지나가는 행인의 눈빛에서도 인간미를 읽을 수 있어요. 물론 녹초가 되어 걸어가거나 바삐 뛰어가는 행인도 있죠. 시선을 위로 돌리면 공중의 새, 구름, 날씨, 파란 하늘, 별이 보이죠. 우리가 어떻게 인간됨의 신비를 못 볼 수 있죠? 어떻게 삶에서 감사거리를 놓칠 수 있죠?

　찻길에서 차가 내 쪽으로 달려오면 얼른 몸을 피하잖아요. 우리는 이렇게 우리 생명을 아껴요. 우리 몸 세포 하나하나에 이 긍정이 각인되어 있어요. 감사는 우리가 이 삶에 속해 있다는 의식을 심장으로 불어넣는 애틋한 관심이에요. 그리고 한 걸음 내디딜 때마다, 한 번 미소 지을 때마다, 한 번 몸을 흔들 때마다, 우리는 크고 작은 방식으로 세상에 선물을 주고 있는 거죠.

　질: 때로는 감사에 접근하기 어려운 경우도 있지 않을까요?

　잭: 정신에는 수만 개의 채널이 있어요. 우리는 우울과 두려움이라는 채널을 켤 수도 있고, 연결과 사랑이라는 채널을 켤 수도 있어요. 이것이 우리 뇌 회로의 방식이에요. 우리는 쉽사리 투쟁이나 도망으로 내달리는 원시적 뇌를 갖고 있어요. 현대 뉴스들은 대부분 겁을 줘 우리의 주목을 끌어요. 이것이 현대 정치의 목표이기도 해요. 우리는 전 세계가 점점 더 불안해하는 걸 느끼고 있어요.

　하지만 다른 채널도 있어요. 우리를 겁먹게 하고 두려움을 조장하여 주의를 집중시키는 정치와 언론 보도 이면에 있는 허구성과 조작도 꿰뚫어 볼 수 있죠. 우리는 주변을 둘러보며 세상에 엄청난 아름다움이 있음을 발견해요. 우리가 어떤 씨앗에 물을 주느냐, 어디에 관심을 돌리느냐에 따라 두려움과 혼돈 속에 살 수도 있고, 마음과 정신의 위력(배려, 자신감, 평정, 안녕 등)을 활성화시킬 수도 있어요. 이는 우리 안에 본원적 차원이에요. 잘 가꾸면 점점 계발되고 각성될 수 있죠.

　수십 년간 심리학자로 살아오며 연민, 감사, 베풂, 마음챙김, 사랑의 각성이 어떻게 순식간에 역경 가운데 반전을 일으키는지 목격했어요.

어떤 씨에 물을 주든 그 씨가 우리 정신과 마음에서 자랄 거예요.

질: 개인 차원의 감사 실천이 주변 사람에게 영향을 미치리라 생각하세요? 어떻게 그런 영향을 미칠 수 있죠?

잭: 어떻게 영향을 안 미치겠어요? 안녕을 전파하는 것은 기쁨이지만 도덕적 권력이기도 해요. 선불교 스승 틱낫한은 이걸 이렇게 설명했어요. 난민을 가득 태운 보트가 풍랑과 해적을 만났을 때 죄다 겁에 질리면 다 같이 망해요. 하지만 단 한 사람이라도 중심을 잡고 평정심을 지키면 모두에게 살 길을 제시할 수 있어요. 우리가 평화로운 마음으로, 배려와 안녕의 정신으로 중심을 잡는다면, 세상이라는 보트에서 그 한 사람이 되는 겁니다. 그리고 주변 모든 사람에게 영향을 미치죠.

비록 감사는 분명 아름다운 덕이지만, 적절한 단어인지는 모르겠어요. 제가 지향하는 것은 배려caring에 더 가까워요. 스스로를, 지금의 삶을, 인간 공동체를, 지구를, 서로 배려하는 거죠. 배려 안에 사랑, 각성, 감사, 인정이 다 들어 있어요.

과연 내면이 달라진다고 해서 고달픈 세상이 달라지겠느냐고 물을 수 있어요. 답하자면, 오직 내면의 변화만 세상에 변화를 일으킬 수 있어요. 첨단기술, 컴퓨터, 인터넷, 인공지능, 바이오테크, 나노기술, 우주 기술을 다 동원해도 계속되는 인종차별, 전쟁, 환경파괴, 민족주의를 못 막아요. 이 모든 것의 뿌리가 인간 마음에 있거든요.

이젠 경이로운 외적 발전에 걸맞는 내적 발전이 요구되는 시대예요. 내적 발전은 우리 자신과 타인에 대한 연민을 일깨울 수 있어요. 내적 발전은 사랑 어린 관심과 각성에서 비롯되죠. 여기서 깊은 연결과 배려, 사회적이고 정서적인 지혜가 자라요. 이것이 우리 시대가 당면한 큰

과제입니다. 인간 의식의 내적 수준을 외적 발전 수준과 맞추는 거죠. 이
것 말고는 다른 어떤 것도 참 변화를 일으키지 못할 겁니다.

감사로 신뢰하는 사회를 만들 수 있을까?

엘리자베스 호퍼

지난 수십 년간 미국인의 상호 신뢰도 및 기업이나 언론 등 각종 기관과 정부에 대한 신뢰도가 하락 추세임을 보여주는 여러 조사 결과가 있다. 신뢰는 개인과 사회에 큰 유익을 미친다. 신뢰 지수가 높을수록 관계가 건강해지고 범죄율이 낮아지며 경제가 발전한다. 그럼 어떻게 해야 신뢰도를 끌어올릴 수 있을까?

감사가 신뢰 사회로 가는 길임을 보여주는 연구가 있다.『성격과 개인차 저널』에 실린 조사에 따르면 한 주간 의식적으로 감사거리를 세어본 사람이 대조군보다 남을 신뢰할 가능성이 더 높았다. 연구진은 조사 대상자 절반에게 3일에 한 번 감사거리를 다섯 가지씩 기록하는 감사 일기를 쓰라고 요청했다. 나머지 절반의 참가자들은 단순하게 무슨 활동을 했는지를 기록했다. 모든 사람이 대략 한 주간 총 3회의 일기 쓰기를 완수했다.

일기 쓰기가 끝나고 며칠 뒤, 참가자들을 실험실로 초청하여 간단한 '신뢰 게임'을 하게 했다. 참가자가 게임에 참여한 다른 선수와 돈을 거래하는 게임이었다(실제로 다른 선수는 없고 컴퓨터와 게임을 했다). 참가자는 소액의 돈을 받은 후 일부를 다른 선수에게 보낼 수 있다. 참가자가 돈을 보내면 돈이 세 배로 불어나고(예를 들어 1달러를 다른 선수에게 건네면 그 선수는 3달러를 받게 된다) 상대 선수는 돈을 참가자에게 돌려줄지 말지 선택할 수 있었다.

타인에 대한 신뢰도가 높은 참가자일수록 상대 선수에게 많은 돈을 줄 것이다. 준 돈을 돌려받아 두 사람 모두 수익을 내리라 기대하기 때문이다. 그러나 남을 잘 신뢰하지 않는 참가자는 원금을 혼자 움켜쥐고 위험을 피하려 할 것이다.

연구자들은 감사 일기를 쓴 참가자들이 일상을 기록한 참가자들보다 남에 대한 신뢰도가 높음을 발견했다. 일상 기록 집단은 게임 중 (평균) 50퍼센트의 송금률을 보인 반면, 감사 일기 집단은 거의 70퍼센트에 달하는 송금률을 보였다. 그뿐 아니라, 감사 집단은 자신에게 돈을 되돌려준 선수에게 큰 감사를 느꼈다. 조지메이슨대학교의 심리학과 교수이자 본 연구의 공저자인 토드 카쉬단은 "어떻게 타인이 우리 삶에 유익을 주는지 인정하는 능력을 키우면 우리가 낯선 사람과 관계하는 방식에도 변화가 일어난다"라고 말한다.

연구자들은 참가자들이 얼마나 큰돈을 다른 선수에게 주었는지만 측정한 게 아니었다. 그들은 이 상호작용에 어떤 신체 효과가 수반되는지 알기 위해 거래 중 혈압과 호흡 빠르기도 측정했다. 감사 집단이 다른 선수에게 보낼 돈 액수를 고민할 때, 그리고 다른 선수가 자신에게 보낸 송금 액수를 확인하기 직전에 수축기 혈압이 대조 집단보다 높게 나왔다. 감사 집단은 돈이 회수되기를 기다리는 동안, 그리고 돈이 회수된 직후 호흡이 가빠졌다.

혈압이 높아지고 숨이 가빠진다는 것을 스트레스의 징후라고 생각할지도 모르겠다. 그러나 연구진은 감사 집단이 이 거래에 더 몰두했으며, 이 일에 더 열정을 가졌다고 보았다. 자신들의 베풂에 보답이 있으리라 기대했던 것이다.

왜 감사 집단은 상대를 더 신뢰했을까? 연구진은 높은 신뢰도가 긍정적 정서에 기인했다는 가설을 세웠다. 감사 일기를 완수한 참가자들은 긍정적 정서를 더 많이 느꼈을 것이고, 그것이 더 큰 신뢰로 이어졌다는 것이다. 기실 연구자들은 이를 뒷받침하는 증거를 발견했다. 감사 일기를 완수한 참가자들은 신뢰 게임 중 더 높은 수준의 긍정적 정서를 보고했고 더 많은 돈을 다른 선수에게 믿고 맡겼다.

"이런 작은 개입이 이토록 폭넓은 효과를 내다니, 선뜻 이해하기 힘들다"라고 카쉬단은 말한다. 그러나 이 책에 실린 여러 에세이가 증거하듯, 그의 연구는 광범위한 감사의 유익을 방증하는 여러 조사 중 하나에 불과하다.

감사로 물질주의를 극복할 수 있을까?

대처 켈트너, 제이슨 마시

사회학자들이 무언가에 관심을 가지면 으레 측정을 위한 척도부터 만든다는 것은 익히 알려진 사실이다. 1990년대 초에 연구자 말샤 리친스와 스콧 도슨은 최초로 물질주의를 엄격하게 측정할 척도를 개발했다. 이 척도에 따르면 소유를 삶의 중심 가치로 두는 물질주의적 성향의 소유자는 소유물의 개수와 품질로 인생의 성공을 판단하며 소유가 행복의 요체라고 본다(예를 들어 그들은 '내가 못 가진 것을 소유하면 삶이 더 나아질 텐데'라는 명제에 동의한다).

지난 20여 년간 여러 조사를 통해 일관되게 밝혀진 바는 리친스와 도슨의 물질주의 척도에서 높은 점수를 받은 사람은 과학자들이 감사를 측정하기 위해 사용하는 주요한 척도 거의 대부분에서 낮은 점수를 받았다는 것이다. 예를 들어, 1992년 『소비자 연구 저널』에 발표된 리친스와 도슨의 조사에 따르면, 물질주의적인 사람일수록 전반적인 삶의 만족도가 낮았고 일상생활에서 얻는 재미와 즐거움이 적었다.

『사회 임상심리학 저널』에 발표된 토드 카쉬단과 윌리엄 브린의 조사에 따르면, 물질주의적인 사람일수록 삶에서 (두려움과 슬픔 같은) 부정적 정서를 많이 경험하고 긍정적 정서와 보람은 더 적게 경험했다.

과학자들은 어째서 물질주의가 행복을 저해하는지 이해하고자 물질주의적인 사람일수록 유난히 감사 지수가 낮다는 사실을 집중적으로 파고들었다. 2014년 베일러대학교의 조-앤 창과 동료 연구진은 246명의 학부생을 대상으로 물질주의, 삶의 만족도, 감사 지수를 측정하는 설문조사를 실시했다. 『성격과 개인차 저널』에 발표된 조사 결과에 따르면 물질주의 지수가 높을수록 감사와 삶의 만족감은 낮았다. 더 심층적인 분석은 물질주의 지수가 높은 참가자일수록 삶에 대한 만족감이 덜했고, 그 주된 이유는 감사를 덜 경험했기 때문이었다.

왜 감사와 물질주의는 상극일까? 로버트 에먼스는 감사가 가을 단풍의 아름다움부터 친구들의 넉넉한 베풂, 맛난 식사 등 우리 삶 속 좋은 것을 수긍하고 이것을 가능하게 한 사람이나 힘을 인식하는 것이라고 말했다. 감사는 우리 삶 속 좋은 것을 당연하게 여기며 또 다른 것을 갈망하기보다는 그 좋은 것을 향유하는 데 도움을 준다. 반대로 물질주의는 행복의 근원을 반짝이는 '신상'에서 찾는다. 물질주의적인 사람은 물질이 선사하는 행복에 대해 비현실적일 정도로 높은 기대치를 가지고 있다. 그들은 그 기대치와 실제 행복감의 필연적 간극을 메우고자 또 다른 물건에 희망을 걸며 부질없는 노력을 계속한다.

아무리 감사 역량이 높은 수준으로 진화된 사람이라도 초지일관 감사를 실천하긴 어렵다. 때로는 문화라는 장애물이 등장하기도 한다. 조-앤 창의 논문은 물질주의적 가치관으로 치우칠수록 감사의 감정이 뒷전으로 밀려난다고 말한다.

하지만 좋은 소식이 있다. 물질주의와 감사의 관계는 반비례 관계로 흐를 수 있다. 너새니얼 램버트 박사가 이끈 연구팀은 2009년 조사를 통해 사람들로 하여금 감사하도록 유도하면 물질 소유 획득에 덜 집중하는 현상을 발견했다. 램버트와 동료들은 조사 참가자들의 감사를 강화하기 위해 그들이 삶에서 누리는 좋은 것을 인정하는 데 집중한 후 마음에 떠오른 생각을 글로 옮기게 했다.

톰 길로비치가 5부 '다른 사람이 감사하도록 돕는 방법'에서 보고했듯이 사람들은 물건 구매보다 경험 구매에 더 큰 감사를 느꼈다. 이는 돈을 쓰는 것이 꼭 감사와 행복의 반대 명제는 아님을 시사한다. 중요한 것은 돈을 어떻게 쓰느냐이다. 그리고 잠시 멈추고 가진 것에 감사하는 것이다.

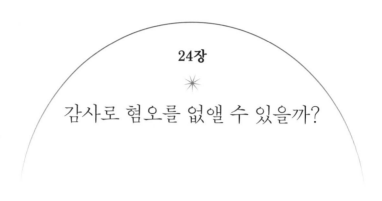

24장

감사로 혐오를 없앨 수 있을까?

W. 카마우 벨 대담 (질문: 제러미 애덤 스미스)

W. 카마우 벨은 오늘날 양극화된 사회와 정치 세태 속에서 자기 나름의 틈새를 찾아냈다. 도덕적 진지함으로 무장한 코미디언, 자신을 증오하는 사람들을 직접 찾아가 인터뷰하는 흑인 남성, 장벽을 허물기 위해 노력하는 사회 논평가…. 그는 '사립학교의 검둥이' 같은 자전적 스탠드업 코미디 시리즈와 베스트셀러가 된 저서 『W. 카마우 벨의 불편한 생각*The Awkward Thoughts of W.Kamau Bell*』을 통해 사회가 자신의 성격과 삶에 미친 영향을 탐색했다. CNN의 「유나이티드 쉐이즈」(United Shades of America, United States of America[미합중국]에서 state[주]를 shade[그늘]로 바꾼 것. 미국 내 그늘 속에 있는 각계각층을 인터뷰하는 프로그램이다 — 옮긴이)를 통해 다양한 집단에게 발언권을 부여하여 자신들의 삶과 선택과 가치관을 설명하는 장을 마련했다.

많은 코미디언과 달리 벨은 허세와 냉소주의를 피하려 노력한다. 그는 스스로를 낮추며 겸손, 인내, 연민, 호기심을 갖춘 페르소나persona를 만들어냈다. 그의 이런 특징은 분열된 미국 사회에서 감사가 어떤 쓸모가 있는지에 대한 대화에서도 여지없이 드러났다.

제러미 애덤 스미스: 요즘 무엇에 대해 감사하나요?

W. 카마우 벨: 세 자녀가 있는데 건강해요. 일곱 살짜리와 꽉 찬 네 살, 12주 태아예요. 맏이가 학교를 좋아하는 게 감사해요. 학교를 부담이 아니라 재밌게 갈 곳으로 여기는 게 선물이에요. 아내가 임신 12주차인데, 샌프란시스코대학교에서 강사 일을 할 수 있어 감사하고, 제가 직업상 출장이 잦은데도 아내가 가정을 잘 건사해주는 것, 얼마 전 어머니를 인디애나에서 오클랜드로 모셔왔는데, 보고 싶을 때마다 손주들을 보실 수 있는 것도 감사해요.

작년에 에미상(텔레비전 작품 관계자의 우수한 업적을 평가하여 미국 텔레비전 예술과학아카데미가 주는 상—편집자)을 받았을 땐 "뭐라고? 내가?" 이랬어요. 정말 의외였어요. 에미상을 목표로 한 적이 없었기에 기대조차 안 했거든요. 아내와 함께 비행기를 타고 집으로 돌아오는 길에 제가 그랬죠. "친구들한테 하나도 빠짐없이 이메일을 보내 우리 집에 와서 이거 들고 사진 찍겠냐고 물어보자." 에미상만큼 당신이 성공했다는 걸 확실히 보여주는 상징도 없잖아요. 아이들은 이걸 트로피라고 불러요. 볼 때마다 감사로 가슴이 벅차요. 이 상은 같은 업계 사람들이 내가 좋은 일을 하고 있다고 생각한다는 의미니까요. 그래서 뜻깊어요. 또 지금 프로그램이 종영되어도 어디선가 다시 일이 들어온다는 의미도 되겠죠. 제가 에미상 수상자니까요! 이 상이 식구들을 먹여 살리는 데 도움될 거라 생각하니 감사해요.

하지만 한편으론 바보 같다는 생각도 들어요. 친구들이 이 일에 함께하길 바라는 마음에 집 앞 놀이터로 다 초대했죠. 친구들이 "한번 만져봐도 돼?" 그러면 "응, 만져봐도 돼. 들고 사진 찍어도 돼" 이랬죠. 그날 모인 사람이 다 에미상을 들고 기념 촬영을 했어요. 그걸 보며 '이건 내 상이야. 다른 누구도 아닌 내 거라고' 이런 생각이 들지 않은 게 또 감사했어요. 오히려 '이들이 내 삶에 함께하며 이 직업을 위한 오랜 여정에 버팀목이 되어주었구나' 하는 생각이 들었어요.

제러미: 그럼 사람들이 '당신'에게 감사하는 이유는 뭐죠?

월터: 「유나이티드 쉐이즈」 프로그램이나 제 스탠드업 쇼, 이제껏 해온 온갖 예능 프로그램의 팬들에게 많은 감사를 받아요. "한 번도 생각하지 못한 것에 관해 생각하게 해줘서 고마워요", "늘 그늘에 가려 있던 우리 공동체를 조명해줘서 고마워요" 이 두 가지 이유가 가장 많아요. 제가 공항에 발이 묶여 있을 때가 많다 보니 공항에서 이런 인사를 많이 받아요.

제러미: 저도 공항에서 만나면 감사 인사를 드릴 것 같아요.

월터: "당신의 용기에 감사드려요"라고 말씀하시는 분들도 계세요. 그건 좀 지나친 것 같아요. 사람들은 제가 실제보다 더 용감하다고 생각해요. "당신이 그 자리에 간 건 그 일을 하기 위해서예요"라고 감사하는 분도 계세요.

제러미: 아내와 자녀들, 어머니는 어떤가요?

월터: 감사하다는 말을 입에 달고 살아요. 우리 가정에서는 자녀 양육의 우선순위가 감사예요. 아이를 재울 때 가끔 그래요. "자, 오늘 감사했던 일 세 가지 말해봐." 우리는 딸들이 아주 어릴 적부터 감사하는 법과 감사의 의미를 가르쳤어요. 아이들 머릿속에 감사해야 한다는 개념

을 심어주었죠. 딸들에게 이래요. "감사 인사를 너무 많이 한다고 싫어할 사람은 없단다." 간간이 아이들이 감사 인사를 깜빡하거나 조용히 입을 다물고 있으면 "감사하다고 말해야지"라고 상기시켜요. 아이들이 "감사했거든요" 이러면 "또 해" 그래요.

제러미: 집에서 자녀들과 함께 감사 실천을 하는 게 흥미롭네요.

월터: 맞아요. 맏딸이 일곱 살인데, 아이가 태어나기 직전에 제가 처음으로 TV 프로그램을 맡아 연예계에서 큰 기회를 얻었죠. 딸아이는 저와 함께 TV 출연도 하고 다른 연예인들과 어울리기도 하며 자랐어요. 가족 여행을 많이 다니는데, 거리에서 사람들이 절 알아보고 다가오는 모습을 딸이 곁에서 지켜봐요. 딸에게 이게 일반적인 삶의 모습은 아님을 알려줘야 할 막중한 부담을 느껴요. 제 직업 덕분에 많은 사람과 장소에 접근할 기회가 생기죠. 제 커리어가 이 궤도로 계속 간다면 아이들이 특권 의식에 젖어 괴물로 자랄 수도 있겠다는 생각이 들어요. 그래서 아이가 망가지지 않도록 노력하고 있어요. 아이들은 잘 자라고 있지만 그래도 교만에 빠지지 않도록 노력해야 한다는 큰 압박감을 느껴요. 감사는 우리 모두가 현실감을 잊지 않는 데 도움이 되죠.

제러미: 「유나이티드 쉐이즈」 프로그램 이야기를 해보죠. 플로리다의 휴가객과 은퇴자 공동체, KKK단, 교도소 수감자, 알라스카 원주민, LA 라틴계 주민, 히피, 그리드오프grid-off 생존주의자 등 많은 사람을 만나보셨잖아요. 당신이 인터뷰한 사람들이 당신에게 감사를 표하나요? 무엇에 감사하던가요?

월터: 네, 감사 인사를 많이 들어요. 프로그램 초기만 해도 인터뷰 대상들이 이게 뭐 하는 프로그램이냐고 자주 물어보셨어요. "저 흑인 남

자 코미디언이 다큐멘터리 시리즈를 찍는다는데, 누군지는 나도 몰라요. 그래도 한번 해봐요." 이렇게들 얘기했죠. 보통은 첫 인터뷰를 하고 제가 그분들을 웃겨드리려 노력한다는 걸 알면 그다음엔 한결 편하게 촬영을 즐겨요. 그때부턴 그분들이 절 웃게 만들죠. 많은 분이 촬영을 마친 후 재미있었고 감사하다고 인사해요. 저와 우리 제작진에게 중요한 건 그분들이 촬영을 즐겁고 수월한 경험으로 느끼시는 거예요. 그래야 카메라 앞에서 자연스러워지고, 전반적인 결과물이 좋거든요.

시크교 공동체에 관한 에피소드를 촬영한 적이 있어요. 그 공동체에서 "이걸 해줘서 고마워요. 이제껏 아무도 우리를 이런 식으로 보도한 적은 없었어요"라면서 정말 고마워했어요. 어느 날 저녁 프로그램 후 한 시크교 부부와 만났는데, 남편이 늘 손목에 차고 다녀야 하는 쇠팔찌를 풀어 제게 건네주면서 "이게 얼마나 중요한 건지 아시죠?" 그러시더라고요. 그때 참 감동받았어요. 이 프로그램이 사람들에게 얼마나 중요한 의미가 있는지 발견할 때마다 감동받아요.

제러미: KKK(쿠 클럭스 클랜)단이나 백인 우월주의 지도자 리처드 스펜서도 당신에게 감사했나요?

월터: 네. 리처드 스펜서는 마치 사업상 미팅을 하는 사람처럼 "감사합니다, 좋은 시간이었습니다" 이렇게 감사했어요. 그는 인터뷰 시간을 즐겼어요. 제가 다른 사람처럼 논쟁적으로 다가가지 않았거든요. 아마 저도 그와 단체가 시간을 내줘서 감사하다고 말했던 것 같아요. 저도 "감사합니다, 다음에 또 만나요" 이랬죠. 아마 살아서 나가려고 연기한 측면도 있었겠죠? 하지만 스펜서와 클랜단과 촬영할 때 긴장이 감돌거나 분위기가 거칠었던 건 아니었어요. 좋은 분위기였어요. 한편으론 참 이상하다 싶었어요. 클랜단의 어떤 단원들은 제가 다음날 다시 연락해

"안녕하세요, 같이 놀러 갈래요?" 이러고 싶은 사람도 있었거든요. 그러면 그들도 "다시 만나니 반갑네요" 그러겠죠. 물론 이 가설을 시험해보진 않았습니다.

제러미: 스펜서가 당신에게 감사했을 때 어떤 느낌이었어요? 아니, 느낌이 있긴 했나요?

월터: 서로 해야 할 일을 하는 느낌이었어요. 몇 가지 제가 부담스러운 질문을 하긴 했지만 분위기가 경직되거나 그런 일은 전혀 없었어요. 스펜서는 친절하고 카리스마 있는 백인 우월주의자라는 자기 이미지를 좋아했어요. "저와 이야기 해주셔서 감사합니다"라고 말하는 게 그 이미지에 맞겠죠. '봐요, 난 당신을 증오하지 않아요. 당신이 흑인이라서 당신에게 분노하는 건 아니라고요.' 뭐 이런 거겠죠. 하지만 '우와, 이 사람 내가 생각했던 것과 달리 참 괜찮다' 이런 느낌이 들지는 않았어요. 그냥 '더 친절하고 신사적인 백인 우월주의자로서 처신해야겠지' 싶었어요. 적어도 이게 그가 마케팅한 자신의 이미지니까요. 훗날 그가 제게 트윗을 보내왔을 때, 내가 리처드 스펜서와 친구처럼 트윗을 주고받는 건 좀 아니다 싶었어요.

제러미: 도널드 트럼프가 감사하는 사람이라고 생각하나요?

월터: 아뇨. 그게 아마도 그의 가장 큰 문제점이 아닐까 싶어요. 감사하지 못한 마음이 가득하다는 것. 감사 부족 상태가 아니고서는 그런 사람이 되거나 세상에서 그렇게 처신하지 못할 거라 봐요.

제러미: 트럼프와의 인터뷰를 준비하는 과정에서 탐사취재를 했어요. 도널드 트럼프의 트위터에 올해 7월 1일 이후 올라온 감사 표현을 세보았더니 총 60개였어요. 그다음 또 다른 TV 스타 카마우 벨의 트위

터를 찾아봤죠….

월터: 저런.

제러미: 같은 기간 카마우 벨의 감사 표현은 대통령의 절반에도 못 미치는 27개에 불과했고, 그중 상당수는 실은 비꼬는 표현이었어요.

월터: 재밌네요. 전 트위터가 감사하러 가는 곳인 줄 몰랐어요.

제러미: 맞아요. 저도 트위터가 세상에서 가장 반사회적 공간이라고 생각해요.

월터: 소셜미디어에서 감사하는 건 보여주기일 때가 많아요.

제러미: 동감입니다.

월터: 다른 사람들이 보라는 거죠. '제가 이렇게 감사한다고요.' 그리고 도널드 트럼프가 다른 사람이 자신에 관해 뭔가 좋은 이야기를 해주었다고 감사를 표한 경우는 몇 번이나 되었을지 궁금하네요.

제러미: 거의 대부분이 그거예요.

월터: 자기편에 서거나 자신을 변호해줘서 고맙다는 거겠죠.

제러미: 맞아요. 적어도 제가 조사한 기간은 그랬어요.

월터: 대가성 감사, 조건부 감사는 감사가 아니에요.

제러미: 트럼프는 트위터에서 사람들이 감사할 줄 모른다고 곧잘 꾸짖는데, 그 대상이 거의 다 유색인종이었어요. 주로 흑인 운동선수나 흑인 스포츠계 종사자죠. 가장 기막힌 예는 미국 대통령이 라바 볼을 "감사를 모르는 바보"라고 부른 것이었어요. 어떻게 생각하세요?

월터: 트럼프에게 감사를 어떻게 정의하는지 묻고 싶어요. 그가 생각하는 감사 개념과 제가 아는 일반적인 감사 개념이 다른 것 같아요. 라바 볼을 감사를 모르는 바보라고 말했다는 건 "당신의 성공은 누군가 당신에게 안겨준 것이고, 당신은 그저 구경꾼처럼 서 있다가 성공했다

는 뜻 아닌가요? 노력과 기민함, 똑똑함 때문이 아니라 그냥 운 좋게 라바 볼이라는 사람이 되었다는 거죠. 전 그런 자리가 그냥 넝쿨째 굴러오는 자리는 아니라고 확신해요. 그리고 라바 볼이 감사할 대상이 누구건 도널드 트럼프와는 무관하리라 확신해요.

제러미: 트럼프는 감사를 무기화하는 듯해요. 자기 친구들은 높이고 자기 적들은 비난하는 도구로 쓰고 있죠.

월터: 저명한 흑인이 자신에 관해 좋은 말을 하면 감사하겠죠.

제러미: 네, 그런 건 리트윗하더라고요.

월터: 이 사람이 제대로 잘 하고 있다, 나머지는 그릇된 길로 가고 있다. 뭐, 이렇게 말하는 거겠죠.

제러미: 「유나이티드 쉐이즈」 프로그램으로 전국 곳곳을 다니며 다양한 부류의 사람들과 이야기를 나누셨죠. 트위터나 페이스북을 보면 우리 사회가 심각하게 양극화된 것 같은데, 현실은 어떤가요?

월터: 소셜미디어에서는 한 공간에 앉아 얼굴을 마주보고는 못할 말을 많이 하잖아요. 다시 말하지만 소셜미디어의 본질은 연극 무대와 비슷해요. 난 익명의 군중 속에 있고 상대도 군중 속에 있는 연극 혹은 나는 군중 속에 있고 상대는 홀로 있는 연극이죠. 하지만 많은 경우 사람들과 마주앉아 이야기하다 보면 적개심이 눈 녹듯 사라져요. 소셜미디어는 운동 경기 같아요. 우리 팀은 응원하고 상대 팀에게는 욕을 퍼붓죠. 그 맥락에 들어가면 세심한 배려가 실종돼요. 그래서 페이스북을 떠나는 사람들이 많이 생기는 것 같아요. '야, 이건 좀 심하다, 볼수록 기분 나빠지네' 이런 느낌이죠.

제러미: 소셜미디어가 양극화를 주도한다고 생각하시는 것 같아요.

월터: 알고리즘이 우릴 양극화로 몰아간다고 생각해요. 그게 주범이에요. 우리는 소셜미디어를 전력 회사나 케이블 회사처럼 사회 공익을 위해 일하는 선한 집단이라고 생각하는 경향이 있어요. 하지만 소셜미디어는 개인 소유예요. 수돗물을 공급하는 회사는 누구나 수돗물을 공급받도록 공공의 유익을 위해 일하죠. 우리는 소셜미디어도 공공선의 일부라고 생각하지만 그렇지 않아요. 소셜미디어는 아주 구체적인 의도를 가진 사람들이 소유하는 기업이에요. 하지만 지금으로선 소셜미디어 사용자들이 이걸 선한 영향력의 도구로 끌고 가는 수밖에 뾰족한 수가 없어요. 소셜미디어 스스로 흘러가는 게 아니니까요.

제러미: 유나이티드 쉐이즈 경험을 토대로 사회 통합을 위해 우리 사회에 '이것'이 필요하다고 느낀 게 있나요?

월터: 미국은 항상 더 큰 개방성과 평등성을 향해 움직였어요. 더디 갈 때도 있고 후퇴할 때도 있죠. 지금은 후퇴기예요. 하지만 계속 뒷걸음질 치지는 않을 거라 생각해요. 사회를 올바른 방향으로 다시 돌리기 위해선 많은 사람의 수고가 필요해요. 1968년의 민권법이 저절로 생긴 건 아니잖아요. 마틴 루터킹이 "흑인들이여, 거리로 나갑시다"라고 호소했고 여기에 흑인을 비롯한 숱한 사람이 동참했죠.

수고를 해야 해요. 난 이런 수고를 한 이들의 계보에 속한 사람이에요. 그냥 코미디언이지만 세상을 더 나은 곳으로 변화시키는 일을 안 하면 제 시간을 허비하고 진보를 늦추는 거라고 생각해요. 무대 위에 있을 때나 무대 밖에 있을 때나 자녀들과 있을 때 제 몫의 수고를 하려고 해요. 각계각층의 맹공이 필요해요. 전 제 직업에서 더 나은 방향이라고 생각하는 방향으로 수고하고 이제 제게 어느 정도 돈과 특권이 생겼으니

제가 가진 자원을 사람들이 더 높은 수준으로 올라가도록 돕는 데 써야 한다고 믿어요. 가정에서는 "얘들아, 잠들기 전에 감사에 관해 얘기해보자" 뭐, 이런 노력이겠죠.

제러미: 앞으로 나아가려면 갈등이 있겠죠. 사람들과 갈등이 발생할 때는 감사하기 어렵고 스트레스 때문에 더 자기 속으로 파고들어요. 우리 '그레이터 굿 사이언스 센터'도 감사가 현실 안주를 조장한다는 지적을 많이 받아요. 가진 것에 감사할수록 변화를 위해 행동할 가능성이 줄어든다는 거죠. 같은 생각이신가요?

월터: 아뇨, 감사가 안일함을 조장한다고 생각하지 않아요. 오히려 정반대라고 느껴요. 감사 부족이야말로 안일함을 조장하죠. 제 생각에는 가진 것에 진심으로 감사한다는 건 어떤 차원에서는 스스로 그걸 받을 자격이 없음을 자각하는 거라고 생각해요. 고로 자격 없이 받았다면 세상에 더 큰 감사를 흘려보내고 더 많은 사람이 감사하도록 만들고자 노력하겠죠. 아시겠어요? 진정한 감사는 스스로 운이 좋다고 느끼고 '우와, 이런 일이 일어나다니 진짜 멋지네' 이렇게 느끼는 거죠.

감사하면 투표율이 올라간다

$\bigcirc$ 질 서티 $\bigcirc$

정치심리학 연구자들은 대중의 투표율을 높이기 위한 방법을 연구한다. "투표 또한 친사회적 행동이기에, 친사회적 행동을 자극하는 행동 유형이 투표에도 비슷한 영향을 미칠 것이다"라고 노스이스턴대학교의 코스타스 파나고폴로스 교수는 말한다. 한 조사에서 파나고폴로스는 뉴욕 특별 선거와 뉴저지 주지사 선거 전, 무작위로 추출한 투표자 집단에 엽서를 발송했다. 엽서 내용은 투표를 독려하거나 최근 투표에 감사를 표하는 두 가지 유형으로 나뉘었다. 그다음 그는 엽서를 받지 못한 집단과 투표율을 비교했다.

조사 결과, 엽서를 받지 못한 집단보다 감사 엽서를 받은 집단의 투표율이 유의미하게(2~3퍼센트) 높았다. 투표하라는 알림 편지를 받은 집단의 투표율은 통제 집단보다 약간 높았고 감사 엽서 집단보다는 낮았다. 이 결과는 엽서 수신자들이 그간 꾸준히 투표했는가, 혹은 드문드문 투표했는가 하는 과거 성향과는 무관한 것으로 나타났다. 특히 라틴계나 독신 여성 같이 일반적으로 투표율이 낮은 집단의 투표자들도 결과가 동일했다.

왜 그럴까? "정치 참여에 사회가 감사하고 있다는 관념을 심어줌으로써 사람을 기분 좋게 만들었고, 아울러 그들에게 할 일이 있음을 환기함으로써 자발성을 강화했다"라고 파나고폴로스는 분석한다. 이 투표율 증가가 대단치 않아 보일 수 있지만 선거는 간발의 차이로 승패가 갈린다. 가가호호 방문하여 투표를 독려하는 전형적이며 자원집약적인 투표율 진작 전략도 8~10퍼센트 이상 투표율을 증가시키는 경우가 드물다. 그래서 감사 엽서는 좋은 투자이다.

그는 "단 한 장의 엽서 발송으로 방문하여 투표를 독려하는 결과의 거의 3분의 1에 달하는 효과를 달성했음은 꽤나 큰 성과이다"라고 말한다. 이는 투표를 환기하는 평범한 엽서 발송 효과의 대략 5배에 육박한다. 고로 감사 표현은 사람들을 투표소로 내보내는 데 상당히 위력적인 방법임에 틀림없다. 이런 결과에도 파나고폴로스는 감사가 이 효과를 일으킨 주 요인인지 확인하고 싶었다. 감사 엽서를 받는 사람 입장에서는 누군가 나의 투표 행적을 지켜보았다는 뜻이기에 '감사'가 아닌 '공공 감시'로 느꼈을 수도 있다.

그래서 2차 실험을 들어갔다. (과거 투표에 관한 언급 없이) 일반적인 정치 참여에 감사하는 엽서와 투표하라고 환기하는 엽서, 이렇게 두 가지를 발송했다. 파나고폴로스에 따르면 당시 조지아주 대통령 예비선거에서, 일반적 감사 엽서를 받은 사람의 투표율은 과거 투표 참여에 대한 감사 엽서를 받은 집단과 동일하거나 더 높았고, 단순한 투표 환기 엽서를 받은 집단보다는 월등히 높았다. 파나고폴로스에게는 이 결과가 감사야말로 핵심 열쇠라는 가설의 확증이었다.

"일반적 감사 메시지가 사회적 압박 요소가 있는 감사 메시지만큼, 아니 그보다 더 큰 효과를 냈다는 사실은 사회적 감시나 압박이 아니라 감사 표현이 변화를 일으킴을 시사한다"라고 그는 말한다.

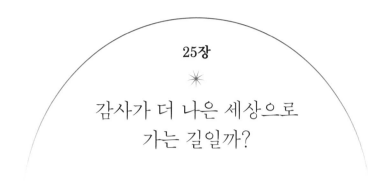

25장

감사가 더 나은 세상으로
가는 길일까?

데이비드 스타인들-라스트 수사 대담 (질문: 질 서티)

감사가 과학 연구에서 뜨거운 감자가 되기 훨씬 전부터 베네딕트 수도회 소속인 데이비드 스타인들-라스트 수사는 감사가 기도의 요체이며 해방으로 가는 길이라고 주창하는 많은 글을 썼다. 그는 감사 실천을 장려함으로써 자신과 사회의 치유를 도모하고자 한다. 여러 종교간 대화의 자리를 마련한 시도로 명성을 얻은 그는 이 기여로 1975년 마틴 부버상을 수상하였다.

오늘날 그는 '감사하는 삶을 위한 네트워크'A Network for Grateful Living라는 세계적 운동을 돕고 있다. 매일 240여 개국에서 수천 명의 참가자가 이 운동의 쌍방향 온라인 포럼에 참여한다. 그는 대중에게 다가가고자 기도 모음집을 비롯한 다수의 책을 저술했고 다양한 매체에 기고한다. 아울러 감사라는 화두에 대해 누구보다 깊은 지식을 가지고 과학자들과 대화를 나눈다.

질 서티: 감사라는 주제가 서구 과학에서 주목받기 한참 전부터 종교적 이유로 감사 실천을 주창하셨죠. 과학계가 감사 연구에 대한 갑작스러운 관심을 어떻게 보세요?

데이비드 스타인들-라스트: 사실 과학계의 관심은 겉으로 보는 것처럼 그리 갑자기 일어난 게 아니었어요. 이미 20세기 중반부터 에이브러햄 매슬로우처럼 깨어 있는 심리학자들은 감사의 중요성을 의식했어요(그리고 매슬로우는 『종교, 가치관, 절정경험*Religions, Values, and Peak-Experiences*』에서 감사에 관해 설파했죠). 하지만 주류 과학은 물리학이라는 생각에 갇혀 가치관 연구에는 관심을 보이지 않았어요. 21세기에 의식 연구와 인지신경과학이 미개척지를 향해 나아가며, 새로운 질문과 마주하고, 한때는 고전 과학의 영역으로 여겨졌던 분야를 열어보기 시작했어요. 온 세계를 휩쓸고 있는 의식의 변화가 과학자들의 마인드에도 영향을 미치고 있어요.

현대 과학은 중세 종교가 사람들 마음에 끼쳤던 정도의 위력을 가지고 있어요. 하지만 많은 사람이 눈치채지 못하는 건 과학의 향방에 더 위력적인 영향을 미치는 게 바로 대중의 관심이라는 거죠. 과학에 영향을 미치는 중요한 지렛대가 연구비 지원이에요. 예를 들어 템플턴 재단이 로버트 에먼스의 감사 행동에 대한 선구자적 연구에 연구비 지원을 해주었죠. 이것이 감사라는 화두가 과학계에서 수용되는 데 큰 기여를 했어요. 과학적 발견 덕분에 언론 매체가, 또 사회의 여러 부문이 감사라는 주제를 존중하게 되었죠. 이렇게 피드백 루프가 형성되어 현재의 감사 '열풍'이 일어난 거죠.

질: 과학은 감사 실천이 개인의 행복과 건강을 증진함을 보여주었

어요. 감사 실천이 사회 전체에는 어떤 유익을 주나요?

데이비드: 우선 가장 자명한 답은 무언가가 개인을 더 행복하고 건강하게 만든다면 더 많은 사회 구성원이 행복해지고 더 건강한 사회가 탄생하겠죠. 이것만 해도 큰 발전이에요. 하지만 여기서 한 발짝 더 나아가 감사하는 개인의 삶이 우리가 염원하는 사회상을 달성함을 보여줄 수 있어요. 세계에는 병든 사회가 많아요. 진단 병명은 착취, 억압, 폭력이죠. 감사하는 삶이 이 모든 증상에 대한 치료제예요.

착취는 욕심과 결핍에서 비롯돼요. 감사하는 삶은 세상이 모두가 누릴 만큼 충분하다는 의식을 가지게 해요. 이는 충족감과 다른 사람과 기꺼이 나누려는 마음으로 이어지죠.

억압은 남을 착취하기 위해 필요하고, 경쟁과 권력 피라미드로 귀결됩니다. 더 큰 권력을 가질수록 아랫사람을 더 효과적으로 착취할 수 있고 윗사람으로부터 스스로를 보호할 수 있죠. 하지만 감사하는 사람은 충족감을 가지고 살아요. 그래서 타인을 착취할 필요가 없어요. 고로 억압이 불필요하죠. 억압이 있던 자리에 상호 지원과 만인에 대한 동등한 존중이 들어서요.

폭력은 두려움에서 비롯돼요. 모두가 누리기에는 충분치 않다는 두려움, 타인을 잠재적 경쟁자로 보는 두려움, 외국인과 낯선 사람에 대한 두려움…. 그러나 감사하는 사람은 두려움이 없어요. 고로 감사는 폭력의 뿌리를 근절하죠. 충분하다는 의식에서 기꺼이 나누려는 마음이 생기고 폭력의 근원인 부의 불공정한 분배를 없애는 방향으로 나아가죠. 감사하는 사람은 두려움 없이 새롭고 낯선 것을 환영하고 다름을 통해 더 풍성해지는 자신의 모습을 발견하며 다양성을 축하합니다.

고로 감사하는 삶은 착취, 억압, 폭력의 주요 근거를 없애버려요. 감사는 나눔과 보편적 존중과 비폭력을 통해 건강한 사회와 생존 가능성이 있는 세계의 토대를 제공하죠.

질: 감사 과학이 시간 낭비라고 생각하는 사람도 있어요. 감사가 좋다는 건 당연한 소리라는 거죠. 과학이 전 세계적 감사 운동에 무언가 중요한 기여를 할 수 있다고 생각하세요? 어떤 기여를 할 수 있죠?

데이비드: 우리 모두 식사가 우리에게 좋을 뿐 아니라 생존에 필요함을 알죠. 그럼에도 영양에 대한 과학적 연구가 큰 도움이 됩니다. 마찬가지로 감사하면 기분이 좋다는 건 삼척동자도 알아요. 하지만 감사에 대한 과학적 연구는 이해의 폭을 넓히고 더 정밀한 범주 구분과 심화된 이해를 가능케 해요.

학계의 관심으로 영양의 가치를 중시하게 된 것처럼 감사도 마찬가지예요. 과학적 연구는 중요하고 전 세계적 감사 운동에 분명 보탬이 됩니다. 하지만 운동에 추진력이 생기려면 정보가 아닌 열정과 헌신이 필요해요. 전 세계적 감사 운동의 도화선은 감사하는 삶이 보람 있고 기쁜 삶임을 발견한 사람들의 열정이었어요.

질: 우울증이 있거나 심각한 트라우마로 감사 실천이 어려운 이들도 있을 텐데, 이런 사람에게는 어떤 조언을 하시나요?

데이비드: 감사는 건강한 심신에 대한 생명의 자연스러운 반응이에요. 심신이 아픈 사람에게 이런 반응을 기대해선 안 돼요. 하지만 훈련을 받으면 모든 주어진 순간 속에 있는 선물인 '기회'에 초점을 맞출 수 있어요. 이런 삶의 자세를 갖추면 상황을 바꾸는 데 도움이 돼요. 병마에 시달릴 때도 감사를 습관화한 사람은 주어진 순간이 제공하는 기회를 물색하고 창조적으로 활용하죠.

질: 신부님도 감사를 실천하기가 어려운 날이 있으세요? 어떤 장애물을 경험하시나요?

데이비드: 몸이 아프거나 우울증이 있으면 감사에 깨어 있기 어려워요. 무기력해지니까요. 하지만 건강한 날에도 거듭 자신을 등 떠밀어 감사하는 삶으로 나아가야 해요. 감사하면 마치 전에는 한 번도 못 본 것처럼 바라보고 다시는 못 볼 것처럼 쓰다듬을 수 있죠. 이것이 가장 현실적인 태도예요. 실은 매 순간이 고유하니까요. 하지만 스스로에게 이 점을 누차 환기해야 해요. 이렇게 스스로를 환기하는 것이 마음챙김의 역동적 요소입니다.

감사하는 삶은 우리가 (언제나) 거룩한 땅 위에 서서 신비의 존재와 닿아 있다는 의식이에요. "네 신을 벗으라 네가 선 땅은 거룩하니라." 출애굽기 3장 5절 말씀을 감사하는 삶으로 재해석한 유대인 현자들이 있어요. 신발의 밑창은 죽은 동물의 가죽이죠. 익숙함이라는 죽음을 벗어던지라. 그리하면 네가 어디에 있든지 너의 살아 있는 영혼이 지금 거룩한 땅 위에 있음을 느끼리라.

질: 앞으로 감사 운동이 어떤 방향으로 전개될 것으로 보시나요?

데이비드: 누군가 말했듯이 미래에 관한 예측은 어렵습니다. 그러나 탐욕, 억압, 폭력이 우리를 자멸의 벼랑 끝으로 몰고 왔다는 것은 이론의 여지없이 확실합니다. 우리 생존은 급진적 변화에 달려 있습니다. 감사 운동이 강력하고 충분히 깊이 자라면 이런 본질적 변화를 일으킬지도 몰라요. 감사하는 삶은 탐욕 대신 나눔을, 억압 대신 존중을, 폭력 대신 평화를 가져와요. 나눔과 상호 존중과 평화가 있는 세상을 염원하지 않는 사람은 없잖아요?

마리암 압둘라Maryam Abdullah 박사는 그레이터 굿 사이언스 센터 '자녀양육' 프로그램 디렉터를 역임하고 있는 발달심리학자다. 주요 연구 분야는 부모-자녀 관계와 자녀의 친사회적 행동 발달이다. 그레이터 굿 사이언스 센터에 합류하기 전엔 캘리포니아대학교 어바인 캠퍼스의 소아과 부설 아동발달학교(학교 기반 행동 건강 프로그램)에서 프로젝트 보조 과학자로 일했다. 여기서 그녀는 자녀양육과 아동개입 관련 활동, 임상 결과와 프로그램 평가 관련 감독, 연구 프로젝트 학부생 멘토링을 담당했다. 연구 경력으로는 부모-자녀 관계, 자폐 스펙트럼 장애 아동의 조기 발달, ADHD 장애에 대한 전통적 행동 및 개[犬] 매개 개입 탐구 등에 관한 연구가 있으며, 수상 경력으로는 UC 어바인 대학의 '헬스 어라이즈상'Health ARIISE Award for Respect이 있다.

제스 앨버츠Jess Alberts 박사는 애리조나주립대학교의 휴다운즈 인간 소통 대학원 교수President's Professor로서 갈등, 관계 소통, 분업 등 다양한 관심 분야를 연구하고 있다.

사라 앨고우Sara Algoe 박사는 노스캐롤라이나대학교 채플힐 캠퍼스의 심리학, 신경과학과 조교수이자 '관계 속 정서와 사회적 상호작용 연구소' 소장을 역임하고 있다. 정서, 관계, 건강 심리학을 망라하는 분야에 전문성이 있다. 가장 많이 인용된 그녀의 논문은 감사의 '발견-환기-결속' 이론 계발에 관한 것이다. 이 이론의 요체는 감사의 정서적 반응이 인간 생존의 중심 문제(고품질 관계 동반자 발견과 동반자의 지속적 관심 유발) 해결에 도움이 된다는 주장이다.

서머 앨런Summer Allen 박사는 그레이터 굿 사이언스 센터의 연구 및 집필 연구원(펠로우)를 역임했다. 칼튼 대학과 브라운 대학을 졸업한 그는 현재 '미국과학진흥협회'(AAAS) 블로그에 매주 글을 포스팅하는 등 다양한 출간물의 기고자로 활동하고 있다.

크리스티나 아르멘타Christina Armenta 박사는 캘리포니아대학교 리버사이드 캠퍼스의 '긍정적 활동과 안녕감 연구실' 연구원이다. 그녀의 중점 연구 분야는 감사 표현 등 긍정적 활동이 자기계발 노력에 미치는 동기부여 효과이며, 연구 결과를 세계 곳곳의 직장과 고등학교 현장에 도입하는 방안을 주로 탐구하고 있다.

자코모 보노Giacomo Bono 박사는 캘리포니아주립대학교(CSU) 도밍구에즈힐스 캠퍼스의 조교수다. 주요 연구 분야는 친사회적 행동과 관계에 주안점을 둔 긍정적 청소년 발달이다. 저서로는 제프리 프로와 공저한 『감사하는 아이로 키우기: 인격 형성의 과학』이 있다.

조슈아 브라운 Joshua Brown 박사는 블루밍턴 소재 인디아나대학교 심리뇌과학 교수다. 연구 관심 분야는 기능적 신경영상, 고위인지기능, 중독, 전산 신경 모델링 등이다.

캐서린 브로지나 Catherine Brozena는 비영리, 공중 보건, 환경, 교육 부문에서 15년 넘게 소통 전문가로 봉사하고 있다. 실체를 전달하고 의미를 일깨우며 긍정적 사회 변화의 영감을 불러일으키는 스토리와 아이디어를 발굴하는 미션 주도 소통 컨설팅 업체인 컬러디스월드 커뮤니케이션즈ColorThisWorld Communications의 설립자 겸 크리에이티브 디렉터다. 주요 활동 분야는 공중 보건 및 환경 지킴이 캠페인 청중 활성화를 위한 다양한 소통 전략 계발, 블로그/인포그래픽스/웹사이트/동영상/소셜미디어 밀착 소통 지원 등이 있다.

크리스틴 카터 Christine Carter 박사는 그레이터 굿 사이언스 센터의 선임 연구원이다. 저서로는 『새로운 청소년기: 불안과 산만의 시대에 행복하고 성공적인 십대 자녀 양육하기』(벤벨라, 2020), 『스윗 스팟: 더 적게 일하고 더 많이 성취하는 법』(밸런타인북스, 2015), 『행복 가꾸기: 기쁨이 넘치는 자녀와 부모가 되기 위한 10단계 방법』(랜덤하우스, 2010) 등이 있다.

데이비드 데스테노 David DeSteno 박사는 노스웨스턴대학교 심리학 교수다. 저서로는 『정서적 성공』, 『신뢰의 법칙』, 『월스트리트 저널』 심리학 부문 베스트셀러 『숨겨진 인격』(공저)이 있다.

로버트 에먼스Robert Emmons 박사는 세계 유수의 감사 과학 전문가로서 캘리포니아대학교 데이비스 캠퍼스의 심리학과 교수이자 『긍정심리학 저널』 창립자 겸 편집장이다. 저서로는 『감사해요! 새로운 감사 과학으로 행복해지기』, 『감사는 강력하다』 『정서적 번영을 위한 21일 프로그램』, 『감사에 관한 모든 것』 등이 있다.

글렌 폭스Glenn Fox 박사는 캘리포니아주립대학교(USC) 수행과학Performance Science 연구소의 프로그램 설계/전략/아웃리치 책임자를 맡고 있다. USC 신경과학 대학원 안토니오 다마지오 교수로부터 박사 학위를 받았다. 일상 속 정서, 건강, 수행의 관계를 주로 연구하고 있다.

메건 M. 프리츠Megan M. Fritz는 피츠버그대학교 박사후 연구원(펠로우)이며 친절과 감사 실천 같은 긍정적 활동이 개인의 안녕과 신체 건강에 미치는 개선(또는 저해) 효과를 중점적으로 연구하고 있다.

제프리 프로Jeffrey Froh 심리학 박사는 호프스트라대학교의 부교수이며 '학교-공동체 심리 프로그램'의 심리학 박사로 활동하고 있다. 그녀의 아들은 생후 3개월 때 첫 감사 편지를 썼다.

톰 길로비치Tom Gilovich 박사는 코넬대학교의 심리학 교수다. 사람들이 일상 경험의 증거 평가를 통해 의사 결정, 신념 형성, 행동노선 결정을 하는 과정과 그릇된 증거 평가가 오판과 의심스런 신념 형성과 반생산적 행동 착수에 미치는 영향을 주로 연구하고 있다.

아미 고든Amie Gordon 박사는 미시건 앤아버대학교의 사회심리학과 조교수다. 가까운 관계에 (감사 등) 친사회적 정서와 (관점 채택 같은) 인지가 미치는 영향을 주로 연구하고 있으며, 수면이 관계의 질에 미치는 영향에 관한 조사를 수행했다. 캘리포니아대학교 버클리 캠퍼스에서 박사학위를 취득했고 캘리포니아대학교 LA 캠퍼스에서 석사 학위를 취득했다.

나탄 그린Nathan Greene 심리학 박사는 캘리포니아 오클랜드에 거주하는 심리치료사, 연구자, 작가다. 캘리포니아대학교 버클리 캠퍼스의 라이트 대학원Wright Institute을 졸업한 후 현재 웨스트코스트 어린이 병원에서 박사후 레지던트로 심리적 트라우마를 경험한 아동, 청소년, 가족에게 심리치료와 임상 평가를 제공하고 있다. 아울러 라이트대학원에서 임상 교수로 활동하며 임상 감독을 제공하고 있다. 그의 임상 및 연구 관심 분야는 아동기 트라우마, 사별, 회복탄력성, 감사 등을 망라한다. 아동기에 부모를 여읜 성인을 대상으로 한 그의 조사 결과는 죽음, 죽음에 이르는 과정, 사별과 관련된 심리적 사안을 탐구하는 과학 전문 학술지 『죽음 연구』에 발표되었다.

레이프 하스Leif Hass 의학박사는 캘리포니아 오클랜드에서 가정의학과 입원환자 전담의사로 일하며 그레이터 굿 사이언스 센터에 보건 관련 자문을 제공하고 있다.

엘리자베스 호퍼Elizabeth Hopper 박사는 『그레이터 굿 매거진』 잡지에 의미 있는 삶의 과학에 관해 글을 쓴다. 캘리포니아대학교 산타바바라 캠퍼스에서 심리학 박사학위를 받았다.

아리아나 허핑턴Arianna Huffington은 왕성한 작품 활동을 하는 작가로서 다양한 수상 경력을 자랑하는 뉴스 플랫폼 『더 허핑턴 포스트』를 창간한 세계적 언론사 사주다.

안드레아 후송Andrea Hussong 박사는 노스캐롤라이나대학교 채플힐 캠퍼스의 심리학 교수이자 발달과학센터 소장이다. 감사 함양과 관련된 부모-자녀 상호작용의 역할을 주로 연구하고 있다.

크리스티나 칸즈Christina Karns 박사는 오리곤대학교의 연구 조교수다. 정서, 사회 신경과학, 다중감각 통합, 주의력, 신경가소성을 주로 연구하고 있다. 그녀의 감사, 사회적 추론, 의사결정, 뇌의 관계를 다루는 '감사하는 뇌-감사 개입 후 베풂과 사회적 기제의 fMRI 조사' 프로젝트는 그레이터 굿 사이언스 센터를 통해 감사 연구비 지원 대상자로 선정되었다.

데브라 리베르만Debra Lieberman 박사는 마이애미 대학의 심리학 부교수다. 캘리포니아대학교 산타바바라 캠퍼스의 진화 심리학 센터에서 박사학위를 받았다. 연구의 중점적 목표는 진화가 사회적 마인드 형성에 미치는 영향의 이해이며, 협력, 짝 선택, 혐오, 도덕성 등 다양한 주제를 연구하고 있다. 근래에는 감사와 협력 관계 형성에서 감사의 역할 및 사회 정책 및 법에 대한 혐오의 역할을 연구하고 있다. 공저로는 2018년 옥스포드대학교 출판사에서 출간된 『반대: 혐오, 도덕성, 법』이 있다.

소냐 류보머스키Sonja Lyubomirsky 박사는 캘리포니아대학교 리버사이드 캠퍼스의 심리학 교수이자 베스트셀러가 된 저서 『행복도 연습이 필요하다』의 저자다. 긍정 심리학 분야의 선구자로 인정받는 그녀는 다양한 연구를 통해 사람에게 자신의 행복을 결정할 강력한 역량이 있다는 사실을 발견했고, 행복감 증진을 위한 구체적, 일상적 방법을 밝혔다. 하버드대학교와 스탠포드대학교를 졸업했고 명성 있는 템플턴 긍정 심리학상을 수상했다. 현재 『긍정심리학 저널』 부편집자를 역임하고 있다. UC 리버사이드 대학의 '올해의 교수상'을 수상하여 가르치는 역량을 인정받기도 했다.

에밀리 나우만Emily Nauman은 그레이터 굿 사이언스 센터의 연구 조교다. 오벌린대학교에서 심리학과 불어를 복수 전공했고 오벌린 심리언어학 연구실과 보스턴대학교 섭식장애 프로그램 연구 조교로 일했다.

에릭 피더슨Eric Pedersen 박사는 사회 인지와 의사결정을 연구하는 진화 사회심리학자다. 정신의 징벌과 분노 조절, 감사와 용서가 협력 관계 구축과 유지에 미치는 영향, 협력 관련 개인별, 문화별 차이가 나타나는 방식 등을 연구하고 있다. 캘리포니아대학교 산타바바라 캠퍼스에서 심리학 석사를, 마이애미대학교에서 심리학 박사 학위를 취득했다. 현재 콜로라도 볼더대학교의 심리학/신경과학과 조교수다.

앨릭스 스프링어 Alex Springer는 그레이터 굿 사이언스 센터의 연구 데이터 분석가다.

말리니 수차크 Malini Suchak 박사는 비교심리학자로서 다양한 종들의 사회 인지, 특히 협력과 사회적 학습을 연구하고 있다. 현재는 우리의 반려 동물인 개와 고양이가 복수 종 세계에서 살아갈 때 사회적 의사결정을 하는 방식을 이해하기 위한 연구를 중점적으로 하고 있다. 과거엔 침팬지와 카푸친 원숭이의 사회적 의사결정을 중점적으로 연구했다. 캐니시우스대학교에서 생물학 학사학위를 받고 에모리대학교에서 신경과학과 동물 행동에 관한 중점적 연구로 심리학 석사와 박사 학위를 받았다. 현재 뉴욕 버팔로에 거주하며 캔시우스대학교 조교수로서 동물 행동, 동물 생태학, 동물 보존을 연구하고 있다.

질 서티 Jill Suttie 심리학 박사는 『그레이터 굿 매거진』의 서평 편집자이자 고정 기고가다.

숀 테일러 Shawn Taylor는 작가, 대학 강사, 행동건강 전문인력 지도사다. 그는 20여 년간 청소년 형사제도와 청소년 정신건강의 접점에서 일했다.

앤절라 트레서웨이 Angela Trethewey 박사는 캘리포니아주립대학교 시카고 캠퍼스의 소통교육대학 학장이다.

조엘 웡 Joel Wong 박사는 인디애나대학교 블루밍턴 캠퍼스의 상담심리학 부교수다. 그는 긍정 심리학, 남성과 남성성, 아시아계 미국인의 정신건강을 주로 연구하고 있다.

제러미 애덤 스미스Jeremy Adam Smith는 『그레이터 굿 매거진』 편집자다. 저서로는 『아빠 교대근무』가 있고 그 외 세 권의 앤솔로지를 공동 편집했다. 샌프란시스코 학교의 인종적, 경제적 분리segregation에 대한 탐사보도로 '시그마델타치 탐사보도상'을 비롯한 많은 영예상을 수상하였다. 그 외에도 캘리포니아교사협회(CTA)로부터 존스웨트 상을 세 번 수상했다. 그의 글과 에세이는 『샌프란시스코 크로니클』『사이언티픽 아메리칸』『샌프란시스코 퍼블릭 프레스』『마인드풀』『와이어드』 등 다양한 정기간행물, 웹사이트, 책에 소개되었다. 스탠포드대학교에서 2010-11년 '존 S. 나이트 저널리즘' 펠로우 연구원으로 활동하기도 했다.

키라 뉴먼Kira Newman은 현재 『그레이터 굿 매거진』 전무이사이며 '행복 과학' 온라인 강좌의 강의 조교로 일하기도 했다. 그녀의 연구 논문은 『워싱턴 포스트』『허핑턴 포스트』『소셜 미디어 먼스리』『마인드풀』 등 다양한 매체에 소개되었다. 온라인 강좌 'The Year of Happy'와 캐나다 토론토의 카페해피 만남을 비롯한 행복 과학과 관련된 여러 대형 공동체를 만들었다. 한때 테크코Tech.Co.의 테크놀로지 전문기자와 편집자로 일하기도 했다.

제이슨 마시Jason Marsh는 『그레이터 굿 매거진』 편집장이자 그레이터 굿 사이언스 센터의 프로그램 디렉터다. 『그레이터 굿 매거진』에 수록된 글을 모아 편찬한 『연민 본능』과 『인종차별주의자는 타고나는가?』

(비콘 프레스, 2010)를 공동 편집했다. 『월스트리트 저널』『샌프란시스코 크로니클』『유튼 리더』와 CNN.com 오피니언 섹션 등 다양한 매체에 글을 기고하고 있다.

대처 켈트너 Dacher Keltner 박사는 그레이터 굿 사이언스 센터 창립 소장이며 캘리포니아대학교 버클리 캠퍼스의 심리학 교수다. 저서로는 『권력의 역설: 어떻게 우리는 영향력을 획득하고 상실하는가』, 『선의 탄생』이 있고, 『연민 본능』을 공동편집했다.

1부 왜 다시 감사인가?

1장 감사의 새로운 정의

Adapted and revised from two essays for Greater Good Magazine: "Why Gratitude Is Good" (November 16, 2010) and "Five Myths About Gratitude" (November 21, 2013), both by Robert Emmons.

Ehrenreich, B. "The Selfish Side of Gratitude." *The New York Times*, December 31, 2015. https://www.nytimes.com/2016/01/03/opinion/sunday/the-selfish-side-of-gratitude.html.

Emmons, R. *THANKS! How the New Science of Gratitude Can Make You Happier.* Boston: Houghton-Mifflin, 2007.

Emmons, R., and M. E. McCullough, eds. *The Psychology of Gratitude.* New York: Oxford University Press, 2004.

Watkins, P. C., K. Woodward, T. Stone, and R. L. Kolts. "Gratitude and Happiness: Development of a Measure of Gratitude and Relationships with Subjective

Well-Being." *Social Behavior and Personality: An International Journal* 31, no. 5 (2003): 431–51.

Froh, J. J., G. Bono, and R. Emmons. "Being Grateful Is Beyond Good Manners: Gratitude and Motivation to Contribute to Society Among Early Adolescents." *Motivation and Emotion* 34, no. 2 (2010): 105–214.

Watkins, P. C., L. Cruz, H. Holben, and R. L. Kolts. "Taking Care of Business? Grateful Processing of Unpleasant Memories." *Journal of Positive Psychology* 3, no. 2 (2008): 87–99.

Chow, R. M., and B. S. Lowery. "Thanks, But No Thanks: The Role of Personal Responsibility in the Experience of Gratitude." *Journal of Experimental Social Psychology* 46, no. 3 (2010): 487–93.

Emmons, R., and M. E. McCullough. "Counting Blessings Versus Burdens: An Experimental Investigation of Gratitude and Subjective Well-Being in Daily Life." *Journal of Personality and Social Psychology* 84, no. 2 (2003): 377–89.

Emmons, R., and T. T. Kneezel. "Giving Thanks: Spiritual and Religious Correlates of Gratitude." *Journal of Psychology and Christianity* 24, no. 2 (2005): 140–48.

감사의 세 가지 차원

Excerpted and revised from "The Science of Gratitude" (May, 2018), a white paper prepared for the John Templeton Foundation by the Greater Good Science Center at UC Berkeley.

Rosenberg, E. L. "Levels of Analysis and the Organization of Affect." *Review of General Psychology* 2, no. 3 (1998): 247–70.

McCullough, M. E., J. A. Tsang, and R. A. Emmons. "Gratitude in Intermediate Affective Terrain: Links of Grateful Moods to Individual Differences and Daily Emotional Experience." *Journal of Personality and Social Psychology* 86, no. 2 (2004): 295–309.

2장 인간은 언제부터 감사했을까?

Adapted and revised from an essay for Greater Good Magazine: "The Evolution of Gratitude," by Malini Suchak (February 1, 2017).

Darwin, C. *The Descent of Man*. London: Penguin Classics, 2004.

Suchak, M., T. M. Eppley, M. W. Campbell, and F. B. M. de Waal. "Ape Duos and Trios: Spontaneous Cooperation with Free Partner Choice in Chimpanzees." *PeerJ* 2, no. e417 (2014): https://doi.org/10.7717/peerj.417.

Tsang, J. A. "Gratitude and Prosocial Behaviour: An Experimental Test of Gratitude." *Cognition and Emotion* 20, no. 1 (2006): 138 – 48.

Suchak, M., and F. B. M. de Waal. "Monkeys Benefit from Reciprocity Without the Cognitive Burden." *PNAS* 109, no. 38 (2012): 15191 – 96.

Trivers, R. L. "The Evolution of Reciprocal Altruism." *The Quarterly Review of Biology* 46, no. 1 (1971): 35 – 57.

Leimgruber K. L., A. F. Ward, J. Widness, M. I. Norton, K. R. Olson, K. Gray, and L. R. Santos. "Give What You Get: Capuchin Monkeys (Cebus apella) and 4-Year-Old Children Pay Forward Positive and Negative Outcomes to Conspecifics." *PLoS ONE* 9, no. 1 (2014): e87035.

Nowak, M. A., and S. Roch. "Upstream Reciprocity and the Evolution of Gratitude." *Proceedings of the Royal Society B: Biological Sciences* 274, no. 1610 (2007): 605 – 10.

감사하는 DNA가 따로 있을까?

Excerpted and revised from "The Science of Gratitude" (May, 2018), a white paper prepared for the John Templeton Foundation by the Greater Good Science Center at UC Berkeley.

Steger, M. F., B. M. Hicks, T. B. Kashdan, R. F Krueger, and T. J. Bouchard. "Genetic and Environmental Influences on the Positive Traits of the Values in Action

Classification, and Biometric Covariance with Normal Personality." *Journal of Research in Personality* 41, no. 3 (2007): 524 – 39.

Algoe, S. B., and B. M. Way. "Evidence for a Role of the Oxytocin System, Indexed by Genetic Variation in CD38, in the Social Bonding Effects of Expressed Gratitude." *Social Cognitive and Affective Neuroscience* 9, no. 12 (2013): 1855 – 61.

Liu, J., P. Gong, X. Gao, and X. Zhou. "The Association Between Well–Being and the COMT Gene: Dispositional Gratitude and Forgiveness as Mediators." *Journal of Affective Disorders* 214 (2017): 115 – 21.

Williams, L. M., J. M. Gatt, S. M. Grieve, C. Dobson–Stone, R. H. Paul, E. Gordon, and P. R. Schofield. "COMT Val(108/158)Met Polymorphism Effects on Emotional Brain Function and Negativity Bias." *Neuroimage* 53, no. 3 (2010): 918 – 25.

3장   감사하는 아이로 키우려면

Adapted and revised from four essays for Greater Good Magazine: "How to Help Gratitude Grow in Your Kids," by Maryam Abdullah (March 13, 2018); "What Parents Neglect to Teach About Gratitude," by Andrea Hussong (November 21, 2017); "What Don't We Know About Gratitude and Youth?" by Giacomo Bono (February 15, 2017); and "Seven Ways to Foster Gratitude in Kids," by Jeffrey Froh and Giacomo Bono (March 5, 2014).

Nelson, J. A., L. B. de Lucca Freitas, M. O'Brien, S. D. Calkins, E. M. Leerkes, and S. Marcovitch. "Preschool–Aged Children's Understanding of Gratitude: Relations with Emotion and Mental State Knowledge." *British Journal of Developmental Psychology* 31, no. 1 (2013): 42 – 56.

Halberstadt, A. G., H. A. Langley, A. M. Hussong, W. A. Rothenberg, J. L. Coffman, I. Mokrova, and P. R. Costanzo. "Parents' Understanding of

Gratitude in Children: A Thematic Analysis." *Early Childhood Research Quarterly* 36 (3rd quarter 2016): 439 – 51.

Rothenberg, W. A., A. M. Hussong, H. A. Langley, G. A. Egerton, A. G. Halberstadt, J. L. Coffman, and P. R. Costanzo. "Grateful Parents Raising Grateful Children: Niche Selection and the Socialization of Child Gratitude." *Applied Developmental Science* 21, no. 2 (2017): 106 – 20.

Hussong, A. M., H. A. Langley, T. Thomas, J. L. Coffman, A. G. Halberstadt, P. R. Costanzo, and W. A. Rothenberg. "Measuring Gratitude in Children." *Journal of Positive Psychology* 14, no. 5 (2019): 563 – 75.

Hussong, A. M., H. A. Langley, W. A. Rothenberg, J. L. Coffman, A. G. Halberstadt, P. R. Costanzo, and I. Mokrova. "Raising Grateful Children One Day at a Time." *Applied Developmental Science* 23, no. 4 (2018): 371 – 84.

Hussong, A. M., H. A. Langley, J. L. Coffman, A. G. Halberstadt, and P. R. Costanzo. "Parent Socialization of Children's Gratitude." In *Developing Gratitude*, edited by J. Tudge and L. Freitas, 199 – 219. New York: Cambridge University Press, 2018.

Mendonça, S. E., E. A. Merçon-Vargas, A. Payir, and J. R. H. Tudge. "The Development of Gratitude in Seven Societies: Cross-Cultural Highlights." *Cross-Cultural Research* 52, no. 1 (2018): 135 – 50.

Froh, J. J., G. Bono, J. Fan, R. A. Emmons, K. Henderson, C. Harris, H. Leggio, and A. M. Wood. "Nice Thinking! An Educational Intervention That Teaches Children to Think Gratefully." *School Psychology Review* 43, no. 2 (2014): 132 – 52.

4장 감사할 때 우리 뇌는 어떻게 반응할까?

Revised from an essay for Greater Good Magazine: "What Can the Brain Reveal About Gratitude?" by Glenn Fox (August 4, 2017).

Fox, G. R., J. Kaplan, H. Damasio, and A. Damasio. "Neural Correlates of Gratitude." *Frontiers in Psychology* 6 (2015): 1491.

Henning, M., G. Fox, J. Kaplan, H. Damasio, and A. Damasio. "A Potential Role for Mu-Opioids in Mediating the Positive Effects of Gratitude." *Frontiers in Psychology* 8, no. 868 (2017): https://doi.org/10.3389/ fpsyg.2017.00868.

Kini, P., J. Wong, S. McInnis, N. T. Gabana, and J. W. Brown. "The Effects of Gratitude Expression on Neural Activity." *NeuroImage* 128 (2016): 1 – 10.

5장 베푸는 사람이 되고 싶다면 감사하라

Revised from an essay for Greater Good Magazine: "Why a Grateful Brain Is a Giving One," by Christina Karns (December 19, 2017).

McCullough, M. E., S. D. Kilpatrick, R. A. Emmons, and D. B. Larson. "Is Gratitude a Moral Effect?" *Psychological Bulletin* 127, no. 2 (2001): 249 – 66.

Hubbard, J., W. T. Harbaugh, S. Srivastava, D. Degras, and U. Mayr. "A General Benevolence Dimension That Links Neural, Psychological, Economic, and Life-Span Data on Altruistic Tendencies." *Journal of Experimental Psychology: General* 145, no. 10 (2016): 1351 – 58.

Karns, C. M., W. E. Moore III, and U. Mayr. "The Cultivation of Pure Altruism Via Gratitude: A Functional MRI Study of Change with Gratitude Practice." *Frontiers in Human Neuroscience* 11 (2017): 599.

감사와 다른 정서의 관계

Excerpted and revised from "The Science of Gratitude" (May, 2018), a white paper prepared for the John Templeton Foundation by the Greater Good Science Center at UC Berkeley.

Algoe, S. B., and J. Haidt. "Witnessing Excellence in Action: The 'Other-Praising' Emotions of Elevation, Gratitude, and Admiration." *Journal of Positive*

Psychology 4, no. 2 (2009): 105 – 27.

Algoe, S. B., J. Haidt, and S. L. Gable. "Beyond Reciprocity: Gratitude and Relationships in Everyday Life." *Emotion* 8, no. 3 (2008): 425 – 29.

Adler, M. G., and N. S. Fagley. "Appreciation: Individual Differences in Finding Value and Meaning as a Unique Predictor of Subjective Well-Being." *Journal of Personality* 73, no. 1 (2005): 79 – 114.

Wood, A. M., S. Joseph, and J. Maltby. "Gratitude Uniquely Predicts Satisfaction with Life: Incremental Validity Above the Domains and Facets of the Five Factor Model." *Personality and Individual Differences* 45, no. 1 (2008): 49 – 54.

2부 감사하면 무엇이 달라질까?

6장 감사가 우리에게 유익한 이유

Adapted from four essays for Greater Good Magazine: "How Gratitude Changes You and Your Brain," by Joel Wong and Joshua Brown (June 6, 2017); "How Gratitude Motivates Us to Become Better People," by Christina Armenta and Sonja Lyubomirsky (May 23, 2017); "Is Gratitude Good for Your Health?" by Summer Allen (March 5, 2018); and "Gratitude Is for Lovers," by Amie Gordon (February 3, 2013).

Watkins, P. "The Social Benefits of Gratitude." *Greater Good Magazine*. September 2014. https://greatergood.berkeley.edu/video/item/the_social_benefits_of_ gratitude.

Berry Mendes, W. "How Does Gratitude Affect Health and Aging?" *Greater Good Magazine*. September 2014. http://greatergood.berkeley.edu/gg_live/greater_ good_gratitude_summit/speaker/wendy_mendes/how_does_gratitude_affect_ health_and_aging/.

Emmons, R. "The Benefits of Gratitude." *Greater Good Magazine*. November 2010. https://greatergood.berkeley.edu/gg_live/science_meaningful_life_videos/speaker/robert_emmons/the_benefits_of_gratitude.

Watkins, P. C., K. Woodward, T. Stone, and R. L. Kolts. "Gratitude and Happiness: Development of a Measure of Gratitude and Relationships with Subjective Well-Being." *Social Behavior and Personality: An International Journal* 31, no. 5 (2003): 431−52.

Kerr, S. L., A. O'Donovan, and C. A. Pepping. "Can Gratitude and Kindness Interventions Enhance Well-Being in a Clinical Sample?" *Journal of Happiness Studies* 16, no. 1 (2015): 17−36.

Wood, A. M., J. J. Froh, and A. W. A. Geraghty. "Gratitude and Well-Being: A Review and Theoretical Integration." *Clinical Psychology Review* 30, no. 7 (2010): 890−905.

Wong, Y. J., J. Owen, N. T. Gabana, J. W. Brown, S. McInnis, P. Toth, and L. Gilman. "Does Gratitude Writing Improve the Mental Health of Psychotherapy Clients? Evidence from a Randomized Controlled Trial." *Psychotherapy Research* 28, no. 2 (2018): 192−202.

Emmons, R. A., and R. Stern. "Gratitude as a Psychotherapeutic Intervention." *Journal of Clinical Psychology* 69, no. 8 (2013): 846−55.

Sirois, F. M., and A. M. Wood. "Gratitude Uniquely Predicts Lower Depression in Chronic Illness Populations: A Longitudinal Study of Inflammatory Bowel Disease and Arthritis." *Health Psychology* 36, no. 2 (2017): 122−32.

Layous, K., K. Sweeny, C. Armenta, S. Na, I. Choi, and S. Lyubomirsky. "The Proximal Experience of Gratitude." *PLoS ONE* 12, no. 7 (2017): e0179123.

Armenta, C., M. Fritz, L. Walsh, and S. Lyubomirsky. "Gratitude and Self-Improvement in Adolescents." Poster presented at the Annual Meeting of the Society for Personality and Social Psychologists, San Antonio, TX, January

2017.

Algoe, S. B., S. L. Gable, and N. C. Maisel. "It's the Little Things: Everyday Gratitude as a Booster Shot for Romantic Relationships." *Personal Relationships* 17, no. 2 (2010): 217 – 33.

Bartlett, M. Y., P. Condon, J. Cruz, J. Baumann, and D. DeSteno. "Gratitude: Prompting Behaviours That Build Relationships." *Cognition and Emotion* 26, no. 1 (2012): 2 – 13.

Gordon, A. M., E. A. Impett, A. Kogan, C. Oveis, and D. Keltner. "To Have and to Hold: Gratitude Promotes Relationship Maintenance in Intimate Bonds." *Journal of Personality and Social Psychology* 103, no. 2 (2012): 257 – 74.

McNulty, J. K., and A. Dugas. "A Dyadic Perspective on Gratitude Sheds Light on Both Its Benefits and Its Costs: Evidence That Low Gratitude Acts as a 'Weak Link.'" *Journal of Family Psychology* 33, no. 7 (2019): 876 – 81.

Wood, A. M., J. Maltby, R. Gillett, P. A. Linley, and S. Joseph. "The Role of Gratitude in the Development of Social Support, Stress, and Depression: Two Longitudinal Studies." *Journal of Research in Personality* 42, no. 4 (2008): 854 – 71.

Froh, J. J., C. Yurkewicz, and T. B. Kashdan. "Gratitude and Subjective Well-Being in Early Adolescence: Examining Gender Differences." *Journal of Adolescence* 32, no. 3 (2009): 633 – 50.

Krause, N., and R. D. Hayward. "Hostility, Religious Involvement, Gratitude, and Self-Rated Health in Late Life." *Research on Aging* 36, no. 6 (2014): 731 – 52.

Hill, P. L., M. Allemand, and B. W. Roberts. "Examining the Pathways Between Gratitude and Self-Rated Physical Health Across Adulthood." *Personality and Individual Differences* 54, no. 1 (2013): 92 – 96.

O'Connell, B., D. O'Shea, and S. Gallagher. "Mediating Effects of Loneliness on the Gratitude – Health Link." *Personality and Individual Differences* 98, no. 6 (2016):

179 – 83.

Emmons, R., and M. E. McCullough. "Counting Blessings Versus Burdens: An Experimental Investigation of Gratitude and Subjective Well-Being in Daily Life." *Journal of Personality and Social Psychology* 84, no. 2 (2003): 377 – 89.

Mills, P. J., and L. Redwine. "Can Gratitude Be Good for Your Heart?" *Greater Good Magazine*. October 25, 2017. https://greatergood.berkeley.edu/article/item/can_gratitude_be_good_for_your_heart.

Krause, N., R. A. Emmons, G. Ironson, and P. C. Hill. "General Feelings of Gratitude, Gratitude to God, and Hemoglobin A1c: Exploring Variations by Gender." *Journal of Positive Psychology* 12, no. 7 (2017): 639 – 50.

McCraty, R., M. Atkinson, W. A. Tiller, G. Rein, and A. D. Watkins. "The Effects of Emotions on Short-Term Power Spectrum Analysis of Heart Rate Variability." *American Journal of Cardiology* 76, no. 14 (1995): 1089 – 93.

Jackowska, M., J. Brown, A. Ronaldson, and A. Steptoe. "The Impact of a Brief Gratitude Intervention on Subjective Well-Being, Biology and Sleep." *Journal of Health Psychology* 21, no. 10 (2016): 2207 – 17.

Celano, C. M., E. E. Beale, S. R. Beach, A. M. Belcher, L. Suarez, S. R. Motiwala, P. U. Gandhi, H. Gaggin, J. L. Januzzi Jr., B. C. Healy, and J. C. Huffman. "Associations Between Psychological Constructs and Cardiac Biomarkers After Acute Coronary Syndrome." *Psychosomatic Medicine* 79, no. 3 (2017): 318 – 26.

Wood, A. M., S. Joseph, J. Lloyd, and S. Atkins. "Gratitude Influences Sleep Through the Mechanism of Pre-Sleep Cognitions." *Journal of Psychosomatic Research* 66, no. 1 (2009): 43 – 48.

Ma, M., J. L. Kibler, and K. Sly. "Gratitude Is Associated with Greater Levels of Protective Factors and Lower Levels of Risks in African American Adolescents." *Journal of Adolescence* 36, no. 5 (2013): 983 – 91.

Legler, S. R., E. E. Beale, C. M. Celano, S. R. Beach, B. C. Healy, and J. C.

Huffman. "State Gratitude for One's Life and Health After an Acute Coronary Syndrome: Prospective Associations with Physical Activity, Medical Adherence, and Re-Hospitalizations." *Journal of Positive Psychology* 14, no. 3 (2019): 283 – 91.

Millstein, R. A., C. M. Celano, E. E. Beale, S. R. Beach, L. Suarez, A. M. Belcher, J. L. Januzzi, and J. C. Huffman. "The Effects of Optimism and Gratitude on Adherence, Functioning and Mental Health Following an Acute Coronary Syndrome." *General Hospital Psychiatry* 43 (2016): 17 – 22.

Emmons, R. "Pay It Forward." *Greater Good Magazine.* June 1, 2007. https:// greatergood.berkeley.edu/article/item/pay_it_forward.

Bartlett, M. Y., and D. DeSteno. "Gratitude and Prosocial Behavior: Helping When It Costs You." Psychological Science 17, no. 4 (2006): 319 – 25.

Karns, C. M., W. E. Moore III, and U. Mayr. "The Cultivation of Pure Altruism Via Gratitude: A Functional MRI Study of Change with Gratitude Practice." *Frontiers in Human Neuroscience* 11 (2017): 599.

Emmons, R. A., and A. Mishra. "Why Gratitude Enhances Well-Being: What We Know, What We Need to Know." In *Designing Positive Psychology: Taking Stock and Moving Forward*, edited by K. M. Sheldon, T. B. Kashdan, and M. F. Steger, 248 – 62. New York: Oxford University Press, 2012.

Lambert, N. M., S. M. Graham, F. D. Fincham, and T. F. Stillman. "A Changed Perspective: How Gratitude Can Affect Sense of Coherence Through Positive Reframing." *Journal of Positive Psychology* 4, no. 6 (2009): 461 – 70.

Froh, J. J., R. A. Emmons, N. A. Card, G. Bono, and J. A. Wilson. "Gratitude and the Reduced Costs of Materialism in Adolescents." *Journal of Happiness Studies* 12, no. 2 (2011): 289 – 302.

Froh, J. J., G. Bono, and R. Emmons. "Being Grateful Is Beyond Good Manners: Gratitude and Motivation to Contribute to Society Among Early Adolescents."

Motivation and Emotion 34, no. 2 (2010): 144 – 57.

Haidt, J. "Wired to Be Inspired." *Greater Good Magazine*. March 1, 2005. https:// greatergood.berkeley.edu/article/item/wired_to_be_inspired.

Layous, K., S. K. Nelson, J. L. Kurtz, and S. Lyubomirsky. "What Triggers Prosocial Effort? A Positive Feedback Loop Between Positive Activities, Kindness, and Well-Being." *Journal of Positive Psychology* 12, no. 4 (2017): 385 – 98.

Kruse, E., J. Chancellor, and S. Lyubomirsky. "State Humility: Measurement, Conceptual Validation, and Intrapersonal Processes." *Self and Identity* 16, no. 4 (2017): 399 – 438.

Kruse, E., J. Chancellor, P. M. Ruberton, and S. Lyubomirsky. "An Upward Spiral Between Gratitude and Humility." *Social Psychological and Personality Science* 5, no. 7 (2014): 805 – 14.

Lyubomirsky, S., K. M. Sheldon, and D. Schkade. "Pursuing Happiness: The Architecture of Sustainable Change." *Review of General Psychology* 9, no. 2 (2005): 111 – 31.

감사하는 사람이 성공한다

Excerpted and revised from an article for Greater Good Magazine: "Three Emotions That Can Help You Succeed at Your Goals," by David DeSteno (January 12, 2018).

DeSteno, D., Y. Li, L. Dickens, and J. S. Lerner. "Gratitude: A Tool for Reducing Economic Impatience." *Psychological Science* 25, no. 6 (2014): 1262 – 67.

Dickens, L., and D. DeSteno. "The Grateful Are Patient: Heightened Daily Gratitude Is Associated with Attenuated Temporal Discounting." *Emotion* 16, no. 4 (2016): 421 – 25.

Estrada, C. A., A. M. Isen, and M. J. Young. "Positive Affect Facilitates Integration of Information and Decreases Anchoring in Reasoning Among Physicians." *Organizational Behavior and Human Decision Processes* 72, no. 1 (1997): 117 –

35.

Kini, P., J. Wong, S. McInnis, N. Gabana, and J. W. Brown. "The Effects of Gratitude Expression on Neural Activity." *NeuroImage* 128 (2016): 1 – 10.

감사가 모든 문제의 해답이 될 수 있을까?

Legler, S. R., E. E. Beale, C. M. Celano, S. R. Beach, B. C. Healy, and J. C. Huffman. "State Gratitude for One's Life and Health After an Acute Coronary Syndrome: Prospective Associations with Physical Activity, Medical Adherence, and Re-Hospitalizations." *Journal of Positive Psychology* 14, no. 3 (2019): 283 – 91.

Emmons, R., and M. E. McCullough. "Counting Blessings Versus Burdens: An Experimental Investigation of Gratitude and Subjective Well-Being in Daily Life." *Journal of Personality and Social Psychology* 84, no. 2 (2003): 377 – 89.

7장   여자와 남자 중 누가 더 감사를 잘할까?

Adapted and revised from an essay for Greater Good Magazine: "Do Men Have a Gratitude Problem?" by Summer Allen (August 15, 2018).

Kaplan, J. "Gratitude Survey." Report conducted for the John Templeton Foundation, June – October 2012. https://greatergood.berkeley.edu/ images/ uploads/JTF_GRATITUDE_REPORTpub.doc.

Froh, J. J., G. Bono, and R. Emmons. "Being Grateful Is Beyond Good Manners: Gratitude and Motivation to Contribute to Society Among Early Adolescents." *Motivation and Emotion* 34, no. 2 (2010): 144 – 57.

Froh, J. J., R. A. Emmons, N. A. Card, G. Bono, and J. A. Wilson. "Gratitude and the Reduced Costs of Materialism in Adolescents." *Journal of Happiness Studies* 12, no. 2 (2011): 289 – 302.

Sun, P., and F. Kong. "Affective Mediators of the Influence of Gratitude on Life

Satisfaction in Late Adolescence." *Social Indicators Research* 114, no. 3 (2013): 1361 – 69.

Kashdan, T. B., A. Mishra, W. E. Breen, and J. J. Froh. "Gender Differences in Gratitude: Examining Appraisals, Narratives, the Willingness to Express Emotions, and Changes in Psychological Needs." *Journal of Personality* 77, no. 3 (2009): 691 – 730.

Krause, N. "Gratitude Toward God, Stress, and Health in Late Life." *Research on Aging* 28, no. 2 (2006): 163 – 83.

Sommers, S., and C. Kosmitzki. "Emotion and Social Context: An American – German Comparison." *British Journal of Social Psychology* 27, no. 1 (1988): 35 – 49.

Smith, J. A. "Should Women Thank Men for Doing the Dishes?" *Greater Good Magazine*. July 5, 2012. https://greatergood.berkeley.edu/article/ item/should_women_thank_men_for_doing_the_dishes.

Kumar, A., and N. Epley. "Undervaluing Gratitude: Expressers Misunderstand the Consequences of Showing Appreciation." *Psychological Science 29*, no. 9 (2018): 1423 – 35.

Diebel, T., C. Woodcock, C. Cooper, and C. Brignell. "Establishing the Effectiveness of a Gratitude Diary Intervention on Children's Sense of School Belonging." *Educational and Child Psychology* 33, no. 2 (2016): 105 – 17.

Watkins, P. C., J. Uhder, and S. Pichinevskiy. "Grateful Recounting Enhances Subjective Well-Being: The Importance of Grateful Processing." *Journal of Positive Psychology* 10, no. 2 (2015): 91 – 98.

Allen, S. "Why Is Gratitude So Hard for Some People?" *Greater Good Magazine*. May 10, 2018. https://greatergood.berkeley.edu/article/item/ why_is_gratitude_so_hard_for_some_people.

8장   나라마다 감사하는 법이 다르다

Revised from an article for Greater Good Magazine: "How Cultural Differences Shape Your Gratitude," by Kira Newman (July 15, 2019).

Parks, A. C., and R. Biswas-Diener. "Positive Interventions: Past, Present, and Future." In *Mindfulness*, Acceptance, and Positive Psychology: The Seven Foundations of Well-Being, edited by T. B. Kashdan and J. V. Ciarrochi, 140–65. Oakland, CA: Context Press, 2013.

Farashaiyan, A., and T. K. Hua. "A Cross-Cultural Comparative Study of Gratitude Strategies Between Iranian and Malaysian Postgraduate Students." *Asian Social Science* 8, no. 7 (2012): 139–48.

Mendonça, S. E., E. A. Merçon-Vargas, A. Payir, and J. R. H. Tudge. "The Development of Gratitude in Seven Societies: Cross-Cultural Highlights." *Cross-Cultural Research* 52, no. 1 (2018): 135–50.

Ahar, V., and A. Eslami-Rasekh. "The Effect of Social Status and Size of Imposition on the Gratitude Strategies of Persian and English Speakers." *Journal of Language Teaching and Research* 2, no. 1 (2011): 120–28.

Floyd, S., G. Rossi, J. Baranova, J. Blythe, M. Dingemanse, K. H. Kendrick, J. Zinken, and N. J. Enfield. "Universals and Cultural Diversity in the Expression of Gratitude." *Royal Society Open Science* 5, no. 5 (2018): 180391.

Farashaiyan, A., and K. H. Tan. "A Cross-Cultural Comparative Study of Gratitude Strategies Between Iranian and Malaysian Postgraduate Students." *Asian Social Science* 8, no. 7 (2012): 139–47.

Population Reference Bureau. "2017 World Population Data Sheet." August 2017. https://assets.prb.org/pdf17/2017_World_Population.pdf.

Shen, Y., S. Y. Kim, Y. Wang, and R. K. Chao. "Language Brokering and Adjustment Among Chinese and Korean American Adolescents: A Moderated Mediation Model of Perceived Maternal Sacrifice, Respect for the Mother, and

Mother-Child Open Communication." *Asian American Journal of Psychology* 5, no. 2 (2014): 86-95.

Kagitcibasi, C. *Family, Self, and Human Development Across Cultures: Theory and Applications.* New York: Routledge, 2017.

Boehm, J. K., S. Lyubomirsky, and K. M. Sheldon. "A Longitudinal Experimental Study Comparing the Effectiveness of Happiness-Enhancing Strategies in Anglo Americans and Asian Americans." *Cognition and Emotion* 25, no. 7 (2011): 1263-72.

Toepfer, S. M., and K. Walker. "Letters of Gratitude: Improving Well-Being Through Expressive Writing." *Journal of Writing Research* 1, no. 3 (2009): 181-98.

Shin, L. J., C. N. Armenta, S. V. Kamble, S. L. Chang, H. Y. Wu, and S. Lyubomirsky. "Gratitude in Collectivist and Individualist Cultures." *Journal of Positive Psychology* (in press). http://sonjalyubomirsky.com/ files/2019/01/ Shin-et-al.-in-press.pdf.

Layous, K., H. Lee, I. Choi, and S. Lyubomirsky. "Culture Matters When Designing a Successful Happiness-Increasing Activity: A Comparison of the United States and South Korea." *Journal of Cross-Cultural Psychology* 44, no. 8 (2013): 1294-303.

Kimura, K. "The Multiple Functions of Sumimasen." *Issues in Applied Linguistics* 5, no. 2 (1994): 279-302.

Washizu, N., and T. Naito. "The Emotions Sumanai, Gratitude, and Indebtedness, and Their Relations to Interpersonal Orientation and Psychological Well-Being Among Japanese University Students." *International Perspectives in Psychology: Research, Practice, Consultation* 4, no. 3 (2015): 209-22.

Naito, T., and Y. Sakata. "Gratitude, Indebtedness, and Regret on Receiving a Friend's Favor in Japan." *Psychologia* 53, no. 3 (2010): 179-94.

Titova, L., A. E. Wagstaff, and A. C. Parks. "Disentangling the Effects of Gratitude and Optimism: A Cross-Cultural Investigation." *Journal of Cross-Cultural Psychology* 48, no. 5 (2017): 754–70.

Wang, D., Y. C. Wang, and J. R. H. Tudge. "Expressions of Gratitude in Children and Adolescents: Insights from China and the United States." *Journal of Cross-Cultural Psychology* 46, no. 8 (2015): 1039–58.

9장 감사로 쌓는 협업의 탑

Adapted and revised from an essay for Greater Good Magazine: "How Gratitude Helps Your Friendships Grow," by Eric Pedersen and Debra Lieberman (December 6, 2017).

Smith, A., E. J. Pedersen, D. E. Forster, M. E. McCullough, and D. Lieberman. "Cooperation: The Roles of Interpersonal Value and Gratitude." *Evolution and Human Behavior* 38, no. 6 (2017): 695–703.

Forster, D. E., E. J. Pedersen, A. Smith, M. E. McCullough, and D. Lieberman. "Benefit Valuation Predicts Gratitude." *Evolution and Human Behavior* 38, no. 1 (2017): 18–26.

Tooby, J., L. Cosmides, A. Sell, D. Lieberman, and D. Sznycer. "Internal Regulatory Variables and the Design of Human Motivation: A Computational and Evolutionary Approach." In *Handbook of Approach and Avoidance Motivation*, edited by A. Elliot, 251–71. Mahwah, NJ: Lawrence Erlbaum Associates, 2008.

Lieberman, D., J. Tooby, and L. Cosmides. "The Architecture of Human Kin Detection." *Nature* 445, no. 7129 (2007): 727–31.

3부 감사를 잘하는 길

10장 일상 속 감사를 키우는 법

Adapted and revised from an essay for Greater Good Magazine: "Six Habits of Highly Grateful People," by Jeremy Adam Smith (August 4, 2017).

Carter, C. "Habits Are Everything." *Greater Good Magazine.* April 16, 2012. https://greatergood.berkeley.edu/article/item/habits1.

Emmons, R. "How Gratitude Can Help You Through Hard Times." *Greater Good Magazine.* May 13, 2013. https://greatergood.berkeley.edu/article/item/how_gratitude_can_help_you_through_hard_times.

Frias, A., P. C. Watkins, A. C. Webber, and J. J. Froh. "Death and Gratitude: Death Reflection Enhances Gratitude." *Journal of Positive Psychology* 6, no. 2 (2011): 154–162.

Koo, M., S. B. Algoe, T. D. Wilson, and D. T. Gilbert. "It's a Wonderful Life: Mentally Subtracting Positive Events Improves People's Affective States, Contrary to Their Affective Forecasts." *Journal of Personality and Social Psychology* 95, no. 5 (2008): 1217–24.

Quoidbach, J., and E. Dunn. "Give It Up: A Strategy for Combating Hedonic Adaptation." *Social Psychological and Personality Science* 4, no. 5 (2013): 563–68.

Bryant, F. B. *Savoring: A New Model of Positive Experience.* Abingdon, UK: Routledge, 2006.

Nauman, E. "Do Rituals Help Us to Savor Food?" *Greater Good Magazine.* August 7, 2013. https://greatergood.berkeley.edu/article/item/do_rituals_help_us_to_savor_food.

Vohs, K. D., Y. Wang, F. Gino, and M. I. Norton. "Rituals Enhance Consumption." *Psychological Science* 24, no. 9 (2013): 1714–21.

Lyubomirsky, S., and J. Marsh. "Debunking the Myths of Happiness." *Greater Good Magazine*. February 20, 2013. https://greatergood.berkeley.edu/article/item/sonja_lyubomirsky_on_the_myths_of_happiness.

Emmons, R. "What Gets in the Way of Gratitude?" *Greater Good Magazine*. November 12, 2013. https://greatergood.berkeley.edu/article/item/what_stops_gratitude.

Gordon, A. "Four Ways to Make the Most of Gratitude on Valentine's Day." *Greater Good Magazine*. February 12, 2013. https://greatergood.berkeley.edu/article/item/four_ways_to_make_the_most_of_gratitude_on _valentines_day.

감사 일기 120퍼센트 활용법

Adapted and revised from two essays for Greater Good Magazine: "Five Ways to Make the Most of Your Gratitude," by Alex Springer (January 22, 2018), and "Tips for Keeping a Gratitude Journal," by Jason Marsh (November 17, 2011).

Emmons, R. A., and M. E. McCullough. "Counting Blessings Versus Burdens: An Experimental Investigation of Gratitude and Subjective Well-Being in Daily Life." *Journal of Personality and Social Psychology* 84, no. 2 (2003): 377 – 89.

감사하기 싫을 때

Adapted and revised from an essay for Greater Good Magazine: "When Happiness Exercises Don't Make You Happier," by Megan Fritz and Sonja Lyubomirsky (July 27, 2018).

Armenta, C. N., M. M. Fritz, and S. Lyubomirsky. "Functions of Positive Emotions: Gratitude as a Motivator of Self-Improvement and Positive Change." *Emotion Review* (2016): 1 – 8.

Nelson, K. S., and S. Lyubomirsky. "Finding Happiness: Tailoring Positive Activities for Optimal Well-Being Benefits." In *Handbook of Positive Emotions*, edited by

M. Tugade, M. Shiota, and L. Kirby. New York: Guilford Press, 2012.

때로는 감사도 역효과를 낸다

Adapted and revised from an essay for Greater Good Magazine: "Five Ways Giving Thanks Can Backfire," by Amie Gordon (April 29, 2013).

Marsh, J. "Tips for Keeping a Gratitude Journal." *Greater Good Magazine.* November 17, 2011. https://greatergood.berkeley.edu/article/item/ tips_for_keeping_a_ gratitude_journal.

Armenta, C., M. Fritz, L. Walsh, and S. Lyubomirsky. "Gratitude and Self-Improvement in Adolescents." Poster presented at the Annual Meeting of the Society for Personality and Social Psychologists, San Antonio, TX, January 2017.

11장   감사의 적, 부채 의식

Adapted and revised from an essay for Greater Good Magazine: "How to Say Thanks Without Feeling Indebted," by Jill Suttie (November 23, 2016).

Watkins, P., J. Scheer, M. Ovnicek, and R. Kolts. "The Debt of Gratitude: Dissociating Gratitude and Indebtedness." *Cognition and Emotion* 20, no. 2 (2006): 217 – 41.

Algoe, S. B., S. L. Gable, and N. C. Maisel. "It's the Little Things: Everyday Gratitude as a Booster Shot for Romantic Relationships." *Personal Relationships* 17, no. 2 (2010): 217 – 33.

Tsang, J. A. "Gratitude for Small and Large Favors: A Behavioral Test." *Journal of Positive Psychology* 2, no. 3 (2007): 157 – 67.

Pelser, J., K. de Ruyter, M. Wetzels, D. Grewal, D. Cox, and J. van Beuningen. "B2B Channel Partner Programs: Disentangling Indebtedness from Gratitude." *Journal of Retailing* 91, no. 4 (2015): 660 – 78.

Hitokoto, H. "Indebtedness in Cultural Context: The Role of Culture in the Felt Obligation to Reciprocate." *Asian Journal of Social Psychology* 19, no. 1 (2016): 16 – 25.

Mathews, M. A., and J. D. Green. "Looking at Me, Appreciating You: Self-Focused Attention Distinguishes Between Gratitude and Indebtedness." *Cognition and Emotion* 24, no. 4 (2010): 710 – 18.

Mathews, M. A., and N. J. Shook. "Promoting or Preventing Thanks: Regulatory Focus and Its Effect on Gratitude and Indebtedness." *Journal of Research in Personality* 47, no. 3 (2013): 191 – 95.

Delvaux, E., N. Vanbeselaere, and B. Mesquita. "Dynamic Interplay Between Norms and Experiences of Anger and Gratitude in Groups." *Small Group Research* 46, no. 3 (2015): 300 – 23.

Froh, J. J., G. Bono, J. Fan, R. A. Emmons, K. Henderson, C. Harris, H. Leggio, and A. M. Wood. "Nice Thinking! An Educational Intervention That Teaches Children to Think Gratefully." *School Psychology Review* 43, no. 2 (2014): 132 – 52.

Dunn, E., and M. Norton. "How to Make Giving Feel Good." *Greater Good Magazine.* June 18, 2013. https://greatergood.berkeley.edu/article/item/how_to_make_giving_feel_good.

Algoe, S. B., J. Haidt, and S. L. Gable. "Beyond Reciprocity: Gratitude and Relationships in Everyday Life." *Emotion* 8, no. 3 (2008): 425 – 29.

Kennelly, S. "10 Steps to Savoring the Good Things in Life." *Greater Good Magazine.* July 23, 2012. https://greatergood.berkeley.edu/article/item/10_steps_to_savoring_the_good_things_in_life.

Semple, R. J. "Does Mindfulness Meditation Enhance Attention? A Randomized Controlled Trial." *Mindfulness* 1 (2010): 121 – 30.

Matvienko-Sikar, K., and S. Dockray. "The Effects of Two Novel Gratitude and Mindfulness Interventions on Well-Being." *Journal of Alternative and Complementary Medicine* 21, no. 4 (2015): 1-3.

12장 엄마가 돌아가셨는데 감사하라고요?

Based on an article originally published in Elephant Journal (November 6, 2017) and revised for Greater Good Magazine: "Can Losing a Loved One Make You More Grateful?" by Nathan Greene (March 22, 2018).

Frias, A., P. C. Watkins, A. C. Webber, and J. J. Froh. "Death and Gratitude: Death Reflection Enhances Gratitude." *Journal of Positive Psychology* 6, no. 2 (2011): 154-62.

King, L. A., J. A. Hicks, and J. Abdelkhalik. "Death, Life, Scarcity, and Value: An Alternative Perspective on the Meaning of Death." *Psychological Science* 20, no. 12 (2009): 1459-62.

Greene, N., and K. McGovern. "Gratitude, Psychological Well-Being, and Perceptions of Posttraumatic Growth in Adults Who Lost a Parent in Childhood." *Death Studies* 41, no. 7 (2017): 436-46.

슬픔, 은혜, 감사

Adapted from Thrive: The Third Metric to Redefining Success and Creating a Life of Well-Being, Wisdom, and Wonder, by Arianna Huffington (Harmony, 2014); this essay was originally published in Greater Good Magazine: "Can Gratitude Help You Thrive?" by Arianna Huffington (April 15, 2014).

John-Roger and P. Kaye. *The Rest of Your Life: Finding Repose in the Beloved*. Chicago: Mandeville Press, 2007.

13장 힘들 때 감사하는 법

Adapted and revised from an essay for Greater Good Magazine: "How Gratitude Can

Help You Through Hard Times," by Robert Emmons (May 13, 2013).

Emmons, R. *Gratitude Works! A 21-Day Program for Creating Emotional Prosperity*.
San Francisco, CA: Jossey-Bass, 2013.

Watkins, P. C., L. Cruz, H. Holben, and R. L. Kolts. "Taking Care of Business?
Grateful Processing of Unpleasant Memories." *Journal of Positive Psychology* 3,
no. 2 (2008): 87 – 99.

4부 감사하는 가족이 되는 법

14장 부부에게 감사가 필요한 이유

*Revised from an essay for Greater Good Magazine: "Love, Honor, and Thank," by Jess
Alberts and Angela Trethewey (June 1, 2007).*

Cowan, C. P., and P. A. Cowan. *When Partners Become Parents: The Big Life Change
for Couples*. Mahwah, NJ: Lawrence Erlbaum Associates, 2000.

Hochschild, A. R., and A. Machung. *The Second Shift*. New York: Penguin Books,
2003.

Alberts, J., S. Tracy, and A. Trethewey. "An Integrative Theory of the Division
of Domestic Labor: Threshold Level, Social Organizing and Sensemaking."
Journal of Family Communication 11, no. 1 (2011): 21 – 38.

Hochschild, A. R. *The Managed Heart Commercialization of Human Feeling*. Updated
ed. Berkeley: University of California Press, 2012.

Holbrook, C. T., R. M. Clark, R. Jeanson, S. M. Bertram, P. F. Kukuk, and J. H.
Fewell. "Emergence and Consequences of Division of Labor in Associations of
Normally Solitary Sweat Bees." *Ethology* 115, no. 4 (2009): 301 – 10.

배우자에게 감사 표현하는 법

Excerpted and revised from an essay for Greater Good Magazine: "How to Say 'Thank You' to Your Partner," by Sara Algoe (February 27, 2018).

Algoe, S. B., and R. Zhaoyang. "Positive Psychology in Context: Effects of Expressing Gratitude in Ongoing Relationships Depend on Perceptions of Enactor Responsiveness." *Journal of Positive Psychology* 11, no. 4 (2015): 399–415.

Algoe, S. B., L. E. Kurtz, and N. M. Hilaire. "Putting the 'You' in 'Thank You': Examining Other-Praising Behavior as the Active Relational Ingredient in Expressed Gratitude." *Social Psychological and Personality Science* 7, no. 7 (2016): 658–66.

남자들의 공감 능력이 떨어지는 이유

Excerpted and revised from an essay for Greater Good Magazine: "Should Women Thank Men for Doing the Dishes?" by Jeremy Adam Smith (July 5, 2012).

Cho, Y., and N. J. Fast. "Power, Defensive Denigration, and the Assuaging Effect of Gratitude Expression." *Journal of Experimental Social Psychology* 48, no. 3 (2012): 778–82.

Inesi, M. E., D. H. Gruenfeld, and A. D. Galinsky. "How Power Corrupts Relationships: Cynical Attributions for Others' Generous Acts." *Journal of Experimental Social Psychology* 48, no. 4 (2012): 795–803.

Gordon, A. M. "Beyond 'Thanks': Power as a Determinant of Gratitude." PhD diss., University of California, Berkeley, 2013. https://pdfs.semanticscholar.org/3660/755a13703f3a65b7de9827b11b4f1136a951.pdf.

배우자가 아플 때도 감사를 나누는 법

Excerpted and revised from an essay for Greater Good Magazine: "Can Gratitude Help

Couples Through Hard Times?" by Jill Suttie (May 24, 2018).

Kindt, S., M. Vansteenkiste, T. Loeys, A. Cano, E. Lauwerier, L. L. Verhofstadt, and L. Goubert. "When Is Helping Your Partner with Chronic Pain a Burden? The Relation Between Helping Motivation and Personal and Relational Functioning." *Pain Medicine* 16, no. 9 (2015): 1732 –44.

Kindt, S., M. Vansteenkiste, T. Loeys, and L. Goubert. "Helping Motivation and Well-Being of Chronic Pain Couples." *Pain* 157, no. 7 (2016): 1551 –62.

Algoe, S. B., B. L. Fredrickson, and S. L. Gable. "The Social Functions of the Emotion of Gratitude via Expression." *Emotion* 13, no. 4 (2013): 605 –9.

Miller, L. R., A. Cano, and L. H. Wurm. "A Motivational Therapeutic Assessment Improves Pain, Mood, and Relationship Satisfaction in Couples with Chronic Pain." *The Journal of Pain* 14, no. 5 (2013): 525 –37.

Kindt, S., M. Vansteenkiste, A. Cano, and L. Goubert. "When Is Your Partner Willing to Help You? The Role of Daily Goal Conflict and Perceived Gratitude." *Motivation and Emotion* 41, no. 6 (2017): 671 –82.

15장 감사하는 자녀로 양육하는 법

Revised from an essay for Greater Good Magazine: "How to Help Gratitude Grow in Your Kids," by Maryam Abdullah (March 13, 2018).

Halberstadt, A. G., H. A. Langley, A. M. Hussong, W. A. Rothenberg, J. L. Coffman, I. Mokrova, and P. R. Costanzo. "Parents' Understanding of Gratitude in Children: A Thematic Analysis." *Early Childhood Research Quarterly* 36 (February 2016): 439 –51.

Greater Good Science Center. "What Is Gratitude?" *Greater Good Magazine.* Accessed November 19, 2019. https://greatergood.berkeley.edu/topic/gratitude/definition.

Rothenberg, W. A., A. M. Hussong, H. A. Langley, G. A. Egerton, A. G.

Halberstadt, J. L. Coffman, I. Mokrova, and P. R. Costanzo. "Grateful Parents Raising Grateful Children: Niche Selection and the Socialization of Child Gratitude." *Applied Developmental Science* 21, no. 2 (2016): 106 – 20.

Morgan, B., and L. Gulliford. "Assessing Influences on Gratitude Experience." In *Developing Gratitude in Children and Adolescent*, edited by J. Tudge and L. Freitas, 65 – 88. New York: Cambridge University Press, 2017.

Greater Good Science Center. "Feeling Supported." Greater Good in Action. Accessed November 19, 2019. https://ggia.berkeley.edu/practice/ feeling_supported.

———. "Three Good Things." Greater Good in Action. Accessed November 19, 2019. https://ggia.berkeley.edu/practice/three-good-things.

———. "Gratitude Meditation." Greater Good in Action. Accessed November 19, 2019. https://ggia.berkeley.edu/practice/gratitude_meditation.

Hussong, A. M., H. A. Langley, W. A. Rothenberg, J. L. Coffman, A. G. Halberstadt, P. R. Costanzo, and I. Mokrova. "Raising Grateful Children One Day at a Time." *Applied Developmental Science* 23, no. 4 (2018): 371 – 84.

16장   어머니날에 이 정도 감사는 받을 자격이 있지 않을까?

Revised from an essay for Greater Good Magazine: "Feeling Entitled to a Little Gratitude on Mother's Day?" by Christine Carter (May 3, 2016).

Algoe, S. B. "Find, Remind, and Bind: The Functions of Gratitude in Everyday Relationships." *Social and Personality Psychology Compass* 6, no. 6 (2012): 455 – 69.

Carter, C. "Friday Inspiration: The Mother's Day Note You Deserve." Christine Carter (blog), March 18, 2014. https://www.christinecarter.com/2014/05/ friday-inspiration-the-mothers-day-note-you-deserve.

Carter, C. "My Love-Hate Relationship with Mother's Day." *Christine Carter* (blog).

May 20, 2013. https://www.christinecarter.com/2013/05/my-love-hate-relationship-with-mothers-day.

Horowitz, J. M. "Who Does More at Home When Both Parents Work? Depends on Which One You Ask." *FactTank* (blog). November 5, 2015. https://www.pewresearch.org/fact-tank/2015/11/05/who-does-more-at-home-when-both-parents-work-depends-on-which-one-you-ask.

17장 새아버지 노릇을 통해 배운 감사

Adapted and revised from an essay for Greater Good Magazine: "What Being a Stepfather Taught Me About Love," by Jeremy Adam Smith (June 12, 2019).

Gold, J. M. "Helping Stepfathers 'Step Away' from the Role of 'Father': Directions for Family Intervention." *The Family Journal* 18, no. 2 (2010): 208 – 14.

Nelson, M. *The Argonauts*. Minneapolis: Graywolf Press, 2016.

Carter, C. "How to Fight." *Greater Good Magazine*. February 11, 2008. https://greatergood.berkeley.edu/article/item/how_to_fight.

Greater Good Science Center. "What Is Forgiveness?" *Greater Good Magazine*. Accessed November 19, 2019. https://greatergood.berkeley.edu/topic/forgiveness/definition#what-is-forgiveness.

———. "Making an Effective Apology." Greater Good in Action. Accessed November 19, 2019. https://ggia.berkeley.edu/practice/ making_an_effective_apology.

———. "What Is Compassion?" *Greater Good Magazine*. Accessed November 19, 2019. https://greatergood.berkeley.edu/topic/compassion/ definition#what-is-compassion.

———. "What Is Happiness?" *Greater Good Magazine*. Accessed November 19, 2019. https://greatergood.berkeley.edu/topic/happiness/ definition#what-is-happiness.

Marsh, J., and J. Suttie. "Is a Happy Life Different from a Meaningful One?" *Greater Good Magazine*. February 25, 2014. https://greatergood.berkeley.edu/article/item/happy_life_different_from_meaningful_life.

5부 학교와 직장에서 감사하는 법

18장 학교에 감사 문화를 가꾸는 방법

Revised from an essay for Greater Good Magazine: "How to Foster Gratitude in Schools," by Jeffrey Froh and Giacomo Bono (November 19, 2012).

Froh, J. J., W. J. Sefick, and R. A. Emmons. "Counting Blessings in Early Adolescents: An Experimental Study of Gratitude and Subjective Well-Being." *Journal of School Psychology* 46, no. 2 (2007): 21213 – 33.

Froh, J. J., T. B. Kashdan, K. M. Ozimkowski, and N. Miller. "Who Benefits the Most from a Gratitude Intervention in Children and Adolescents? Examining Positive Affect as a Moderator." *Journal of Positive Psychology* 4, no. 5 (2009): 408 – 22.

19장 감사는 생존 기술이다

Revised from an essay for Greater Good Magazine: "Gratitude Is a Survival Skill," by Shawn Taylor (June 12, 2018).

20장 감사하는 직장 문화를 가꾸는 다섯 가지 방법

Adapted and revised from two essays for Greater Good Magazine: "Five Ways to Cultivate Gratitude at Work," by Jeremy Adam Smith (May 16, 2013), and "How Gratitude Can Transform Your Workplace," by Kira Newman (September 6, 2017).

Kaplan, J. "Gratitude Survey." Report conducted for the John Templeton

Foundation, June – October 2012. https://greatergood.berkeley.edu/images/ uploads/JTF_GRATITUDE_REPORTpub.doc.

Grant, A. M., and F. Gino. "A Little Thanks Goes a Long Way: Explaining Why Gratitude Expressions Motivate Prosocial Behavior." *Journal of Personality and Social Psychology* 98, no. 6 (2010): 946 – 55.

Simon–Thomas, E. R. "A 'Thnx' a Day Keeps the Doctor Away." *Greater Good Magazine*. December 19, 2012. https://greatergood.berkeley.edu/article/item/ a_thnx_a_day_keeps_the_doctor_away.

Chapman, G. *The Five Love Languages: How to Express Heartfelt Commitment to Your Mate*. Chicago: Northfield Publishing, 1995.

감사하는 조직은 어떤 모습일까?

Excerpted from an essay for Greater Good Magazine: "What Does a Grateful Organization Look Like?" by Emily Nauman (February 26, 2014).

Greater Good Science Center. "Expanding the Science and Practice of Gratitude." Accessed November 19, 2019. https://ggsc.berkeley.edu/what_we_do/major_ initiatives/expanding_gratitude.

———. "Grateful Organizations Quiz." *Greater Good Magazine*. Accessed November 19, 2019. https://greatergood.berkeley.edu/quizzes/take_quiz/grateful_ organizations.

감사를 통해 직장 내 긍정적 정서를 가꾸는 방법

Excerpted from an essay for Greater Good Magazine: "How Gratitude Can Transform Your Workplace," by Kira Newman (September 6, 2017).

Ovans, A. "How Emotional Intelligence Became a Key Leadership Skill." *Harvard Business Review*. April 28, 2015. https://hbr.org/2015/04/how-emotional- intelligence-became-a-key-leadership-skill.

Krznaric, R. "Six Habits of Highly Empathic People." *Greater Good Magazine*. November 27, 2012. https://greatergood.berkeley.edu/article/item/six_habits_of_highly_empathic_people1.

Suttie, J. "Compassionate Across Cubicles." *Greater Good Magazine*. March 1, 2006. https://greatergood.berkeley.edu/article/item/compassion_across_cubicles/.

Deterline, B. "The Power of Forgiveness at Work." *Greater Good Magazine*. August 26, 2016. https://greatergood.berkeley.edu/article/item/the_power_of_forgiveness_at_work.

Titova, L., A. E. Wagstaff, and A. C. Parks. "Disentangling the Effects of Gratitude and Optimism: A Cross-Cultural Investigation." *Journal of Cross-Cultural Psychology* 48, no. 5 (2017): 754 – 70.

Andersson, L. M., R. A. Giacalone, and C. L. Jurkiewicz. "On the Relationship of Hope and Gratitude to Corporate Social Responsibility." *Journal of Business Ethics* 70, no. 4 (2006): 401 – 9.

Spence, J. R., D. J. Brown, L. M. Keeping, and H. Lian. "Helpful Today, But Not Tomorrow? Feeling Grateful as a Predictor of Daily Organizational Citizenship Behaviors." *Personnel Psychology* 67, no. 3 (2014): 705 – 38.

21장　병원에서도 감사할 일이 있을까?

Adapted and revised from an essay for Greater Good Magazine: "Why Health Professionals Should Cultivate Gratitude," by Leif Hass (July 26, 2017).

Wood, A. M., J. J. Froh, and A. W. A. Geraghty. "Gratitude and Well-Being: A Review and Theoretical Integration." *Clinical Psychology Review* 30, no. 7 (2010): 890 – 905.

Redwine, L. S., B. L. Henry, M. A. Pung, K. Wilson, K. Chinh, B. Knight, S. Jain, et al. "Pilot Randomized Study of a Gratitude Journaling Intervention on Heart Rate Variability and Inflammatory Biomarkers in Patients with Stage B

Heart Failure." *Psychosomatic Medicine* 78, no. 6 (2016): 667 – 76.

Advisory Board. "Physician Burnout in 2019, Charted." January 18, 2019. https://www.advisory.com/daily-briefing/2019/01/18/burnout-report.

Jerath, R., J. W. Edry, V. A. Barnes, and V. Jerath. "Physiology of Long Pranayamic Breathing: Neural Respiratory Elements May Provide a Mechanism That Explains How Slow Deep Breathing Shifts the Autonomic Nervous System." *Medical Hypotheses* 67, no. 3 (2006): 566 – 71.

Norman, G. J., J. T. Cacioppo, J. S. Morris, W. B. Malarkey, G. G. Berntson, and A. C. Devries. "Oxytocin Increases Autonomic Cardiac Control: Moderation by Loneliness." *Biological Psychology* 86, no. 3 (2010): 174 – 80.

Cheng, S. T., P. K. Tsui, and J. H. Lam. "Improving Mental Health in Health Care Practitioners: Randomized Controlled Trial of a Gratitude Intervention." *Journal of Consulting and Clinical Psychology* 83, no. 1 (2015): 177 – 86.

Bartlett, M. Y., and D. Desteno. "Gratitude and Prosocial Behavior: Helping When It Costs You." *Psychological Science* 17, no. 4 (2006): 319 – 25.

병원에 감사 문화를 정착시키려면

Excerpted from an essay for Greater Good Magazine: "How Gratitude Can Reduce Burnout in Health Care," by Catherine Brozena (January 11, 2018).

22장   다른 사람이 감사하도록 돕는 방법

Adapted and revised from an essay for Greater Good Magazine: "How to Overcome the Biggest Obstacle to Gratitude," by Tom Gilovich (December 12, 2017).

Walker, J., A. Kumar, and T. Gilovich. "Cultivating Gratitude and Giving Through Experiential Consumption." *Emotion* 16, no. 8 (2016): 1126 – 36.

Carter, T. J., and T. Gilovich. "I Am What I Do, Not What I Have: The Differential Centrality of Experiential and Material Purchases to the Self."

Journal of Personality and Social Psychology 102, no. 6 (2012): 1304 – 17.

Kumar, A., and T. Gilovich. "Some 'Thing' to Talk About? Differential Story Utility from Experiential and Material Purchases." *Personality and Social Psychology Bulletin* 41, no. 10 (2015): 1320 – 31.

6부 감사가 뿌리내린 사회

23장 감사로 역경에 맞설 수 있을까?

Originally published in Greater Good Magazine: "Why We Should Seek Happiness Even in Hard Times," by Jill Suttie (January 4, 2019).

감사로 신뢰하는 사회를 만들 수 있을까?

Excerpted and revised from an article for Greater Good Magazine: "Can Gratitude Make Society More Trusting?" by Elizabeth Hopper (June 13, 2017).

Smith, J. A., and P. Paxton. "America's Trust Fall." *Greater Good Magazine.* September 1, 2008. https://greatergood.berkeley.edu/article/item/americas_trust_fall.

Gottman, J. "The Importance of Trust." *Greater Good Magazine.* October 2011. https://greatergood.berkeley.edu/gg_live/science_meaningful_life_videos/speaker/john_gottman/the_importance_of_trust.

Drazkowski, D., L. D. Kaczmarek, and T. B. Kashdan. "Gratitude Pays: A Weekly Gratitude Intervention Influences Monetary Decisions, Physiological Responses, and Emotional Experiences During a Trust– Related Social Interaction." *Personality and Individual Differences* 110 (May 2017): 148 – 53.

감사로 물질주의를 극복할 수 있을까?

Excerpted and revised from an article for Greater Good Magazine: "How Gratitude Beats Materialism," by Jason Marsh and Dacher Keltner (January 8, 2015).

Richins, M. L., and S. Dawson. "A Consumer Values Orientation for Materialism and Its Measurement: Scale Development and Validation." *Journal of Consumer Research* 19, no. 3 (1992): 303 – 16.

Kashdan, T. B., and W. E. Breen. "Materialism and Diminished Well-Being: Experiential Avoidance as a Mediating Mechanism." *Journal of Social and Clinical Psychology* 26, no. 5 (2007): 521 – 39.

Tsang, J. A., T. P. Carpenter, J. A. Roberts, M. B. Frisch, and R. D. Carlisle. "Why Are Materialists Less Happy? The Role of Gratitude and Need Satisfaction in the Relationship Between Materialism and Life Satisfaction." *Personality and Individual Differences* 64 (July 2014): 62 – 66.

Lambert, N. M., F. D. Fincham, T. F. Stillman, and L. R. Dean. "More Gratitude, Less Materialism: The Mediating Role of Life Satisfaction." *Journal of Positive Psychology* 4, no. 1 (2009): 32 – 42.

24장 감사로 혐오를 없앨 수 있을까?

Originally published in Greater Good Magazine: "W. Kamau Bell's United Thanks of America," by Jeremy Adam Smith (November 14, 2018).

감사하면 투표율이 올라간다

Excerpted and revised from an article for Greater Good Magazine: "The Emotions That Make You Decide to Vote," by Jill Suttie (October 31, 2018).

Panagopoulos, C. "Thank You for Voting: Gratitude Expression and Voter Mobilization." *The Journal of Politics* 73, no. 3 (2011): 707 – 17.

25장 감사가 더 나은 세상으로 가는 길일까?

Originally published in Greater Good Magazine: "Is Gratitude the Path to a Better World?" by Jill Suttie (May 29, 2013).

옮긴이 **손현선**

연세대 영어영문학과와 한국외국어대학원을 졸업하고 주한 미국대사관 공보원 수석 통역사로 일했다. 옮긴 책으로 『이토록 멋진 휴식』, 『하버드 회복탄력성 수업』(현대지성), 『기독교의 발흥』, 『보이지 않는 세계』, 『땅의 것들』, 『구원의 언어』, 『매티노블의 조선회상』(좋은씨앗), 『랍비 예수, 제자도를 말하다』(국제제자훈련원) 등이 있다.

감사의 재발견
뇌과학이 들려주는 감사의 쓸모

1판 1쇄 발행 2022년 1월 12일
1판 8쇄 발행 2024년 7월 30일

지은이 제러미 애덤 스미스, 키라 뉴먼, 제이슨 마시, 대커 켈트너
옮긴이 손현선
발행인 박명곤 **CEO** 박지성 **CFO** 김영은
기획편집1팀 채대광, 김준원, 이승미, 이상지
기획편집2팀 박일귀, 이은빈, 강민형, 이지은, 박고은
디자인팀 구경표, 임지선
마케팅팀 임우열, 김은지, 전상미, 이호, 최고은

펴낸곳 (주)현대지성
출판등록 제406-2014-000124호
전화 070-7791-2136 **팩스** 0303-3444-2136
주소 서울시 강서구 마곡중앙6로 40, 장흥빌딩 10층
홈페이지 www.hdjisung.com **이메일** support@hdjisung.com
제작처 영신사

ⓒ 현대지성 2022

"Curious and Creative people make Inspiring Contents"
현대지성은 여러분의 의견 하나하나를 소중히 받고 있습니다.
원고 투고, 오탈자 제보, 제휴 제안은 support@hdjisung.com으로 보내 주세요.

현대지성 홈페이지

이 책을 만든 사람들
기획 채대광 **편집** 이은빈 **디자인** 구경표